Anselm Oelze
Die da oben

ANSELM OELZE

DIE DA OBEN

ROMAN

WALLSTEIN VERLAG

Bibliografische Information der Deutschen Nationalbibliothek
Die Deutsche Nationalbibliothek verzeichnet diese
Publikation in der Deutschen Nationalbibliografie;
detaillierte bibliografische Daten sind im Internet über
http://dnb.dnb.de abrufbar.

Wallstein Verlag GmbH
Geiststr. 11, 37073 Göttingen
www.wallstein-verlag.de
info@wallstein-verlag.de
Vom Verlag gesetzt aus der Stempel Garamond und der Alternate Gothic
Umschlaggestaltung: Eva Mutter (evamutter.com)
Druck und Verarbeitung: Pustet, Regensburg
ISBN 978-3-8353-5977-2

FRÜHLING

1

Das Tempo, mit dem Tess in die Lisztstraße einbog, war zu hoch, das wusste sie. Aber noch bevor sie dieses Wissen in eine Handlung verwandeln konnte, war es zu spät.

»Ey!«, schrie Moyra.

Tess konnte nicht ausmachen, ob das noch eine Warnung oder schon ein Vorwurf sein sollte. Sie spürte vor allem den Stoß, der von ihrem rechten Fuß über die Beine, das Becken und die Wirbelsäule bis hinauf in den Nacken jagte, während der Werkzeugkasten gegen das Armaturenbrett knallte.

»Sorry!«, sagte sie kleinlaut. Sie merkte, wie Moyra sich zusammenriss, jetzt keinen Vortrag über Schlaglöcher zu halten. Der schlechte Zustand vieler Leipziger Straßen war ein Thema, das sie immer wieder ansprach. Aber es war trotzdem nicht ganz klar, ob sie es deshalb tat, weil es für sie tatsächlich ein ernsthaftes Problem darstellte, etwas, das sie stresste, wenn sie, meistens per Fahrrad, in der Stadt unterwegs war. Oder weil sie rätselte, weshalb viele Straßen dreißig Jahre nach der Wende noch immer so aussahen wie vor dem Mauerfall.

»Hat jemand die Tonnen verrückt?« Moyra lehnte sich aus dem Fenster, während Tess den Transporter vor dem Haus mit der Nummer 5 zum Stehen brachte. Das rot-weiße Flatterband hing nicht mehr so straff wie noch am Vorabend, als sie es zusammen mit einem DIN-A4-Blatt und dem Hinweis ›Umzug am 1. April‹ zwischen zwei Mülltonnen gespannt hatten.

»Hat doch jemand für einen Scherz gehalten«, sagte Tess. »Wie ich's befürchtet habe.«

Moyra ging nicht darauf ein. »Der blaue Twingo stand gestern noch nicht da«, stellte sie fest.

»Stimmt.« Tess regte sich, anders als Moyra, jetzt nicht darüber auf, dass irgendjemand seinen Kleinwagen in einen Teil ihrer Parklücke gestellt hatte. Denn erstens hatten sie sich bewusst dagegen entschieden, kostenpflichtige Parkverbotsschilder beim Ordnungsamt zu beantragen. Und zweitens kam es ganz gelegen, dass Moyras Wut sich nun nicht mehr gegen sie und ihren, wie sie selbst immer sagte, ›robusten‹ Fahrstil richtete, sondern gegen den unbekannten Besitzer oder die unbekannte Besitzerin des Twingos, dessen hellblauer Lack schadenfroh in der Frühlingssonne glänzte.

»Was machen wir jetzt?« Moyra betrachtete die Parklücke.

»Geht auch so.« Tess bewegte ihre Hand zum Schaltknüppel.

»Sicher?«

Sie war sich – ehrlich gesagt – nicht ganz sicher. Aber es war nun mal eine Top-Gelegenheit, den heftigen Stoß, der nicht nur sie, sondern sehr hörbar auch die Kisten und Möbel im Laderaum durchgerüttelt hatte, durch ein Eins-a-Einparkmanöver vergessen zu machen.

Moyras Stirnfalten spornten sie an. Sie sparte sich den Hinweis, dass nicht *sie* diejenige gewesen war, die eine offizielle Absperrung als »reine Geldverschwendung« bezeichnet hatte, und warf Moyra einen Blick zu, der so zuversichtlich war, wie er nur sein konnte.

Keine zwei Minuten später sprang sie mit einem Grinsen vom Fahrersitz.

»Alle Achtung, Tessi!« Moyra drückte ihr einen Kuss auf die Lippen.

Vom Ende der Straße näherten sich die anderen, die den Weg von Tess' alter Wohnung per Fahrrad zurückgelegt hatten.

»Sehr schick!«, sagte Fabian. Er lehnte sein Rad an die Hauswand und schaute die beigefarbene Fassade empor. »Wie seid ihr denn da rangekommen?«

Tess öffnete die Türen zur Ladefläche, verbarg ihr Schmunzeln. Sie wusste, was jetzt kam.

»Wir hätten auch nicht gedacht, im Zentrum zu laden«, fing Moyra an. Wie so oft in letzter Zeit, wenn jemand danach fragte, holte sie zu einer ganzen Reihe weiterer Erklärungen aus, die in Tess' Ohren allesamt wie Entschuldigungen klangen: dass sie ohne den Hinweis einer Kollegin, die mit der Vormieterin befreundet ist, niemals von der Wohnung erfahren hätten; dass das Haus in privater Hand und die Miete wirklich ein Witz im Vergleich zu dem sei, was sonst inzwischen in der Gegend verlangt würde; dass sie von hier aus schnell zum Bahnhof kämen.

»Ist es dir peinlich, hier zu wohnen?«, hatte sie Moyra neulich gefragt.

»Es ist mir nicht peinlich. Ich find's super!«

»Okay. Und warum erläuterst du dann immer ellenlang die genauen Umstände?«

»Ich erzähle ja nur, wie wir die Wohnung gefunden haben.«

Tess versuchte, sich damit zufriedenzugeben. Trotzdem empfand sie die Äußerungen als Schmälerung dessen, was für sie rundum einen Triumph darstellte: in einer Altbauwohnung in zentraler Lage zu wohnen, mit drei Zimmern, hellem Dielenboden, hohen Fenstern und einem schattigen Hof mit gemeinschaftlich genutztem Garten. Dazu kam –

und das war aus ihrer Sicht das Beste – ein Ladenlokal unten im Haus, in dem sie nach all den Jahren schlecht bezahlter, fremdbestimmter Arbeit ihre erste Maßschneiderei einrichten würde.

Sie inspizierte den Laderaum. »Sieht nicht so aus, als wäre was kaputt gegangen«, sagte sie zu Moyra gewandt. Sie griff nach einer Kiste.

In der Wohnung roch es nach dem frisch getrockneten Polarweiß, das sie auf die tapetenlosen Wände gestrichen hatten. Sie stellte die Kiste im Wohnzimmer ab und ging zum Fenster. Moyra stand noch immer mit den anderen vorm Haus. Die Sonne schien auf ihr Haar. Tess wollte sie am liebsten nach oben rufen, um noch einmal kurz mit ihr allein zu sein, die leere Wohnung zu genießen, bevor die Möbel und andere Einrichtungsgegenstände sie füllten. Es fühlte sich so gut an, ihre Beziehung, die durch das Wohnen an unterschiedlichen Orten bisher immer noch etwas halbgar gewesen war, in etwas Fertiges zu verwandeln.

Sie sprang die Treppe hinunter, nahm jeweils zwei Stufen auf einmal, rief Fabian und Anna zu, dass sie die Kommode ins Schlafzimmer bringen sollten.

»Läuft«, sagte sie zu Moyra und legte ihr die Hände auf die Schultern.

Moyra reagierte nicht. Sie hockte neben einem Stuhl, verrenkte ihren Kopf, um unter die Sitzfläche schauen zu können. Sie sah aus wie eine Automechanikerin, die einen Unterboden inspizierte.

»Scheiße, Tess!«, sagte sie, als sie wieder auftauchte.

»Was ist?«

Moyra griff nach der Sitzschale, bog sie zur Seite. Die Verankerung am Standbein schien beschädigt zu sein. »So viel zum Thema ›Sieht nicht so aus, als wäre was kaputt gegangen‹.«

»Fuck«, murmelte Tess. Sie lehnte sich an die Hauswand.

*

Vor fünf Monaten war sie dem Stuhl zum ersten Mal begegnet, an einem Samstagnachmittag in Berlin. Die Stadt lag unter der üblichen Decke aus Novembergrau. Sie hatten die Nacht nicht in Moyras Einzimmerwohnung im Wedding, sondern um die Ecke vom Rosenthaler Platz in der Maisonette von Nick verbracht. Moyra kannte Nick seit dem Studium. Sie hatten nicht das Gleiche studiert, aber das gleiche Stipendium erhalten. Und Nick hatte nicht den Weg in die Wissenschaft, sondern in eine Großkanzlei eingeschlagen.

»Also das war mindestens finanziell die richtige Entscheidung«, sagte Moyra, während sie im Wohnzimmer seine Plattensammlung durchstöberte. »Der Junge hat einfach so viel Geld.«

Tess bezweifelte das nicht. Und trotzdem stieß sie sich daran, dass Moyra ihre Wohnung für eine Woche an eine Australierin untervermietete, die für eine Tagung und ein wenig Sightseeing in der Stadt war, und zwar zu einem Preis, der deutlich über der Monatsmiete lag, während sie – kostenlos – Nicks Wohnung nutzten.

»Was stört dich daran?«, fragte Moyra und zog eine Dylan-Platte aus der Papphülle. »Die bekommt ihre Übernachtungskosten von der Uni erstattet, und Nick ist in Zürich. Die Wohnung wäre also sowieso leer gewesen.

Hätte er was dagegen gehabt, hätte er mir die Schlüssel nicht gegeben, oder?«

Tess streifte durch die Wohnung. Sie war geräumig, sauber und, besonders im Vergleich zu Moyras dunklem Hinterhofloch, sehr hell. Aber bei jedem Schritt und jedem Griff hatte sie Angst, etwas kaputtzumachen: die mundgeblasene spanische Vase, die auf dem Boden stand; die verchromte Siebträgermaschine in der Küche, mit der sie gar nicht erst versuchen würde, einen Kaffee zuzubereiten; die Weißweingläser, von denen Moyra behauptete, eines allein koste mehr als der für ihre Verhältnisse sehr teure Chardonnay, den sie nun auf dem Sofa tranken, während *Don't Think Twice, It's All Right* lief.

Moyra hatte die Beine vor der Brust angewinkelt und rutschte näher, um ihre Hand in Tess Nacken zu legen.

Tess spürte das sanfte Kraulen auf ihrer Haut. Es war klar, was Moyra vorschwebte, um die anderthalb Stunden bis zum Abendessen, für das sie einen Tisch in einer neuen Ramen-Bar ergattert hatten, auszufüllen.

Sie legte ihr die Hand aufs Knie. »Tut mir leid, Mo, aber ich bin irgendwie nicht in Stimmung. Wenn du willst, könnte ich zumindest …«

Moyra schüttelte den Kopf und rutschte von ihr weg.

Tess wollte ihre Unlust auf Nicks Wohnung schieben, auf die großformatigen Bilder, die er einer befreundeten Malerin abgekauft hatte und deren grelle Neonfarben sie abturnten. Aber sie konnte nicht riskieren, die Laune sinken zu lassen. Sie war vielmehr darauf angewiesen, Moyra in eine Hochstimmung zu versetzen, damit die möglichst locker nahm, was sie ihr erzählen wollte (nicht weil sie es wirklich *wollte*, sondern weil sie meinte, es erzählen zu *müssen*, wenn sie dem Prinzip treu bleiben wollte, das sie als Rezept für das Gelingen ihrer, ja, jeglicher Beziehung ausgegeben hatten: radikale Ehrlichkeit).

Schon vor fünf Tagen hatte sie den ersten Anlauf nehmen wollen. Moyra war gerade erst aus Göteborg zurückgekehrt und Tess war fest entschlossen, sofort mit der Sprache rauszurücken, sobald sie gefragt wurde, wie ihr Wochenende gewesen war. Doch Moyra ließ sich eine halbe Stunde lang so sehr über ihre Post-Doc-Kollegin Judith aus, dass Tess, als Moyra schließlich nach *ihrem* Wochenende fragte, lediglich sagte: »Es war ganz okay.«

Natürlich war es viel mehr als lediglich okay gewesen. Sie hatte einen fantastischen Freitagabend gehabt, einen fantastischen Samstag und einen noch viel fantastischeren Samstagabend – eingeleitet durch Fabians Geburtstagsfeier am Freitagnachmittag. Eigentlich hatte sie nur mäßig Lust auf die Feier verspürt. Sie verstand nicht, weshalb ein Geburtstag schon um drei Uhr am Nachmittag beginnen musste, und sie konnte Fabians Begründung, je älter man werde, desto kostbarer sei die Zeit und desto eher müsse man eben anfangen, nur wenig abgewinnen. Trotzdem erschien sie pünktlich.

Im Wohnzimmer fand sie ein verhaltenes Häufchen von Leuten vor, die Kaffee und Wasser tranken. Nur Oliver, den Fabian ihr als Crossminton-Bekanntschaft vorstellte, und seine Freundin Larissa hielten Gläser mit Lillet Wild Berry und Moscow Mule in der Hand. Schon gegen fünf begannen die Ersten wieder zu gehen. Fabian drehte die Musik lauter, forderte zum Tanzen auf; es gelang ihm maximal für je einen Song. Und als Tess um kurz nach sieben mit drei Lillet im Magen zum wiederholten Mal auf die Uhr schaute, gehörte sie bereits zum harten Kern.

»Wer kommt noch mit ins Matador?«, fragte Fabian.

»Wir«, riefen Oliver und Larissa.

Tess verspürte keinen sonderlich ausgeprägten Appetit auf Tapas. Aber sie hatte Hunger, und zu Hause wartete nur ein ungefüllter Kühlschrank. Am Freitagabend ging sie normalerweise mit Moyra zum Aperitivo in ihre italienische Lieblingsbar. Sie aßen sich für wenige Euro am Buffet satt, bestellten über das im Preis inbegriffene Glas Hauswein hinaus immer noch mindestens zwei weitere Gläser, bevor sie zu ihr nach Hause schlenderten und den Rest des Abends im Bett verbrachten. Doch jetzt saß Moyra bei einem Konferenzabendessen, wie sie schrieb, und Tess mochte nicht allein zum Aperitivo gehen.

Im Matador war es voll. Sie schlängelten sich zwischen den Tischen bis zum Tresen vor. Tess landete auf einem Hocker ganz außen neben Larissa.

Larissa strich sich die blonden Haare aus dem Gesicht. Sie war äußerlich das komplette Gegenteil von Moyra, aber genau das, was Moyra gerne als »voll dein Typ« bezeichnete, auch wenn Tess stets in Abrede stellte, überhaupt einen Typ zu haben.

»Du arbeitest immer mal beim Film, meinte Fabi?«

Tess nickte, während sie versuchte, herauszufinden, was Papas arrugadas waren.

»Kartoffeln mit Salzkruste«, sagte Larissa. »Weiß ich aber auch nur, weil ich mal für einen Dreh auf La Palma war.«

Sie zählten sich die Produktionen auf, bei denen sie mitgewirkt hatten, Tess im Kostüm-, Larissa im Szenenbild, lamentierten über die niedrigen Löhne und die kurzen Verträge und erstellten eine Liste mit den schmierigsten Schauspielern und den unangenehmsten Regisseuren, die sie bereits kennengelernt hatten, sodass Tess völlig vergaß, nur aus Mangel an Alternativen mitgekommen zu sein. Sie war geradezu enttäuscht, als Fabian und Oliver nach dem Essen erklärten, sie seien alt und müssten ins Bett.

»Ernsthaft, Jungs? Also Tess und ich würden noch was trinken gehen, oder Tess?«

Es gab nichts, was dagegen sprach. Es war Freitagabend. Sie würde morgen und übermorgen noch genug Zeit alleine haben, und Moyra hatte bereits vorab erklärt, wegen des Konferenzessens heute ziemlich sicher nicht zum Telefonieren zu kommen.

»Kommst du dann zu mir?« Oliver schaute Larissa an.

»Mal sehen. Vielleicht brauche ich ein bisschen Me Time dieses Wochenende. Ich schreibe dir.« Sie gab ihm einen Kuss zum Abschied.

»Ihr wohnt nicht zusammen?«, fragte Tess, kaum dass die beiden Männer sich entfernt und sie sich für eine Bar zwei Straßen weiter entschieden hatten.

»Nee. Ich hätte nichts dagegen, aber Oli …«

»Kenne ich.«

»Dein Freund zögert auch?«

»Meine Freundin, ja.«

»Ah. Und warum?«

Während sie auf die bunt erleuchtete Bar zugingen, zählte sie all die Gründe auf, die sie schon unzählige Male aus Moyras Mund gehört hatte: Sie müsse ihre Wohnung in Berlin mindestens noch so lange behalten, wie ihr Vertrag als wissenschaftliche Mitarbeiterin an der HU laufe, eine zweite, wenngleich halbe Miete in Leipzig sei nicht drin, und ohnehin bleibe abzuwarten, wohin es sie im Anschluss an ihre jetzige Stelle verschlage.

Der letzte Grund war für Tess der schmerzhafteste. Sie wusste inzwischen ziemlich gut, dass der akademische Betrieb kein Wunschkonzert darstellte. Dass fachliche Exzellenz – und die besaß Moyra, soweit sie es beurteilen konnte, ohne Frage – allein nicht ausreichte, um es zu etwas zu bringen. Es galt, auch zur richtigen Zeit am richtigen Ort zu sein und die richtigen Hände zu schütteln. Nur änderte das alles nichts daran, dass sie in Moyras Absage ans Zusammenziehen einen Mangel an Vertrauen in die Haltbarkeit ihrer Beziehung sah. Und das tat weh. Denn dann lag es womöglich gar nicht an anderen Menschen und äußeren Umständen, sondern es lag an *ihr*!

»Das denke ich auch immer«, sagte Larissa, als sie die Bar betraten. Draußen war es inzwischen fast winterlich kalt. Drinnen stand die Luft so dick und warm, dass Tess' Brille sofort beschlug. »Aber weißt du«, redete Larissa weiter und nahm sie bei der Hand, um sie zu einem Sofa in der Ecke zu führen, »bei euch beiden glaube ich ehrlich gesagt nicht, dass es an dir liegt.«

Tess nahm ihre Brille ab und wischte sie am Ärmel trocken. »Soll ich uns was zu trinken holen?«

»Ich mach schon.«

Sie schaute Larissa hinterher, sah ihr dabei zu, wie sie beim Barkeeper zwei Negroni Sbagliato bestellte, was sie im Lauf der nächsten Stunden noch dreimal tat, beim dritten Mal aber die Gläser auf dem Tisch abstellte und sich sehr dicht neben Tess aufs Sofa sinken ließ.

»Ich hätte irgendwie Lust zu knutschen.«

Tess zeigte zum Barkeeper. »Er hat leider gerade zu viel zu tun.«

»Nicht mit ihm. Mit *dir*! Darf ich?«

Tess musste kichern, als wäre sie wieder fünfzehn, nicht einunddreißig. Sie war trotz Brille zu kurzsichtig, um erkennen zu können, ob sich jemand im Raum befand, der sie und Moyra kannte. Sie hatten schon zigmal über das Eintreten einer solchen Situation gesprochen. Und am Ende waren sie sich immer einig gewesen, dass so etwas passieren konnte und auch passieren durfte, solange sie sich ehrlich darüber ins Bild setzten.

Allerdings spürte Tess schon am Sonntag, als sie den zweiten Morgen in Folge neben Larissa aufwachte, dass es mit der Ehrlichkeit in der Praxis deutlich komplizierter werden würde als in der Theorie. Denn wenn sie Moyra erzählte, was Larissa und sie gemacht hatten, würde sie der Vollständigkeit wegen auch berichten müssen, wie es dazu gekommen war, und das drohte ein riesiges Fass aufzumachen. Es half nichts, dass sie und Larissa sich einvernehmlich darauf verständigt hatten, einfach nur ein schönes Wochenende miteinander zu verbringen und nicht am Beginn einer komplizierten Affäre zu stehen. Und es half auch nichts, dass Larissa ihr vorschlug, sie könne es doch so handhaben, wie sie es mit Oli tat (nämlich einfach nichts erzählen). Vor dem gewaltigen Druck des Gewichts, den ein solches Geheimnis auf ihr Gewissen ausüben würde, fürchtete sie sich mehr als vor Moyras Reaktion. Und dennoch brachte sie, als Moyra nach ihrer Rückkehr am Telefon in Sachen Wochenende noch einmal nachhakte, nur noch ein paar Gemeinplätze hervor und sie war ungewohnt zufrieden damit, sie nicht vor Freitagabend zu sehen. Jeder Tag, der verging, würde den Abstand zum Geschehenen vergrößern. Die Berührungen, die sie im Laufe von sechsunddreißig Stunden mit Larissa ausgetauscht hatte, würden in der

Erinnerung verblassen und eine knappe Woche später so harmlos wie jedes andere Wochenenderlebnis wirken, sodass das Erzählen davon ganz leicht und selbstverständlich sein würde.

Der verkorkste Start in Nicks Wohnung trug jedoch nicht dazu bei, dass sie die nötige Lockerheit aufbrachte. Moyra rückte sich ein paar Kissen zurecht, legte ihre Füße auf Tess' Oberschenkeln ab und begann, eine Serie auf dem Handy zu schauen. Hin und wieder nahm sie einen Schluck Wein.

Tess massierte ihr die Ballen, schnappte englische Wortfetzen auf. Sie überlegte, ob sie darum bitten sollte, mitschauen zu dürfen. Aber die Familiendynastie, die für die Opioid-Krise in den USA verantwortlich war, interessierte sie nur wenig. Außerdem hatte sie keine Lust, darum betteln zu müssen, dass Moyra die Untertitel anschaltete, damit sie alles verstand. Und sowieso: Sie hatte eine Aufgabe! Nachher, in der Ramen-Bar, würde sie nicht mehr damit kommen können, die bot zu wenig Privatsphäre. Noch dazu wollte sie kein Drama im öffentlichen Raum riskieren für den Fall, dass Moyra die ganze Sache doch nicht so locker nahm wie erhofft. Doch sie konnte sich nicht überwinden.

Am nächsten Morgen wurde sie durch das Brummen der Kaffeemaschine geweckt. Moyra kam mit einer Tasse Cappuccino ins Schlafzimmer. Sie trug nur ihre Hotpants, in denen sie immer unglaublich gut aussah. Tess war kurz davor, den Vorsatz, den sie am Vorabend nur aus Mitleid beinahe aufgegeben hatte, nämlich nicht mit Moyra zu schlafen, *bevor* sie ihr von Larissa erzählt hatte, über Bord zu werfen. Das Einzige, was sie davon abhielt, war die Schnelligkeit, mit der Moyra nach einem Guten-Morgen-

Kuss erst unter die Dusche und anschließend in die Bäckerei verschwand.

Sie kam mit ofenwarmem Pain au chocolat wieder, bereitete Rührei mit Tomaten und frischem Basilikum zu – Dinge, von denen Tess schon tausendmal gesagt hatte, dass sie sie liebte. Und als Moyra mit einem Bart aus Milchschaum an der Oberlippe erklärte, sie habe Lust, sich die Zanele-Muholi-Ausstellung anzusehen, traute sie sich weder zu fragen, wer oder was Zanele Muholi sei, noch mochte sie zugeben, sich eigentlich schon auf die Helmut-Newton-Retrospektive gefreut zu haben.

Es fiel ihr schwer, sich auf die Bilder zu konzentrieren. Vor ihr hingen Schwarz-Weiß-Fotos von Angehörigen der Schwarzen südafrikanischen LGBTQIA+-Community. Sie betrachtete die Narben auf dem Rücken einer jungen Frau. Sie zogen sich bis zu den Brüsten, den Armen und Beinen, und es bestürzte sie, dass diese Frau gezwungen war, den Hass, der sich gegen sie gerichtet hatte, bis ans Lebensende mit sich herumzutragen. Gleichzeitig bedauerte sie, nicht doch beim Frühstück für Helmut Newton plädiert zu haben. Dann hätte sie jetzt unversehrte, nackte Modellkörper anschauen können, auf deren Haut allenfalls Wasserperlen funkelten und die nichts von der Schlechtigkeit des Menschen erzählten. Der Gedanke fühlte sich schäbig an. Es war falsch, überhaupt so etwas in Erwägung zu ziehen, erst recht im Beisein von Moyra, die versunken eine Vitrine mit den Gerichtsakten zu den Gewalttaten studierte. Es war beneidenswert, wie konzentriert sie sich diesem Thema stellen konnte. Dass sie die Kraft und das Interesse aufbrachte, jedes Detail erfahren zu wollen und wenn es noch so grausam war, wohingegen sie selbst sich beim Blick auf die Uhr und beim Gedanken daran ertappte, was sie vor einer Woche um diese Zeit mit Larissa getan hatte.

Sie wechselte den Raum, betrachtete eine Großformataufnahme queerer Menschen in bunten Kleidern am Durban Beach und erschrak, als sich von hinten eine Hand auf ihre Schulter legte.

»Auch ein tolles Bild!«, sagte Moyra. Sie zeigte auf das Strandporträt. Eine der Personen trug ein knallrotes Kleid. »Überhaupt – die ganze Ausstellung ist wahnsinnig gut, oder?«

»Ja.« Tess war heilfroh, dass Moyra nicht in der Lage war, in ihren Kopf zu sehen. Sonst wäre sie über Erinnerungsbruchteile von Larissas rotem Slip gestolpert, die gerade an die Oberfläche ihres Bewusstseins gespült worden waren. Sie entfernte sich vorsichtig, nicht zu schnell (es durfte nicht nach Flucht aussehen), versuchte zu ergründen, ob diese Erinnerung mit einem tieferen Verlangen einherging. Es tat gut zu merken, dass das nicht der Fall war. Aber das mochte auch damit zusammenhängen, dass das moralische Gefälle zwischen ihr und Moyra mit jedem weiteren Bild, das Moyra hingebungsvoller betrachtete als sie selbst, immer größer wurde, und wenn sie nicht aufpasste, würde es schon bald so groß sein, dass sie es nicht mehr überwinden und nicht mehr auf jenes Niveau gelangen konnte, auf dem Moyra sich befand. Sie *musste* ihr vom letzten Wochenende erzählen! So schnell wie möglich, sobald sie zurück in Nicks Wohnung waren, und dann mit ihr schlafen, wobei es taktisch klüger sein mochte, die Reihenfolge umzudrehen, aber egal. Als sie die Treppen des Gropius-Baus hinunterstiegen und zum Anhalter Bahnhof gingen, verspürte sie eine Mischung aus kindlicher Aufregung und absoluter Entschlossenheit.

»Wollen wir das letzte Stück laufen?«

Tess widersprach nicht. Es war eine gute Voraussetzung für das anstehende Gespräch, dass Moyra sie jetzt bei der Hand nahm. Ihre Finger waren angenehm trocken und warm in dieser feuchten Kälte.

Moyra blieb vor einem Laden stehen. »Wie geil ist der denn?«

»Wer?«

»Der Stuhl!«

Tess musste zweimal hinschauen, um sicherzustellen, dass kein Missverständnis vorlag, sondern Moyra tatsächlich von *dem* Stuhl sprach, der dort hinter der Scheibe stand. Er besaß nur ein Bein und sah mit seiner weißen Plastikverschalung wie ein übergroßer Eierbecher aus, dem Dreiviertel des oberen Teils abhandengekommen waren.

»Kommst du mit rein?«

»Wieso?«

»Weil ich den mal Probe sitzen will.«

»Wozu?«

»Um ihn … zu klauen, wenn er bequem ist?!« Moyra lachte, wie sie immer lachte, wenn sie fand, dass Tess sich schwer von Begriff gab. Es hatte bei ihr über die Jahre zu dem Eindruck geführt, ihre Leitung sei vielleicht wirklich etwas länger, aber sicher war sie sich nicht.

Sie ging mit hinein, um nicht draußen in der Kälte stehen zu müssen. Während Moyra Probe saß und sich von der Verkäuferin etwas über den finnischen Designer erzählen ließ, der den Stuhl in den 50er Jahren entwickelt hatte – den ersten Stuhl mit nur einem Bein! –, drehte sie eine Runde durch den Raum und betrachtete eine Reihe bunter Gegenstände, bei denen erst auf den zweiten Blick klar wurde, dass es sich um eine Pfeffermühle oder einen Garderobenhaken handelte. Zudem trug keiner davon ein Preisschild, und das war meistens verdächtig.

»Was kostet der denn?«, fragte sie die Verkäuferin und näherte sich dem Stuhl. Moyra saß noch immer darauf und drehte sich.

»Das hängt ganz davon ab, ob ihr ihn mit gepolsterter Innenschale nehmen wollt oder ohne, drehbar oder nicht …«

»Wir?«, sagte Tess. »Also *ich* sowieso schon mal nicht.«

Moyras Blicke trafen sie heftig. Es war offensichtlich, wie sehr sie sich dafür schämte, dass ihre Freundin so etwas sagte. »Willst du auch mal sitzen?« Sie machte Anstalten aufzustehen.

Tess musste beinahe lachen darüber, dass dies offenbar das Einzige war, was Moyra einfiel, um die Fassungslosigkeit aus dem Gesicht ihrer Partnerin zu vertreiben, so wie man an einer Unfallstelle eine akut blutende Wunde notdürftig mit einem Pullover abband.

»Nein, danke«, sagte sie, nachdem die Verkäuferin den Preis genannt hatte (Eintausendsiebenhundert Euro in der drehbaren, gepolsterten Variante). »Ich würde schon mal in die Wohnung gehen. Gibst du mir den Schlüssel?«

Moyra zog den Schlüsselbund aus der Jackentasche. Als sie eine halbe Stunde später eintraf, saß Tess auf dem Fensterbrett im Wohnzimmer. Ihre Unterlippe war zerkaut. Es schmerzte, wenn Speichel an die offene Haut gelangte.

»Keine Sorge«, sagte Moyra. Sie legte einen Zettel auf dem Tisch ab. »Ich habe ihn noch nicht gekauft. Nur reserviert.«

Tess wusste nicht, was sie sagen sollte. Sie hatte die letzten dreißig Minuten damit zugebracht zu überlegen, ob es so schlimm war, dass Moyra offensichtlich ernsthaftes Interesse für ein Möbelstück hegte, das sie selbst nicht nur unter ästhetischen Gesichtspunkten nicht besonders schön fand, sondern das auch preislich jenseits dessen lag, was ihrer Meinung nach für einen Stuhl ausgegeben werden sollte, jedenfalls dann, wenn er sich nur zum Sitzen eignete und nicht nebenbei auch noch selbstständig kochte, staubsaugte oder andere Hausarbeiten erledigte.

»Findest du ihn wirklich *so* schrecklich?«

»Nein. Aber ich würde ihn trotzdem nicht kaufen.«

»Sollst du ja auch nicht. Wenn, dann würde *ich* das tun.«

»Eben.«

»Du stößt dich daran, dass *ich* einen Stuhl kaufen möchte?«

Einen Augenblick lang beobachtete sie die Menschen, die auf der gegenüberliegenden Straßenseite vor dem Café saßen. Sie waren eingehüllt in dicke Decken, hielten Kaffeegläser in den Händen. Sie überlegte, ob sie den Stuhl gegen das Geständnis eintauschen sollte. Ob das der Preis war, den sie bezahlen musste, um Moyra so sehr zu besänftigen wie nur möglich.

»Ich glaube, ich verstehe einfach nicht, wofür du einen so teuren neuen Stuhl brauchst.«

»Hm. Und was, wenn ich ihn nicht nur für mich, sondern für uns kaufen würde?«

»Für *uns*? Wo soll er denn stehen? Zwischen Leipzig und Berlin? Am Bahnhof von Lutherstadt Wittenberg?«

Moyra trat näher. »In unserer gemeinsamen Wohnung?!«

»Die haben wir nicht, soweit ich weiß.«

»Das stimmt. Aber wir könnten uns nächste Woche in Leipzig eine ansehen.«

Tess hielt ihren Blick starr auf die andere Straßenseite gerichtet. Unter anderen Umständen wäre sie Moyra jetzt sofort um den Hals gefallen. Allein die Tatsache, den Ausdruck ›gemeinsame Wohnung‹ aus Moyras Mund zu hören, hätte dafür sorgen müssen, dass sie aufsprang und vor Freude kreischte. Aber sie fühlte sich überrumpelt, hintergangen.

»Warum hast du mir das noch nicht erzählt?«

»Weil ich erst vorgestern davon erfahren habe, Tess. Ich habe mit Jana telefoniert und die hat die Wohnung erwähnt und …«

»Aber wir sind schon seit gestern hier zusammen!«

»Ich weiß. Aber du schienst mir gestern Abend nicht in der richtigen Stimmung zu sein.«

Tess wusste, dass sie JETZT etwas sagen musste. Aber sie konnte nicht mehr, weil Moyra nun davon zu reden begann, wie toll die Wohnung sei und dass sie nicht länger warten wolle, bis ihr endlich mal jemand eine feste Stelle anbiete. Sie wolle nicht noch mehr wertvolle Lebenszeit – Zeit mit *ihr*! – verschwenden.

Tess fühlte sich wie bei einer ihrer ersten Begegnungen, als Moyra ihr gestanden hatte, wie wunderbar sie sei, wie gutaussehend und witzig. Bei jedem Wort war ein weiterer Quadratzentimeter ihrer Haut von einem Schauder erfasst worden, und auch jetzt richteten sich überall auf ihren Armen die Härchen auf.

Sie löste sich aus ihrer Verschanzung, schwang die Beine vom Fensterbrett, zog Moyra zu sich heran und küsste sie. Und als sie zwei Stunden später, es war bereits dunkel draußen, nackt in der Küche standen, um sich ein Käsebrot gegen den Heißhunger zu schmieren, bemerkten sie, wie das Pärchen aus der gegenüberliegenden Wohnung sie dabei beobachtete, und sie schworen sich lachend, die Küchenfenster ihrer eigenen Wohnung mit einem Rollo zu versehen.

*

Am Tag der Besichtigung nieselte es. Sie nahmen trotzdem die Räder und stellten sie vor dem Haus ab.

»Sogar mit Späti unten drin«, stellte Tess fest. »Hatte Jana das auch schon erzählt?«

Moyra schüttelte den Kopf und schob den Fahrradschlüssel in die Jackentasche.

»Sie sind Frau Dr. Ludwig?«

Ein grauhaariger Mann stand im Hauseingang. Sein langer Mantel war halb aufgeknöpft. Er ging auf Tess zu.

Sie musste sich ein Grinsen verkneifen, wies auf Moyra. Sie selbst benutzte den Doktortitel, wenn überhaupt, nur aus Spaß, wenn sie Moyra für eine besserwisserische Bemerkung ärgern wollte. Dem Vermieter schien es jedoch ernst zu sein, und Tess fand, dass Moyra, während sie durch die Wohnung gingen und alles ansahen, genau jene Art von charmant-professionellem Auftritt hinlegte, den Herr Langner vermutlich von einer Frau mit Titel erwartete. Sie überließ ihr das Reden, sagte kaum ein Wort, obwohl sie, nachdem sie alles angesehen hatten und auf dem Weg nach draußen waren, Moyra gerne gefragt hätte, wie sie so unumwunden die Frage, ob ein Mietbeginn im Januar – nach Durchführung einiger Schönheitsreparaturen – möglich sei, bejahen konnte. Selbst wenn sie ihre beiden Wohnungen sofort aufgaben, mussten sie wegen der

Kündigungsfrist noch bis mindestens Ende Februar Miete zahlen, und ihr war schleierhaft, wie sie zwei Monate lang das Geld für drei Mieten aufbringen sollten.

»Der Saftladen da ist dann auch zum ersten Januar verschwunden«, sagte Herr Langner. Die Haustür fiel hinter ihm ins Schloss.

Tess wollte ihr Bedauern ausdrücken, doch Moyra war schneller. »Gibt's schon Nachmieter?«

»Bisher noch nicht. Und da muss auch erstmal ordentlich was gemacht werden. Ist völlig runter. Sie hätten wohl Interesse?«

Tess merkte, wie Moyra sich zu ihr wandte, sie ansah und offenbar irgendeine Reaktion erwartete, aber sie konnte nicht so schnell etwas sagen, wie Moyra es nun tat.

»Ich nicht. Aber meine Partnerin sucht Räume für eine Maßschneiderei.«

Sie wollte kurz protestieren, mindestens korrigieren, dass sie nicht nach Räumen *suchte*, sondern allenfalls davon *träumte*. Aber Moyra schien sich nicht daran zu stören. Sie erkundigte sich nach der Höhe der Ladenmiete.

»Woher soll ich das Geld nehmen?«, fragte sie Moyra, nachdem sie sich verabschiedet hatten und Herr Langner außer Hörweite schien. Es fiel ihr schwer, nicht wütend zu klingen.

»Ganz ruhig, Tessi. Ich habe mich ja nur mal erkundigt. Unverbindlich.«

»Ich fand nicht, dass das so unverbindlich klang. Und einen Mietvertrag zum ersten Januar zu unterschreiben, finde ich auch – naja …«

Moyra zog die Augenbrauen hoch. »Willst du die Wohnung etwa nicht?«

»Doch!«

»Na also!«

Tess schaute zu Boden. Moyra war fraglos die bessere Verhandlerin. Das hatte sie schon öfters gemerkt. Ihr fehlte da das Talent, und genau das bot jetzt Anlass zur Frustration.

»Ich kam mir einfach übergangen und minderbemittelt vor.«

»Minderbemittelt?«

»Ja. Du bist eben Frau Doktor Ludwig, kannst von deiner Uni erzählen und …«

»Hey. Er hat zuerst dich für die Doktorin gehalten, richtig?«

»Mhm.«

»Und abgesehen davon: Du bist eine wunderbare Schneiderin, Tess! Überleg mal, wie es wäre, wenn du direkt unter unserer Wohnung deinen Laden hättest!«

Sie musste nicht überlegen. Es klang zu gut, um wahr zu sein, obwohl Moyra auf die Schnelle auch keine Antwort auf die Frage wusste, wie sie die Miete finanzieren sollte, wenn sie noch nicht mal eine eigene Kollektion zum Verkauf anbieten konnte. Deshalb sprachen sie nicht mehr darüber, bis sie am ersten Adventswochenende zu Moyras Eltern nach Bielefeld fuhren.

Tess stand mit teigverschmierten Händen in der Küche. Sie hatte sich bereit erklärt, beim alljährlichen Plätzchenbacken mitzuhelfen, während Moyra bei der ersten Andeutung fluchtartig den Raum verlassen hatte.

»Mo hat erzählt, dass du überlegst, einen Laden anzumieten?«, sagte Inga, Moyras Mutter. Sie nahm Tess die Teigschüssel ab, bemehlte ein Nudelholz und fing an, die Masse auf dem großen Tisch auszurollen.

»Naja«, sagte sie. Sie öffnete den Wasserhahn, schaltete die Brause ein, um sich die Hände abzuspülen. Das Rauschen gab ihr Zeit, sich kurz zu sammeln. »Ich überlege nicht wirklich.«

»›Nicht wirklich‹ heißt?«

Sie ärgerte sich über ihre schludrige Wortwahl, setzte sich auf einen der Barhocker, die an der Kochinsel standen und nahm einen Schluck Glühwein. »›Nicht wirklich‹ heißt: Ich überlege nicht.«

Inga legte das Nudelholz beiseite. »Ich hatte damals auch wahnsinnigen Respekt vor der Selbstständigkeit.« Sie wischte ihre mehlbestaubten Hände an der Schürze ab. »Wenn Jens nicht gewesen wäre, mit seiner Professur, hätte ich mich nicht getraut. Dann würde ich vermutlich noch immer in der Klinik arbeiten.«

Tess nickte nur stumm. Sie konnte jetzt auf gar keinen Fall sagen, dass Moyra nicht Jens war und eben keine Professur innehatte. Sowieso fand sie den Vergleich von Ingas und ihrer Angst auch unabhängig davon etwas schwierig. Die Gesellschaft war kaputt genug, um einen ständigen Bedarf an Psychiatrischen Praxen zu haben. Aber an Maßschneidereien?

»Jens und ich würden dir gern helfen.« Inga reichte ihr eine Herzform zum Ausstechen. Tess wagte nicht, ihr in die Augen zu schauen. »Wir würden dir ein Startkapital für die Ausstattung des Ladens geben und die Miete für das erste Jahr zahlen.«

»Das kann ich nicht annehmen!«

»Überleg es dir ganz in Ruhe.«

Sie drückte das Herz in den Teig.

Moyra lugte zur Tür herein. Tess wechselte sofort das

Thema. Erst am Abend in der Sauna sprach sie Moyra darauf an.

»Du hast deinen Eltern vom Laden erzählt?«

Moyra goss eine Kelle auf. Das Wasser zischte auf den heißen Steinen. »Ja!?«

»Und hast *du* sie darum gebeten?«

»Worum?«

Das Zedern-Nelken-Orangen-Aroma stieg beißend in die Nase. Sie war sich nicht sicher, ob Moyra bluffte. Sie erzählte, was Inga zu ihr gesagt hatte.

»Nimmst du's an?«

Dicke Tropfen rannen über ihre Stirn. »Weiß ich nicht.«

»Was spricht dagegen?«

Sie wischte sich die Feuchtigkeit von den Armen. »Keine Ahnung. Es sind deine Eltern.«

»Na und? Sie hätten dir das Angebot nicht gemacht, wenn sie dich nicht mögen würden und das Geld nicht hätten.«

»Ja, aber – was, wenn irgendwas ist und wir …«

»Was soll sein?«

Sie traute sich kaum, es auszusprechen. »Na, zum Beispiel: Wir streiten uns und stellen schon nach zwei Wochen fest, dass wir doch nicht zusammen wohnen können. Oder du kriegst einen tollen Job im Ausland angeboten, verlässt mich für eine andere – solche Dinge eben.«

Moyra lachte. »Ich liebe dich, Tess. Ich habe nicht vor, mich mit dir zu streiten, einen Job im Ausland anzunehmen oder dich für eine andere zu verlassen.«

»Weißt du's?«

»Nein. Natürlich nicht. Aber wenn ich du wäre, dann – also ich würd's machen. Dein eigener Laden, Tessi! Direkt bei uns im Haus!«

Sie nickte. Die Wärme, der Duft und Moyras Zuspruch hüllten sie ein. Sie stellte sich vor, wie sie sich die Schneiderei einrichten würde. Dabei wurde ihr bewusst, dass sie Moyra noch immer nichts vom Wochenende mit Larissa erzählt hatte.

»Ist der Stuhl eigentlich noch für dich reserviert?«

»Denk schon. Wieso?«

»Dann lass ihn uns kaufen.«

»Jetzt gefällt er dir plötzlich?«

»Das nicht unbedingt. Aber du willst ihn gerne haben. Und er ist eine Erinnerung an das Wochenende, an dem du mir zum ersten Mal von der Wohnung erzählt hast.«

Moyra lächelte, goss eine weitere Kelle auf, und es war, als ob alle Vorbehalte mit dem Dampf zerstoben und es nur noch Wärme, Licht und Zuversicht gab.

*

»Hey, lass uns erstmal weitermachen, und dann schauen wir, ob wir ihn nicht doch irgendwie reparieren können«, sagte sie zu Moyra, die noch immer die kippelnde Sitzschale auf dem Standbein betrachtete.

»Der ist hinüber«, murrte Moyra nur.

Aber schon zwei Stunden später, als sie zusammen mit den anderen zwischen Kistentürmen im Wohnzimmer saßen und Pizza aus Pappkartons aßen, war der gröbste Unmut verflogen und die Vorfreude auf die neue Wohnung größer als der Ärger über den Stuhl. Alles war nach oben gebracht; sie musste jetzt nur noch den Transporter zurück zur Vermietung fahren und ihre alte Wohnung durchfegen.

Nachdem die anderen sich verabschiedet hatten, zog Tess den Autoschlüssel aus der Jackentasche. »Ich bringe mal schnell den Transporter weg, ja?«

Moyra holte in der Küche bereits die ersten Töpfe aus den Kisten. »Alles klar. Soll ich mitkommen?«

»Musst du nicht.«

»Wenigstens fürs Ausparken?«

»Das Einparken ging alleine, also schaffe ich auch das Ausparken.«

Sie lief nach unten, öffnete den Wagen, schwang sich auf den Sitz, zog die Tür zu, steckte den Schlüssel ins Schloss und sah zur großen Scheibe des Ladens. In der kommenden Woche würde sie mit eigens für sie gestalteten Klebebuchstaben ihren Namen und den schlichten Zusatz *Mode. Handgemacht.* anbringen. Es fühlte sich großartig an.

Sie ließ das Fenster herunter. Warme Frühlingsluft strömte herein.

Der Motor sprang an, als sie den Schlüssel drehte und die Kupplung durchdrückte. Im Seitenspiegel sah sie die Motorhaube des Twingo. Sie schaltete in den Rückwärtsgang, schlug das Lenkrad ein, trat aufs Gaspedal und setzte zurück.

2

Heike hatte sich ehrlich gefreut auf die grünen Harzwipfel, die auf der Klappkarte zu sehen waren. Und die Aussicht auf ein verlängertes Wochenende mit ihrer Tochter war sowieso das beste Geburtstagsgeschenk, das sie sich vorstellen konnte.

»Das Hotel soll ganz schnuckelig sein«, hatte Susanne am Telefon erklärt. »Mit Spa im Keller. Und du kannst sogar mit dem Zug hinfahren.«

»Ach, ja?« Sie versuchte, so zu klingen, als würde sie ernsthaft eine Zugfahrt in Betracht ziehen.

»Ja. Du fährst – warte, genau – bis Halle, von dort nach Wernigerode, und da steigst du dann in die Harzer Schmalspurbahn. Das ist die, die auch auf den Brocken fährt.«

»Also wie oft umsteigen?«

»Zweimal. Soll ich die Tickets für dich buchen?«

»Nein, nein. Das kriege ich schon hin.«

»Aber dann musst du extra zum Bahnhof.«

»Das schaffe ich. Ist ja nicht 1963.« Sie hatte keine Erinnerungen an den Winter ihrer Geburt – den härtesten, den die DDR bis dato erlebt hatte. Allerdings hatten ihre Eltern so oft davon erzählt, dass sie meinte, mit eigenen Augen gesehen zu haben, wie sie die zerknüllten Seiten des *Neuen Deutschland* in die Zwischenräume der zugigen Doppelfenster stopften, obwohl sie das Papier viel lieber zum Anfeuern des Kohleofens hätten nehmen wollen. Doch die Straßen waren so vereist, dass sie nicht mehr bis zum Kohlehandel durchkamen, um neue Briketts zu holen. Selbst als die Stadt einige LPGs aus dem Umland verpflichtete, Ackerpflüge über die Straßen zu ziehen, um das Eis aufzubrechen, wurde es nicht besser. Denn nun lagen überall große Schollen herum, und die Leute stießen sich die kaltgefrorenen Zehen, wenn sie versuchten, darüber hinwegzusteigen.

»Dein Großvater hat ja sogar immer behauptet, sie hätten aufgehört, die Pellkartoffeln zu salzen, um das Kochsalz auf den Gehweg zu streuen, aber …«

»Ich weiß.«

Sie setzte nicht erneut an. Dabei hatte die Sache mit ihrem Geburtstag zu tun. Und heute *war* ihr Geburtstag!

»Also – sicher, dass ich die Tickets nicht online für dich buchen soll?«

»Ja.« Sie fühlte sich schlecht. Es war klar, dass es nicht klappen würde. Sie war nicht zu blöd, ein paar Fahrkarten zu kaufen. Das schaffte sie schon. Nur: Sie würde so oder so mit dem Auto fahren. Das stand gar nicht zur Debatte, und das Einzige, was sie entschuldigen würde, wären ein Bahnstreik oder solche Schneemassen wie 63, aber die waren für diese Jahreszeit nicht zu erwarten, und am Gründonnerstag wurde auch in der Reiseauskunft, die sie auf Susannes altem PC checkte, alles planmäßig angezeigt. Deshalb sah sie sich gezwungen, zum letzten Mittel zu greifen.

»Blöder Rücken!«, fluchte sie, während sie aus dem Auto ausstieg.

Schon durch die Scheiben hatten Susannes vorwurfsvolle Blicke sie getroffen. »Warum hast du ausgerechnet die Tasche genommen? Was ist denn mit dem schönen Rollkoffer, den ich dir letztes Jahr zum Geburtstag geschenkt habe?«

Sie schwieg. Es ärgerte sie, dass sie ihr Rückenargument nicht sorgfältig genug vorbereitet hatte.

»Hast du die Übungen gemacht, die ich dir geschickt habe?« Susanne nahm ihr die Tasche ab.

Sie log, als sie erklärte, die Übungen seien das Erste gewesen, womit sie sich heute Morgen beschäftigt habe, sie hätten auf die Schnelle aber auch nichts gebracht.

»Dann frage ich Tine mal, was du sonst noch unternehmen kannst.«

Die Aussage klang fast schon versöhnlich, wie sie fand. So als würde sie noch einmal in den Arm genommen, aber diesmal wirklich herzlich.

»Gerne«, sagte sie. Es tat gut, Susanne lächeln zu sehen. Lächeln war die Währung, von der sie am wenigsten hatte und am meisten benötigte. Sie wollte jetzt alles dafür tun, noch mehr zu erhalten.

»Gehen wir runter zum Pool?«, fragte Susanne, als sie gerade erst auf dem Zimmer angekommen waren. »Schwimmen und Sauna sind auf jeden Fall gut für deinen Rücken. Hat Tine ja auch gemeint.«

Sie legte drei Hosen in den Schrank, warf einen unauffälligen Blick auf Susannes Sachen, um zu sehen, ob sie wenigstens eines der Stücke (den weinroten Wollpullover, die senfgelbe Hose, den dunkelblauen Schal) eingepackt hatte, die sie ihr in letzter Zeit geschenkt hatte. Es sah nicht danach aus. Noch vor wenigen Jahren hätte sie sich nichts daraus gemacht. Als Susanne mit fünfzehn oder sechzehn erklärt hatte, sie wolle lieber mit Freundinnen Klamotten shoppen, war es leicht gewesen, darin eines der üblichen Symptome des Erwachsenwerdens zu sehen, einen zarten und vergleichsweise harmlosen Akt jugendlicher Rebellion. Doch inzwischen war Susanne erwachsen. Sie hatte sich von ihrem Elternhaus gelöst, und genau deswegen, fand Heike, war es an der Zeit, sich wieder anzunähern, die Beziehung zwischen Mutter und Tochter nicht länger eine Einbahnstraße der Liebe sein zu lassen, auf der sie unentwegt kleine Päckchen der Zuneigung in Susannes Richtung schickte, aber nichts zurückbekam – wobei, dieses Osterwochenende war ein Anfang. Auch wenn Rolf gemeint hatte, die Einladung sei das Mindeste angesichts des ganzen Geldes, das sie in den letzten Jahren in Susanne gesteckt hatten: für zwei abgebrochene Ausbildungen und anderthalb Studiengänge. Immerhin sah es jetzt danach aus, als wäre sie glücklich mit dem, was sie da an dieser Fachhochschule in Berlin tat, auch wenn Heike sich den langen Namen des Studiengangs nicht merken konnte. Wurde sie gefragt, was ihre Tochter mache, antwortete sie »was mit Gesundheit«, und sie hatte nichts dagegen, wenn ihr Gegenüber glaubte, Susanne werde Ärztin, obwohl die immer wieder betonte, sie studiere *nicht* Medizin.

»Wie geht es denn der Tine?«, fragte sie.

»Gut.«

Es war genau die knappe Antwort, die sie befürchtet hatte. Natürlich mochte es merkwürdig sein, sich nach einer Person zu erkundigen, die sie nur aus Erzählungen kannte. Die Zeiten, in denen Susannes Freundinnen mit zu ihr nach Hause kamen, weil ihre Mutter die besten Bratkartoffeln von ganz Leipzig zubereitete, waren vorbei. Aber was konnte sie noch tun, um so viel wie möglich am Leben ihrer Tochter teilzuhaben?

Sie zog den Badeanzug aus der Tasche. Es war derselbe, den sie schon vor Jahren im letzten Familienurlaub angehabt hatte. Sie verschwieg, ihn seither kein einziges Mal getragen zu haben. Sie hasste Hallenbäder, verabscheute den

Geruch von Chlor, aber immerhin war der Spa-Bereich des Hotels angenehm leer. Obwohl es nirgendwo ein Fenster gab, schien es, als durchflutete die spätnachmittägliche Märzsonne den Raum. Aus den Lautsprechern kam Vogelgezwitscher.

Sie hielt sich am Metallgeländer fest, steckte prüfend ihre Zehenspitzen ins Wasser – es war wärmer, als sie erwartet hatte – und glitt hinein.

»Mama!?«

»Ja?«

»Hast du geduscht?«

»Upps.«

Susanne hob tadelnd den Zeigefinger. Sie lachten. »Hier!« Sie warf ihr eine lilafarbene Schwimmnudel zu. »Das ist perfekt für deine Rückengymnastik.«

Der Aufprall ließ Wasser in ihr Gesicht spritzen. Sie griff nach der Schaumstoffrolle, zog sie zu sich heran, streckte sie von sich weg, hob sie über ihren Kopf, hinter den Nacken, beugte sich nach links und nach rechts, bevor sie sie zurück auf die Wasseroberfläche legte, sich daran festklammerte und die Beine bewegte, als übte sie den Froschtritt.

»Sehr gut!« Susanne streckte den Daumen nach oben.

Es war egal, ob die Anerkennung echt oder gespielt war. Viel wichtiger war, dass Susanne jetzt ebenfalls nach einer Nudel griff. Wie lange waren sie nicht mehr eine synchrone Einheit gewesen?

»Gehen wir noch in die Sauna?«, fragte Susanne, während sie wohlig erschöpft aus dem Wasser stiegen.

Heike war bereits warm vom vielen Bewegen. Aber sie hatte auch keine Lust, jetzt allein aufs Zimmer zu gehen und dort herumzusitzen. Sie wollte so viele Minuten wie möglich mit Susanne verbringen. Sie überredete sie, eine Runde mit in die Kristallsauna zu kommen, die nur auf fünfundsechzig Grad geheizt wurde, dafür aber – laut Schild – Körper und Geist durch die gesundheitsfördernde Wirkung des Bergkristalls über dem Saunaofen in Einklang brachte, bevor Susanne sich für zwei Runden in die deutlich heißere Finnische Sauna begab, während sie selbst sich ins Türkische Dampfbad setzte, die Augen schloss und so langsam und konzentriert die warme, feuchte Luft einatmete, dass sie beinahe einschlief.

»Das tat gut!«, sagte sie, als sie zwei Stunden später beim Abendessen saßen.

»Fand ich auch.« Susannes Wangen waren noch hitzegerötet. Sie wirkte erholt und zufrieden.

Die Bedienung brachte zwei Gläser Sekt zur Begrüßung. Sie bestellten noch eine Flasche Wasser und einen halben Liter Wein und warfen einen Blick in die Speisekarte.

»Ich nehme das Kohlrabischnitzel«, sagte Susanne.

Heike war noch nicht mal am Ende der Liste mit den Vorspeisen angelangt. Sie merkte, wie sich ihre Poren wieder öffneten, obwohl sie nicht mehr in der Sauna saß. Es war klar, wozu Rolf, wäre er hier gewesen, ihr jetzt geraten hätte: zum Wiener Schnitzel, zum Rehrücken oder zum Schweinegulasch. Bei allen dreien handelte es sich um Gerichte, die sie gerne aß und häufig kochte. Aber sie war nicht zum Essen hier, jedenfalls nicht in allererster Linie. Das Wichtigste war, das fragile Kartenhaus der Harmonie, das sie in den letzten Stunden mit größter Mühe errichtet hatte, nicht zum Einsturz zu bringen, und noch während Susanne ihre Wahl damit begründete, dass das Kohlrabi-

Schnitzel schließlich das einzige fleischlose Hauptgericht ohne Nudeln sei, sagte Heike: »Das nehme ich auch.«

Susanne schlug die Karte zu. »Bei uns an der Hochschule hat die Mensa jetzt komplett auf vegetarisch und vegan umgestellt. Die haben nämlich festgestellt, dass eh fast niemand mehr Fleischgerichte wählt.«

»Ach.« Sie mühte sich krampfhaft, noch irgendetwas anderes zu sagen. Aber es fiel ihr nichts ein. Es war essenziell, jetzt nicht in eine Auseinandersetzung über die Frage zu schlittern, warum Rolf und sie überhaupt noch Fleisch aßen.

»Schmeckt wirklich gut«, sagte sie, nachdem sie den ersten Bissen vom Kohlrabischnitzel genommen hatte. Dabei meldeten ihre Geschmacksknospen eigentlich nur Salz und eine etwas süßliche Note des Sonnenblumenöls, in dem die goldbraune Panade gebacken worden war. »Und mit der Sauce Hollandaise und den Petersilienkartoffeln«, schob sie hinterher, während sie ein weiteres Stück von dem aufspießte, worüber Rolf sich jetzt mit Sicherheit ereifert hätte, dass es gar nicht Schnitzel heißen dürfe, »passt das ganz toll zusammen. Das muss ich zu Hause auch mal machen!«

Sie sah Susanne lächeln. Das war jetzt das – wievielte? – dritte, vierte, fünfte Lächeln auf ihrem Gesicht innerhalb von fünf, sechs, sieben Stunden. Es war so gut wie schon lange nicht mehr. Die Sorgen der Anreise und der Unmut auf dem Parkplatz waren verflogen, ihr Gemüt so sonnig wie der Ausblick hinter dem Panoramafenster, an dem sie sich am nächsten Morgen zum Frühstück niederließen. Ihre Teller waren beladen mit Butter, Marmelade, Brötchen und Croissants, daneben Schalen mit Obstsalat und Bircher-Müsli, zwei Tassen Cappuccino und zwei Gläser frisch gepresster Orangensaft.

»Schönes Wetter.«

»Ja.« Susanne tunkte ihr Croissant in die Marmelade. »Lass uns doch heute wenigstens mal mit der Bahn zum Brocken fahren.«

Sie überhörte das ›wenigstens mal‹ und fokussierte sich ganz auf das, was vor ihr lag und ihr Freude bereiten würde: ein weiterer gemeinsamer – und heute sogar ganzer! – Tag mit ihrer Tochter.

Am Bahnsteig warteten bereits Rentnerpärchen und Wandergruppen. Susanne witzelte über die mindestens hochgebirgstaugliche Ausrüstung mit festen Schuhen, Wanderstöcken und Funktionsjacken, und Heike stimmte mit ein. Der gemeinsame Spott verband und befreite sie von dem Gedanken, dass auch ihre Tochter jetzt viel lieber eine ordentliche Wanderung mit ihr unternommen hätte, statt nur mit der Bahn zum Gipfel zu fahren, die Aussicht zu genießen, ein Stückchen Kuchen zu essen und wieder zurückzufahren.

Sie setzten sich in den letzten Waggon. Draußen zog der Wald vorbei. Zwischen den Bäumen brach die Sonne hindurch. Das Schnaufen und Rattern des Zuges machten sie schläfrig. Das Koffein vom Frühstückskaffee wirkte bereits nicht mehr. Heike schloss die Augen, öffnete sie erst wieder, als Susanne sie anstieß.

»Guck mal.«

Vor dem Fenster war der Wald lichter geworden. In der Ferne grüßte bereits der rot-weiß-gestreifte Sendemast des Brockengipfels.

»Schlimm.«

Heike war verwundert. Es war ewig her, seit sie Susanne einen Artikel über die Strahlungsgefahr von Handymasten geschickt hatte, und bisher war Susanne nicht darauf eingegangen.

»So wird's bald überall aussehen.«

»Ja. 5G und dazu noch die Windräder.«

»Ich rede von den Bäumen, Mama.«

Erst jetzt bemerkte sie die kahlen Stämme am Wegesrand: nadellose Gerippe, denen die Rinde abhanden gekommen und ein Großteil der Äste abgefallen war.

»Kein Wunder bei dem Qualm.« Die Schwaden zogen dick und schwer an ihrem Fenster vorbei. Obwohl die Fenster geschlossen waren, stank es wie damals, als sie noch mit Kohle geheizt hatten.

Susanne verzog das Gesicht. Doch Heike begriff, dass es nicht am Rauch lag, noch bevor Susanne zu einem Referat über immer häufigere und extremere Stürme, über Hitzewellen und Borkenkäfer ausholte.

Sie unterbrach sie nicht. Es hatte keinen Sinn, zumal Susanne jede ihrer Aussagen mit dem Hinweis unterstrich, Robert könne ein Lied davon singen, und Heike wusste, dass sie – besonders in diesem Fall – nicht gegen die Autorität von Susannes Freund ankommen würde, der in Eberswalde ein Fach studierte, dessen englischen Namen sie sich ebenso wenig wie jenen von Susannes Studiengang merken konnte, der aber, so viel wusste sie, mit Forst zu tun hatte.

Sie spürte, wie Wut in ihr aufstieg. Und als Susanne sagte, dass in einigen Jahren hier gar keine Bäume mehr ständen, wenn die Menschen weiterhin mit ihren Autos durch die Gegend führen, war sie sich sicher, dass sie damit nicht irgendwen meinte, sondern sie. *Sie* im Besonderen!

Sie musste jetzt schnellstens das Thema wechseln und das Kartenhaus reparieren. (Wie viel war beschädigt? Nur die obere Etage oder schon zwei?) Aber der Schmerz, der ihr in den Rücken fuhr, war so gewaltig, dass sie kein Wort hervorbrachte.

Sie versuchte, sich nichts anmerken zu lassen (wo kam das so plötzlich her?), schaffte es aber nur, bis der Zug mit einem Quietschen auf dem Brockenbahnhof hielt.

»Kommst du?«

Sie wollte aufstehen. Es ging nicht. Der Schmerz hielt sie umklammert. Es war, als würden Nägel in ihre Wirbelsäule geschlagen.

Susanne half ihr, doch sie sackte sofort wieder auf die Sitzbank. »Sollen wir sitzenbleiben und wieder mit zurückfahren?«

Es blieb nichts anderes übrig. Der Schmerz strahlte jetzt so gewaltig, dass ohnehin alles egal war. Sie versuchte, eine Position zu finden, in der er halbwegs erträglich schien, nahm hin und wieder einen Schluck aus der Wasserflasche, die Susanne ihr reichte und blieb für die nächste Stunde so sitzen, obwohl sie eigentlich längst auf Toilette musste.

Irgendwie schaffte sie es aus dem Zug. Susanne stützte sie, führte sie zu einer Sitzbank auf dem Bahnsteig. »Ich hol das Auto und fahr dich zum Arzt, ja?«

Sie schüttelte mit dem Kopf. Die Prozedur war immer die gleiche: Sie bekam eine Spritze, der Schmerz ließ nach, sie wähnte sich befreit, meinte, seinen Fängen entkommen zu sein, doch es war nur eine Frage der Zeit, bis er sie wieder in seinen Griff nahm, sich in ihre Muskeln und Knochen krallte.

»Von der Spritze wird mir nur übel«, sagte sie. Sie wollte am liebsten heulen, zum einen vor Schmerz, zum anderen, weil sie wusste, dass der Harzurlaub gelaufen war. Die Schübe dauerten in der Regel zwei bis drei Tage. Sie würde am morgigen Tag nichts unternehmen können, am Ostersonntag auch nicht, und am Montag mussten sie abreisen.

Sie wehrte sich zunächst, als Susanne vorschlug, sie direkt nach Hause zu fahren, erklärte, sie solle ruhig noch etwas alleine unternehmen, während sie sich im Hotel ins Bett legte. Doch sie war zu schwach, um Susannes Einwand, sie könne nicht entspannt durch den Harz wandern, wenn ihre Mutter sich vor Schmerzen winde, noch etwas entgegenzusetzen.

Zu Hause nahm Rolf ihr die Tasche ab und half ihr die Treppe hinauf. Im Wohnzimmer lag bereits das Wärmekissen auf dem Sofa.

»Du willst wirklich nicht noch zum Arzt?« Susanne setzte sich neben sie. Es tat so gut, dass sie noch da war.

»Was soll sie da?«, brummte Rolf.

»Sich helfen lassen?!«

»Heute haben eh alle Praxen zu, Susanne. Mein Arzt auch.« Heike war froh um diesen Grund. Sie musste eine Achse der Entspannung ziehen.

»Dein Arzt hilft dir aber auch nicht, wenn er aufhat.« Rolf stand mitten im Raum, schaute auf sie und Susanne herab.

»Es gibt doch bestimmt nicht nur den einen.« Susanne war sichtlich bemüht. Aber ihre Ratschläge waren so hilfreich wie die gut gemeinten Tipps ihrer Freundin Tine. Wie oft hatte sie ihr schon erklärt, sich von den Ärzten längst nicht mehr ernst genommen zu fühlen? Alle, die sie schon besucht hatte – und das waren einige –, hatten ihr nur Dinge verschrieben, die kurzzeitig Linderung verschafften, und sobald sie erneut bei ihnen auftauchte, versuchten sie, sie schnell wieder loszuwerden wie eine lästige Fliege.

»Überleg mal, wie lange das jetzt schon so geht«, sagte Rolf. »Wenn du mich fragst: Die wollen alle nur Geld scheffeln, mehr nicht.«

Sie hörte, wie Susanne laut ausatmete. »Aber irgendetwas musst du machen.«

Wieder schlug der Schmerz in ihrem Rücken ein. Sie versuchte, es zu verbergen. Es gelang ihr nicht.

»Dann musst du eben aufhören zu arbeiten.«

Sie hatte schon oft beklagt, dass die Scannerkasse ihre Arbeit schwerer gemacht hatte. Früher hatte sie die Waren nur vom Band in die Wanne schieben müssen, hatte Nummer und Preis von jedem Artikel im Kopf gehabt; das war jetzt – wenn überhaupt – nur noch bei Backwaren, Obst und Gemüse nötig, und es war ihnen als große Erleichterung verkauft worden. Doch hatte irgendjemand von denen, die sich diese Kassen ausgedacht hatten, mal versucht, zehn Kilo Waschpulver anzuheben, um den Barcode über dem Scanner zu platzieren? Sie war nicht die Einzige, die über Schmerzen klagte, und es war definitiv nötig, etwas dagegen zu tun.

»Das geht nicht.« Rolf stand noch immer vor ihnen.

»Wieso?«

Sie legte ihre Hand auf Susannes Knie. »Der Laden wirft einfach nicht mehr so viel ab wie früher.«

Heike wusste noch genau, wie es gewesen war, als Rolf Anfang der Neunziger den Getränkeladen eröffnet hatte. Er hatte Langners Vater, dem damals das Haus gehörte, gefragt, ob er nicht das alte Ladenlokal nutzen könne; es stand seit der Wende leer. Er richtete alles her, sägte aus Holz den Schriftzug *Rolfs Getränkeoase*, den er über der Markise anbrachte, und als Susanne in die Schule kam, hörte Heike, wenn sie zu Hause war, wie sie nachmittags laut schnatternd mit einem Pulk Freundinnen im Laden vorbeischaute, um sich von Rolf Limo oder Brausepulver ausgeben zu lassen, das so sehr auf der Zunge kitzelte, dass ihr Lachen die ganze Straße ausfüllte. Nach einer Weile tauschte er die Sackkarre gegen einen Renault Rapid, dann, weil er noch mehr Ladefläche benötigte, gegen einen Toyota HiAce ein. In den Sommerferien, wenn die meisten in der Nachbarschaft ohnehin im Urlaub waren, baute er den Lieferwagen zum Wohnmobil um, und sie fuhren in den Westen, an die Nordseeküste, den Bodensee, die Riviera, in die Bretagne. Am Ende der Ferien, wenn sie wieder in Leipzig einfuhren, sahen sie in jedem Baugerüst und in jeder Baggerschaufel ein Zeichen dafür, dass tatsächlich bessere Zeiten angebrochen waren, es voranging, sich etwas bewegte, sich der Aufschwung einstellte, von dem schon so lange die Rede war, und sie waren ein Teil davon.

Er hatte seinen Lieferwagen auch benutzt, um Susannes Sachen nach Berlin zu fahren. Heike hatte bereits mit Schnittchen gewartet, als er am Abend wiederkam. Er hängte seine braune Lederjacke an die Garderobe und setzte sich vor den Fernseher. Sie holte eine Champagnerflasche aus dem Gefrierfach und stellte sie zusammen mit zwei Gläsern und dem Schnittchen-Teller vor ihn auf den Tisch.

Er zog die Augenbrauen hoch. »Hast du im Lotto gewonnen?«

»Nein.« Sie konnte kaum verhehlen, traurig zu sein. Die Wohnung fühlte sich still und leer an ohne ihr einziges Kind. Beim Abschied hatte sie einen Kloß im Hals und Tränen in den Augen gehabt. Doch ihre Freundin Petra, deren Sohn schon im letzten Jahr ausgezogen war, hatte ihr erzählt, wie sie es mit ihrem Mann gemacht hatte: Sie hatten auf die neue Zeit angestoßen, die jetzt für sie als Ehepaar begann – nicht der Herbst des Lebens, sondern ein zweiter Frühling!

»Danke. Mir ist nicht nach Anstoßen zumute.«

Sie fing gar nicht erst damit an, das Goldpapier vom Korken abzuwickeln, stellte die Flasche ab und setzte sich neben ihn. Der Stoff seiner Jeans war ausgewaschen. »Fällt dir der Abschied doch schwerer, als du gedacht hast?« Seine Niedergeschlagenheit wirkte jetzt merkwürdig belebend. Plötzlich war sie diejenige, die trösten musste.

»Wovon redest du?«

»Von Susanne?!«

Er stand auf und ging zum Fenster. »Guck's dir an.« Sie trat neben ihn. Vor dem Haus gegenüber stand ein großer Kastenwagen. Ein Logo mit Flaschen prangte auf der Seite.

»Die nehmen mir mein Geschäft weg.«

»Abwarten«, sagte sie und strich ihm über den Rücken. »Die Leute kommen ja auch zu dir, weil du der Rolf bist und nicht irgendein anonymer Fahrer.«

»Pff«, machte er. »Die werden bald nicht mehr kommen, wenn sie mitkriegen, dass es genügend Ausländer gibt, die ihnen ihre Kisten bis an die Wohnungstür bringen. Vor allem die jungen, für die jeder Handgriff eine Gefahr für die Work-Life-Balance ist.«

Er redete auch jetzt wieder von den Getränkelieferservices, während sie sich das Heizkissen hinter den Rücken schob und Susanne neben ihr auf dem Sofa saß.

»Dann musst du dich eben breiter aufstellen, Papa! In Berlin …«

»Wir sind hier nicht in Berlin!«

»Okay. Aber die Spätis …«

»Ich habe keinen Späti! Ich habe eine Getränkeoase!«

»Lass sie mal ausreden.«

»Also – die Läden, die in Berlin Getränke verkaufen, bei denen kann man auch Pakete abgeben oder Schokocroissants kaufen. Die machen die einfach im Ofen warm, weißt du.«

Rolf seufzte. »Sollen die ruhig machen. Machen in Leipzig ja auch schon viele. Aber ich bin weder eine Postfiliale noch ein Bäcker. Ich habe einfach nur einen Getränkeladen, verstehst du? Darf es das nicht mehr geben in dieser Welt? Einen Laden, der nur Getränke verkauft und nichts weiter?« Er verließ das Zimmer.

»Er ist beratungsresistent, Mama!«

»Er ist einfach enttäuscht, Susanne.«

»Wovon? Davon, dass die Zeiten sich ändern? Dass nicht alles so bleibt, wie es ist? Dass er nicht mehr seinen Stiefel weitermachen kann?«

»Vielleicht, ja. Du hast doch neulich selbst beklagt, dass die Innenstädte überall gleich aussehen. Nur noch eine Aneinanderreihung der immergleichen Filialen großer Ketten.«

»Natürlich. Aber das hier geht auf *deine* Kosten! Es kann doch nicht sein, dass du diese Schmerzen ertragen musst, nur weil er …«

»Er ist nicht schuld an meinen Schmerzen.«

»Nein? Wer dann? Die Ärzte?«

Sie zuckte die Schultern. »Die kümmern sich jedenfalls weniger um mich als Papa.« Sie schaltete das Heizkissen noch eine Stufe höher.

»Okay. Das heißt, wenn's nach dir geht, soll er so weitermachen wie bisher.«

»Er soll das machen, was ihn glücklich macht.« Ein Schmerzstoß erinnerte sie daran, dass die Sache komplizierter war. Nur konnte sie sich vermutlich besser als Susanne an die Zeiten erinnern, zu denen Rolf mit leuchtenden Augen aus dem Laden nach oben gekommen war, und noch wollte sie die Hoffnung nicht aufgeben, dass diese Zeiten wiederkehren konnten. »Er hat auch viel für *dich* getan, Susanne.«

Sie sah sofort, wie dieser Satz etwas in Susannes Gesicht veränderte. Sie konnte nicht genau sagen, was es war, aber sie merkte, dass es nicht das war, was sie beabsichtigt hatte.

»Willst du damit sagen, dass *ich* schuld bin?«

»Nein!«

Rolf kam zurück ins Wohnzimmer. »Sie will damit nur sagen, dass wir immer für dich da waren und sind. Ich meine, zwei Ausbildungen, zwei Studiengänge …«

»Also doch!«

»Nein!«

Susanne stand auf. Sie konnte sie nicht aufhalten.

»Wisst ihr was? Behaltet euer Geld! Ich komme klar. Macht ihr euer Ding. Ich mach meins. Dafür brauche ich euch nicht.« Sie lief um den Glastisch herum und stieß sich das Knie. »Dieser scheiß Tisch! Ihr merkt überhaupt nicht mehr, dass ihr immer andere für eure Probleme verantwortlich macht! Egal ob's um den Laden geht, um Schmerzen, um Geld – immer tragen andere die Schuld, nie ihr selbst. Ich kann's nicht mehr hören! Seht zu, wie ihr klarkommt!« Sie lief aus dem Wohnzimmer hinaus in den Flur, wo ihr Koffer stand.

Heike wollte aufstehen, hinter ihr herlaufen, um ihr zu sagen, dass alles nur ein großes Missverständnis darstellte. Aber der Schmerz im Rücken, der jetzt ins Becken schoss, hielt sie zurück.

»Wird sich schon wieder einrenken«, sagte Rolf. Die Wohnungstür fiel mit einem Krachen ins Schloss. »Denk dran, wie's früher immer war. Erst war sie stinkbeleidigt wegen irgendwas, hat sich in ihrem Zimmer verschanzt und niemanden reingelassen. Aber spätestens zum Abendbrot stand sie wieder auf der Matte.«

Durch die Tür zum Flur sah Heike die Tür von Susannes altem Zimmer. Sie nannten es noch immer ›Kinderzimmer‹. Vom alten Mobiliar stand nur noch die Klappcouch darin. Sie hatten sie für den Fall dagelassen, dass Susanne über Nacht blieb, aber das war bisher noch nicht geschehen.

Sie wünschte wirklich, es wäre so wie früher, als ihre Tochter in solchen Fällen noch Schilder an die Tür hing, auf denen FÜR ELTERN BETRETEN VERBOTEN! stand. Aber: Es gab jetzt keinen Abendbrottisch mehr, an den Susanne sich setzen musste, wenn sie etwas essen wollte, jedenfalls nicht in dieser Wohnung. Und jeder Tag, der ohne einen Anruf oder eine Nachricht verging, ließ die dumpfe, bittere Gewissheit in ihr heranwachsen, dass Susanne es wirklich ernst gemeint hatte.

Hin und wieder, wenn sie an ihrem alten Zimmer vorbeiging, überlegte sie, ob sie sich bei ihr melden sollte. Früher hatte sie auch oft den ersten Schritt gemacht, hatte vorsichtig angeklopft und ihr vorgeschlagen, sich wieder zu vertragen. Doch die Angst, zu hören, dass Susanne sich dieses Mal nicht versöhnen wollte, war größer als die Bereitschaft, die Dinge vorerst zu ertragen, wie sie waren. Wie oft in ihrem Leben hatte sie das nicht schon getan? Gab es überhaupt etwas, das sie besser konnte?

*

Am Nachmittag vor Heiligabend saß Heike im Sessel. *Rudolph, the Red-Nosed Reindeer* erklang. Rolf hatte ihr die Melodie wie jedes Jahr als Klingelton eingestellt. Es gehörte dazu wie die Räuchermännchen, die Schwibbögen und Lichterketten, die er überall in der Wohnung verteilte.

Sie schaute zu ihm hinüber. »Susanne«, sagte sie. Sie spürte, wie sie zitterte.

»Na, geh ran.« Er stand auf und knipste die Lichter am Baum an, bevor er aus dem Zimmer lief.

Die Glühlämpchen verschwammen vor ihren Augen. Sie vermischten sich mit den glitzernden Kugeln, den Sternen und selbstgebastelten Figuren aus Kastanien und Streichhölzern, die noch aus Susannes Schulzeit stammten.

»Hallo?«

»Hallo, Mama.«

Sie hatte Mühe zu atmen, wusste nicht, was sie sagen sollte.

»Störe ich? Seid ihr schon beim Bescheren?« Susannes Stimme klang, als wäre nie etwas gewesen. Heike wusste nicht, ob sie das beruhigend oder eher verstörend finden sollte.

»Nein. Wir schenken uns doch schon lange nichts mehr.«

»Ach, stimmt.«

Sie kam sich wie gelähmt vor. Sollte sie sagen, dass sie sich freute, sie zu hören? Oder sollte sie ebenfalls so tun, als wäre alles wie eh und je? Sie konnte auch sagen, seit Monaten auf diesen Moment gewartet zu haben. Es fühlte sich alles richtig und falsch zugleich an.

»Aber *ich* habe ein Geschenk für euch«, sagte Susanne.

Heike hörte, wie Rolf nebenan in der Küche mit Besteck klapperte. Es war eigentlich noch viel zu früh, um jetzt schon mit den Vorbereitungen für das Abendessen zu beginnen. Sollte sie ihn holen und auf Lautsprecher schalten?

»Du wirst Großmutter«, sagte Susanne, noch bevor sie irgendetwas tun konnte.

»Oh!« In ihrem Kopf verhedderten sich die Gedanken zu einem Knäuel, dazwischen Baumschmuck, Tannengrün und Lichter. »Und wann?«

»Ende Februar.«

»Ende Februar schon?« Es klang vorwurfsvoller, als sie beabsichtigt hatte. Sie musste jetzt schnell einen Weg finden, um nicht den Eindruck entstehen zu lassen, die Freude über diese Nachricht sei geringer als die Enttäuschung, erst jetzt, zwei Monate vor dem Entbindungstermin, davon zu erfahren. »Ich hoffe«, sagte sie, »es soll nicht am neunundzwanzigsten kommen?«

»Nein.«

»Und wisst ihr schon, wo die Entbindung sein soll?«

»In Dresden, in der Klinik.«

»In Dresden?!«

»Ja … Ich bin seit einem Vierteljahr in Dresden.«

»Zum Arbeiten? Oder hat Robert …«

»Nicht mit Robert, nein. Das Kind ist auch nicht von Robert.«

»Oh.« Sie ärgerte sich erneut. Warum war sie nicht in der Lage, besser zu reagieren? Natürlich kam diese Nachricht überraschend. Sie hatte jetzt ein Dreivierteljahr lang nichts von Susanne gehört, und die hatte diese Zeit offenbar genutzt, um ihr Leben umzukrempeln. Aber deswegen wollte sie trotzdem nicht so klingen, als wäre sie verstört und erschrocken.

»Es ist von Christian«, fuhr Susanne fort. »Er lebt schon länger hier. Hat ein Haus und zwei Kinder.«

»Ach?« War das jetzt besser? Sie wusste es nicht. Es war auch egal. Sie hatte zunehmend das Gefühl, es gebe keine richtige Reaktion. Hauptsache, Susanne sprach wieder mit ihr.

»Gibt's denn bei euch was Neues?«

»Eigentlich …«, sie zögerte. »Also höchstens: Dein Vater und ich hören zum Jahresende auf zu arbeiten.«

»Er macht den Laden zu?«

»Ja.« War Susanne wirklich so entsetzt, wie sie jetzt klang? Es kam ihr komisch vor.

»Und du?«

»Ich bin dann offiziell berufsunfähig.«

»Hm.«

Sollte sie erzählen, was passiert und wie es zu der Entscheidung gekommen war? Nein, sie wollte viel lieber auf *sie* und die wunderbaren Ereignisse zurückkommen, die jetzt bevorstanden. »Wir haben dann also genug Zeit, um euch zu helfen.«

»Ja.«

Sie wartete, ob noch irgendetwas folgte. Es kam nichts.

»Oder habt ihr schon genug Hilfe?«

»Christians Eltern ziehen früher oder später mit ein. Er plant gerade einen Anbau.

»Aha.« Sie versuchte, ihre Enttäuschung, so gut es ging, zu verbergen. »Können wir euch denn mal besuchen kommen?«

Die Sekunden, die Susanne brauchte, um etwas zu sagen, reichten aus, um die Frage selbst zu beantworten. Sie hätte sich denken können, dass, nur weil Susanne jetzt angerufen hatte, es nicht bedeutete, dass sie sofort regelmäßigen Kontakt wollte, auch wenn es ihr schwer fiel, das zu akzeptieren.

»Nach der Geburt machen wir erstmal Babyflitterwochen.«

»Ihr fahrt weg? Gleich nach der Entbindung?«

»Nein.«

Sie hörte sich an, wie wichtig es war, ein Neugeborenes nicht mit Eindrücken und Menschen zu überfordern, damit es in Ruhe auf dieser Welt ankommen konnte. Es würde früher oder später noch genug Trubel haben.

Sie redete sich ein, nicht mit ›Trubel‹ gemeint gewesen zu sein. Und als sie Rolf beim Essen davon erzählte und er nur feststellte, ihre Tochter und ihr neuer Mann würden nicht Flitterwochen machen, sondern hätten einfach keine Lust, sie zu sehen, setzte sie dem nichts entgegen.

Trotzdem freute sie sich, als Anfang März die Nachricht von der Geburt ihrer Enkelin Emilia eintraf. Unten im Garten brachen die ersten Krokusse aus der Erde hervor, und sie schaute immer wieder das Foto mit dem leicht zerknautschten Babygesicht auf ihrem Handy an, das Susanne ihr aus dem Krankenhaus geschickt hatte. Sie fragte nicht, wann sie vorbeikommen dürfe, um es selbst in den Arm zu nehmen. Sie wollte sich gedulden. Susanne würde sich melden, wenn sie soweit war, und tatsächlich erreichte sie drei Wochen später die Frage, ob sie am ersten Aprilwochenende nach Dresden kommen wollten.

Heike musste gar nicht darüber nachdenken. Doch Rolf wollte nicht. Seit er den Schlüssel für den Laden abgegeben hatte, war er mürrisch und in sich gekehrt. Sie konnte es verstehen, versuchte nur kurz, ihn davon zu überzeugen, dass ein Besuch bei seiner Tochter, seiner Enkelin und seinem Schwiegersohn ihm guttun, ihn auf andere Gedanken bringen würde. Sie hatte die Idee vom zweiten Frühling noch längst nicht aufgegeben. Aber er war fest davon überzeugt, Susanne habe sie nicht aus echtem Interesse – aus Liebe! –, sondern nur aus Pflichtbewusstsein eingeladen, also könne er auch einfach zu Hause bleiben.

»Wie du meinst. Dann fahre ich eben allein.«

Sie besorgte Geschenke – nicht nur für Emilia, sondern auch für Christians Kinder, von denen sie nur wusste, dass sie fünf und sieben waren, Hannah und Ole hießen und gerne bastelten, weshalb sie einen Koffer mit Materialien und Werkzeugen inklusive einer Laubsäge besorgte (vielleicht würde Rolf früher oder später doch einmal mitkommen; dann konnte er ihnen zeigen, wie sie eine solche Säge richtig benutzten). Der Koffer war nicht gerade billig. Doch er war eine Investition in die Zukunft! In die Kinder ihres Schwiegersohns, die sie, das hatte sie sich fest vorgenommen, so lieb haben wollte wie ihr leibliches Enkelkind.

Am Tag vor der Fahrt packte sie alles ein. Sie war so vorfreudig versunken, dass sie nicht mal den Knall auf der Straße hörte, der Rolf sofort aufstehen und nachsehen ließ.

Zehn Minuten später stand er wieder in der Tür. »Dresden morgen kannste vergessen«, sagte er.

»Wie bitte?«

»Kein Aprilscherz«, sagte er. »Die eine von den Neuen ist mit ihrem Umzugswagen gegen unser Auto gefahren.«

»Wie bitte? Und es ist so schlimm, dass ich es morgen nicht benutzen kann?«

»Es sind nicht nur ein paar Kratzer. Die hat uns mit dem Transporter die halbe Stoßstange eingedrückt, das

Nummernschild ist hinüber, es gibt Schäden am Plastik und am Lack.«

»Also nichts, was den Motor oder die Bremsen betrifft.«

»Weißt du's? Wenn du auf der Autobahn das Schild verlierst?«

»Werde ich nicht sterben!«

»Ich will's trotzdem lieber gleich in die Werkstatt bringen und einen Kostenvoranschlag machen lassen.«

Sie wusste nicht, worüber sie sich mehr ärgern sollte: über die neue Nachbarin und das beschädigte Auto oder über Rolf und das, was er daraus machte. Sie unterstellte ihm, ihre Reise nach Dresden sabotieren zu wollen. »Ich hab dir gleich gesagt, dass du das Auto dort nicht hinstellen sollst! Die hatten nicht ohne Grund abgesperrt.«

Es stimmte. Sie hatte es ihm gesagt, am Vorabend. Aber nur ein einziges Mal. Und auch das nur mit wenig Nachdruck, eher fragend, ob er nicht lieber woanders parken wolle. Sie wusste, dass die Frage sinnlos war. In den Abendstunden in der Gegend eine Parklücke zu finden, glich einem Lottogewinn. Und in gewissem Maße konnte sie seinen Impuls verstehen, dort zu parken, wo er *immer* parkte, seit dreißig Jahren, direkt vorm Laden, auch wenn der jetzt nicht mehr ihm gehörte, sondern einer der beiden neuen Nachbarinnen, deren Köpfe sie jetzt von oben sah, während sie unten den Schaden begutachteten. Sie wusste, wie sehr es ihn geschmerzt hatte, den Lieferwagen, auf dem sein Name gestanden hatte, gegen einen anonymen Twingo einzutauschen, von dem er nicht einmal sagen konnte, wofür er ihn brauchte. Wohin sollte er – außer vielleicht zum Einkaufen – überhaupt noch fahren?

Sie nahm ihr Handy, um zu schauen, was eine Zugfahrt

nach Dresden kostete. Der Preis war absurd. Natürlich hatte sie keine BahnCard (wofür?). Die Reise war doppelt so teuer wie mit dem Auto. Sie prüfte es extra noch einmal mit dem Spritpreisrechner. (Warum sollten Menschen mehr Bahn fahren? Jedenfalls nicht aus finanziellen Gründen.) Sie überlegte, eines der Geschenke zurückzugeben: den Beißring in Form einer Giraffe für Emilia (das ging nicht; einem Neugeborenen musste man etwas mitbringen) oder den Werkzeugkoffer für die beiden anderen (das ging auch nicht, wenn sie nicht schon gleich beim ersten Besuch als schlechte Großmutter dastehen wollte). Sie löste die Tickets und steckte die Geschenke ein.

Am nächsten Morgen, auf dem Weg zum Bahnhof, trug Rolf den Beutel. Sie war überrascht, dass er sie zum Zug begleitete, aber er hatte darauf bestanden. In der Westhalle kaufte er noch einen Strauß mit Hyazinthen und Ranunkeln. »Musst ja nicht sagen, dass er von mir ist.«

Sie lächelte, streifte flüchtig seine Hand, stieg ein und winkte ihm, nachdem sie einen Platz gefunden hatte, noch einmal durch das Fenster zu.

Schon bald zogen Felder und Wiesen daran vorbei.

In Dresden holte sie den Zettel aus der Tasche, auf dem sie notiert hatte, in welche S-Bahn und in welchen Bus sie steigen musste. Sie hatte gehofft, Susanne könnte sie abholen, aber die hatte geantwortet, sie sei am Vormittag mit den Kindern allein.

In Loschwitz lief sie von der Haltestelle aus bergan, stieg einen Treppenaufgang zwischen alten Mauern und Bäumen hinauf. Die aufbrechenden Knospen, die frische, klare Luft, der Geruch feuchter Erde ließen sie die Mühe des Aufstiegs vergessen und an die Harzreise denken.

An der Mauer mit der Hausnummer, die Susanne ihr durchgegeben hatte, suchte sie vergeblich nach einem Namensschild. Das große Eisengitter zur Einfahrt, an deren Ende ein Carport stand, war geschlossen. Sie spähte hindurch auf die Villa. Sie musste am falschen Haus sein.

Ihr Blick fiel auf den silbergrauen SUV. Das Nummernschild trug Susannes Initialen.

Sie drückte den metallenen Knopf, der sich am Tor unter einer Kameralinse befand. Es summte.

Sie lief auf dem von Steinen und halbhohen Ziersträuchern gesäumten Weg aus Terrakottaplatten bis zur Haustür und merkte erschrocken, dass sie den Strauß noch gar nicht ausgewickelt hatte.

Als die Tür sich öffnete, setzte sie ein Strahlen auf, und schon im nächsten Moment spürte sie, wie eine schwarze Hundeschnauze ungestüm an ihrer Hüfte schnupperte.

3

Anders als sonst bei dieser Zugverbindung am frühen Vormittag waren alle Fensterplätze bereits belegt. Auf den Gangplätzen saßen Rucksäcke und Jacken. Moyra quetschte sich an Reisenden vorbei, die offenkundig weniger erfahren waren als sie; ihre Koffer standen im Weg, während sie verzweifelt nach den Nummern ihrer Sitzplätze suchten.

»Noch frei?«, fragte sie eine ältere Dame.

»Yes, please!«

Sie schaute sich um: vor ihr Gepäckstücke, hinter ihr Menschen und kein weiterer Platz in Sicht. Sie setzte sich, widerwillig, und sagte danke, so betont, als nähme sie an einem Aussprachewettbewerb teil. Sie überlegte, ob sie Tess eine Sprachnachricht schicken sollte, aber sie hasste es, ungebeten Details aus dem Privatleben von Mitreisenden zu erfahren, und verließ daher immer sofort den Wagen, wenn sie selbst telefonieren musste. Ganz kurz erwog sie, ob die ältere Dame sie vielleicht nur deshalb auf Englisch angeredet hatte, weil sie selbst kein Deutsch sprach. Doch der deutsche Roman, den die Frau jetzt wieder zur Hand nahm, machte diese Erklärung äußerst unwahrscheinlich.

Sie klappte ihren Laptop auf. Der Aufsatz, den sie korrigieren wollte, war auf Englisch. Sie schaute, ob ihre Sitznachbarin sie beobachtete. Es ärgerte sie, dass sie sich überhaupt damit befasste. Aber die Zufriedenheit, mit der die sich jetzt wieder in ihr Buch vertiefte, störte sie. Sie wollte gerne auch mal so schamlos zufrieden sein können.

Die Zugbegleiterin kam. Die Frau fing hektisch an, in ihrer Handtasche zu wühlen. Moyra wartete geduldig, bis sie endlich ihr Papierticket gefunden hatte, bevor sie selbst mit größtmöglicher Lässigkeit ihr Smartphone mit der BahnCard 100 vorzeigte.

Sie hatte sich die Karte im letzten Sommer gekauft, in einem Anflug von Optimismus. Tess hatte protestiert und gefragt, ob sie wirklich mehrere Tausend Euro in eine Plastikkarte stecken müsse zu einem Zeitpunkt, zu dem noch nicht einmal klar sei, ob sie die Stelle erhalte und damit auch weiterhin nach Berlin pendeln müsse. Doch sie erklärte, sie sehe die Karte als Investition in ihre akademische Zukunft an, als eine Art sich selbsterfüllender Prophezeiung, schließlich waren alle am Institut mit langfristiger Anstellung im Besitz dieser Karte. Und obwohl sie wusste, dass es einen Unterschied zwischen Kausalität und Korrelation gab, hatte sie bis zur Konferenz in Göteborg keinen Grund gefunden, an dieser Prophezeiung zu zweifeln.

*

Der Flug sollte etwas über eine Stunde dauern, genug Zeit, um noch einmal den Vortrag über Martha Nussbaum durchzugehen. Judith saß neben ihr, blätterte gelangweilt im Bordmagazin und machte keine Anstalten, sich auf die Konferenz vorzubereiten. Moyra wartete, ob Judith vielleicht einfach nur den Take-off vorübergehen lassen wollte, bevor sie ihren Laptop herausholte. Aber auch als sie schon längst in der Luft waren, zeigte sie sich betont desinteressiert an allem, was mit morgen zu tun hatte. Moyra mochte jetzt auf keinen Fall diejenige sein, die wie eine nervöse Anfängerin agierte. Deshalb setzte sie nur ihre Kopfhörer auf, um Musik zu hören. Nach dem Abendessen würde im

Hotelzimmer noch genug Zeit für die Vorbereitung des Vortrags sein.

Auf dem Weg vom Flughafen zum Hotel graupelte es. Die Körner prallten gegen die Scheiben des Busses, wurden vom Fahrtwind in wässrigen Bahnen seitwärts getrieben. Sie machte ein Foto.

Würde jetzt lieber mit dir zum Aperitivo und dann ins Bett gehen.

Tess antwortete mit einem rotwangigen Kussgesicht.

Ich auch. Sie schickte noch ein Tulpen-Emoji hinterher.

Niemand Nettes bei der Party?

Nee.

Es war die Antwort, die sie sich erhofft hatte. Natürlich wollte sie nicht gemein sein und Tess eine schöne Zeit bei Fabians Geburtstag missgönnen. Aber es tat trotzdem gut zu wissen, dass sie beide anscheinend in ähnlicher Stimmung waren. Beim Anblick des großen leeren Doppelbetts im Hotel wurde ihre Laune nicht besser. Das sterile Beige-Grau des Mobiliars bedrückte sie. Judith war auch sofort auf ihrem Zimmer verschwunden. Moyra spielte kurz mit dem Gedanken, ihr ein Treffen an der Bar vorzuschlagen. Es waren immerhin noch zwei Stunden bis zum Eröffnungsabendessen. Nur wollte sie die jetzt wirklich mit *ihr* bei einem Getränk zubringen?

Sie zog sich ihren dunkelblauen Wintermantel wieder an, lief vom Hotel in die Innenstadt, zum Dom und zum Kanal und von dort aus Richtung Hafen, und als sie zwei Stunden später das Restaurant betrat, in dem das Abendessen stattfand, war ihr Mantel durchnässt und ihre rote Wollmütze hing voller Tropfen, doch sie fühlte sich frei und erfrischt.

Sie nahm gegenüber einer Italienerin und einem Niederländer Platz.

Was machst Du gerade?

Gehen jetzt noch ins Matador.

Oh, du fehlst mir!

Sie blickte sich um. Judith saß zwei Plätze weiter (sie hatte – natürlich! – neben den Organisatorinnen Platz genommen). Sie war sich nicht ganz sicher, aber Judiths kurzer Blick zu ihr wirkte ein wenig nervös. Vermutlich hatte sie bei ihr geklopft, um sie abzuholen. Es bereitete ihr – das konnte sie nicht verhehlen – eine gewisse Genugtuung, dass nun *sie* diejenige war, die maximale Entspanntheit ausstrahlte. Ziemlich sicher hatte Judith ihren Vortrag noch mal geprobt, während sie durch die Straßen geschlendert war, und sie gab sich keine Mühe dabei, den anderen Teilnehmenden um sie herum besonders diskret davon zu berichten, was sie trotz des ollen Wetters alles Schönes gesehen hatte.

»Und du bist auch in Berlin?« Neben ihr saß Scott. Er war extra aus den USA angereist, so viel hatte sie schon mitbekommen.

»Ja. An der Humboldt-Uni. Wie Judith.«

Scotts rotes Ziegenbärtchen machte einen freudigen Sprung. »Das heißt, du wirst auch in dem neuen Projekt von ihr und Johanna mitarbeiten? Klingt extrem spannend. Judith hat mir gerade davon erzählt.«

Sie spürte die Essigsäure vom Vorspeisensalat in ihrem Hals brennen, schaute zu den Architekturfotoprints an den Wänden, als könnte sie dort eine Antwort finden, aber sie wusste nicht einmal, wovon Scott redete. Was für ein neues Projekt von Judith und Johanna? Sie hatten *beide* bei Johanna promoviert, und es war stets klar gewesen, dass sie nicht *beide* für immer bei ihr würden bleiben können, dafür war der Lehrstuhl einfach zu klein. Nur hatte sie bisher geglaubt, Johanna würde sie und Judith gleichermaßen fördern; sie hatte es nicht nur geglaubt, sie war sich zu EINHUNDERT PROZENT sicher gewesen, denn genau das war es, was Johanna ihr gegenüber so oft betont hatte.

Sie wollte am liebsten aufstehen und gehen – nicht ohne vorher in Erfahrung gebracht zu haben, was es mit diesem verdammten Projekt auf sich hatte. Doch das konnte sie nicht bringen. Sie konnte jetzt nicht Judith antippen und zur Rede stellen und dann wutschnaubend aus dem Restaurant rennen. Sie musste sich weiter höflich mit Scott unterhalten, ihm erklären, dass sie *nicht* Teil dieses Projekts war, dafür aber selbstverständlich gerade mitten in der Vorbereitung eines ganz tollen eigenen Projekts. Oh, sie hasste es!

Sie aß nicht mal zwei Scheiben von dem karamellisierten Ziegenfrischkäse, der vor ihr auf dem Teller lag. Das hausgemachte Brot, drapiert in einem geflochtenen Korb, rührte sie ebenfalls nicht an. Sie hatte keinerlei Appetit mehr, blieb nur sitzen, um nicht weiter aufzufallen.

Auf dem Weg zurück zum Hotel krallte sie die Finger in den weichen Wollstoff ihrer Jackentaschen. Sie rieb sie hin und her, bis sie schwitzig wurden. Die Aggression musste irgendwohin abgeleitet werden, wenn sie nicht Judith anfallen wollte, die neben ihr lief. Im Hotel angekommen fühlte sie sich erschöpft und leer wie nach einem Marathon, für den sie lange trainiert hatte und dann doch nicht mal über die Hälfte hinausgekommen war. Sie legte sich aufs Bett, tippte eine Gute-Nacht-Nachricht an Tess und war erstaunt, dass sie am nächsten Morgen überhaupt genug Willen und Kraft aufbrachte, um aufzustehen.

Über den Dächern der Stadt hingen noch immer triefende Wolken. Sie schleppte sich in den Tagungsraum, spulte ihren Vortrag herunter, beantwortete einige Nachfragen und huschte während der ersten Pause unauffällig aus dem Gebäude.

Im Museum für Weltkulturen vibrierte das Telefon in ihrer Tasche. Sie erwartete, Tess würde ihr einen schönen Tag wünschen (in der Nacht hatte sie nur ein Herz geschickt und auf ihre Nachricht vom Morgen hatte sie noch gar nicht reagiert), aber als sie es herauszog, sah sie, dass die Nachricht von Jana kam, die ihr eine Wohnungsanzeige geschickt hatte. Sie swipte sich durch die Bilder der verschiedenen Räume, konnte sich sofort mit Tess darin sehen. Es war klar, dass die ja sagen würde, wenn sie ihr den Vorschlag machte. Was es brauchte, war *ihre* Bereitschaft, mit ihr zusammenzuziehen.

Sie blieb vor einer Vitrine mit Trinkgefäßen stehen. Worauf wartete sie noch? Sie hielt gerade die perfekte Wohnungsanzeige in der Hand. Sie hatte eine Freundin, die sie liebte und die wahrscheinlich alleine in ihrer Wohnung saß und bedauerte, dass sie nicht da war (sie schaute noch einmal auf ihr Telefon; Tess hatte sich noch immer nicht gemeldet). Und wenn sie die Zeichen des gestrigen Abends richtig deutete – und da gab es nicht viel Raum für Fehlinterpretation –, hatte sie an der Uni niemanden mehr, auf den sie sich noch verlassen konnte. Die Einsicht war bitter – doch als sie den Ausstellungssaal verließ, trafen sie die Sonnenstrahlen, die durch die Wolken brachen und ins Foyer schienen. Sie setzte sich ins Café, bestellte einen Bagel mit Lachs. Anders als noch beim Frühstücksbuffet am Morgen, wo sie nur einen Joghurt gegessen hatte, kehrte ihr Appetit zurück. Sie fühlte sich plötzlich bereit für eine Zukunft, die ganz anders aussah als diejenige, die sie sich bisher ausgemalt hatte. Es war, als hätte sie eine neue Stufe ihres Bewusstseins erklommen, und während sie den ersten Bissen nahm, schwor sie sich, dass sie sie nicht mehr verlassen wollte.

*

Sie stieg in Bielefeld aus, ließ die Dame neben sich mit einer besonders freundlichen Verabschiedung zurück.

Vor dem Bahnhof wartete bereits Jens. Er lehnte an seinem Volvo, breitete die Arme aus und lächelte, als er sie sah. Im Auto lief Klaviermusik, wie damals bei Tess' erstem Besuch. Tess hatte ihr erzählt, wie er sofort auf die Jackson Five umgeschaltet hatte, nachdem sie ihm auf Nachfrage erzählt hatte, was sie gerne höre. Und Moyra hatte ihr erklärt, dass sie das ruhig als Kompliment verstehen dürfe, weil er sich sonst nie um die Musikvorlieben anderer Leute schere. Von Fahrten aus ihrer Kindheit konnte sie noch immer ganze Fugen und Etüden auswendig, obwohl sie kein Klavier spielte und sich auch nicht für sonderlich musikalisch hielt.

»Gute Fahrt gehabt?«, fragte er.

»Ja«, sagte sie. Sie setzte sich ins Auto und rückte sich die Haare im Spiegel zurecht. Tess hatte ihr angeboten, mitzukommen. Sie hatte kurz darüber nachgedacht und dann abgelehnt. Sie musste diesen Schritt alleine schaffen.

»Wie geht's Tess?« Er drehte die Musik ein wenig leiser.

»Gut.«

»Viel zu tun vor der Eröffnung?«

Sie konnte – sie wollte – ihm das Interesse nicht verübeln. Die mattgrüne Farbe, mit der sie den Laden gestrichen hatten und deren Reste teilweise noch an ihren Fingernägeln klebten, verdankte sich seiner und Ingas Großzügigkeit. Nach dem Weihnachtsbacken hatte Tess sie mehrfach gefragt, ob es wirklich okay sei, wenn sie so viel Geld von ihren Eltern annehme. Sie brauchte nicht lügen, um die Frage zu bejahen. Inga und Jens hatten Tess vom ersten Besuch an gemocht, das war ziemlich klar. Trotzdem musste sie aufpassen, nicht eifersüchtig auf ihre eigene Freundin zu werden wegen des Zuspruchs, den die bekam, und aus ebendiesem Grund hatte sie Tess vorgeschlagen, die Zeit lieber für die letzten Handgriffe im Laden zu verwenden statt für eine Fahrt nach Bielefeld.

Sie zeigte Jens ein paar Bilder von ihren Malerarbeiten und von den selbstinstallierten Deckenstrahlern, nachdem er in der Einfahrt zum Stehen gekommen war. »Sieht gut aus, oder?«, sagte sie. Sie wollte es gerne dabei bewenden lassen. Sie brauchte die Aufmerksamkeit von ihm und Inga nun für sich. Aber sie war sich jetzt nicht mehr sicher, was besser war: Tess möglichst kein Thema sein zu lassen oder die Sympathie, die die beiden für Tess empfanden, für sich selbst zu nutzen.

Sie holte ihren Rucksack aus dem Kofferraum, lief ums Haus herum in den Garten, wo Inga kniete und Rosen schnitt. Sie beugte sich zu ihr herunter und umarmte sie.

»Na? Tess hatte keine Lust?«

»Lust schon, nur keine Zeit.« Sie zeigte ihr ebenfalls die Fotos.

»Schade, dass die Eröffnung ausgerechnet jetzt am Wochenende ist.« Inga legte die Gartenschere beiseite. »Wir wären wirklich gerne dabei gewesen, aber den Sechzigsten von Harald können wir nicht …«

»Klar.« Moyra legte möglichst viel Bedauern und Verständnis in ihre Miene. Es war ihr ehrlich gesagt ziemlich recht, dass die beiden nicht kommen konnten. Am Ende stieg noch irgendwer dahinter, dass *sie* es waren, die Tess sponserten, und das musste nun wirklich nicht sein. Zugleich sah sie sich dadurch gezwungen, zu ihnen zu fahren, um ihnen endlich zu sagen, was sie ihnen schon seit der Göteborg-Reise hatte sagen wollen, und die lag jetzt schon mehr als fünf Monate zurück.

Inga zupfte einige Blätter vom Winter-Butterkopfsalat aus dem Frühbeetkasten. »Kommst du mit in die Küche?«

Sie folgte ihr nach drinnen, stellte ihren Rucksack im Flur ab, wusch sich die Hände und ging zu Inga, die bereits den Salat wässerte.

»Das mit dem Preis hat mich total gefreut«, sagte Inga. Sie warf die Blätter in die Schleuder.

Moyra schaute sich um. Sie brauchte etwas zu tun. Sie konnte jetzt nicht herumstehen und sich, ohne etwas zu machen, weiter über Tess unterhalten, die, obwohl ihr Laden noch nicht mal eröffnet war, vor zwei Wochen bei einer Messe für regionale Mode eine kleine Vorschau auf ihre erste Kollektion präsentiert hatte und dafür als beste Newcomerin ausgezeichnet worden war.

»Soll ich die Radieschen schneiden?« Sie nahm ein Messer aus dem Block.

»Lieber raspeln.«

Sie steckte das Messer wieder zurück, sah Inga dabei zu, wie sie mit der Hingabe einer Sterne-Köchin den Salat trocknete und anschließend eine Vinaigrette aus Apfelessig, Öl, Salz, Pfeffer, Feigensenf, Rohrzucker und frisch gehackten Gartenkräutern zubereitete. Es sah lecker aus, aber sie wusste schon jetzt, dass sie nicht viel davon essen konnte. Sie war viel zu aufgeregt.

Sie schaffte es gerade so durch den Hauptgang. Der Großteil des Kartoffelgratins lag noch auf ihrem Teller.

»Hast du gar keinen Hunger?«

»Doch. Ist lecker.« Sie bemühte sich jetzt, so locker und beiläufig wie möglich zu klingen. »Ich habe neulich mit Johanna geredet«, sagte sie.

Es stimmte. Sie hatte tatsächlich mit ihr gesprochen. Okay – es war nicht *neulich* gewesen, sondern eine ganze Weile her. Aber das war zu vernachlässigen. Inga und Jens sprachen schließlich nicht mit ihrer Chefin.

Sie schaute Inga direkt in die Augen. »Sie und ich waren uns einig, dass ich mich nicht weiter auf Stellen oder Projekte bewerbe.«

»So?« Jens hob den Kopf. »Was ist denn aus der Sache an der New School geworden?«

Sie hatten zuletzt vor einem Dreivierteljahr über ihre Bewerbung geredet. Sie war erstaunt, dass er sich überhaupt noch daran erinnerte. »Nichts.«

»Schade.«

»Schon. Aber irgendwie auch nicht.«

Seine Stirn legte sich in Falten.

»Wenn ich nach New York gegangen wäre, hätte ich nicht mit Tess zusammenziehen können.«

Er schaute sie auf eine Weise an, dass sie nicht genau wusste, ob ihm klar war, dass Tess dann sehr wahrscheinlich auch nicht den Laden hätte aufmachen können, den er nun unterstützte. »Sicher.« Er schob sich den letzten Bissen vom Gratin in den Mund. »Aber du musst natürlich auch gucken, wo du bleibst.« Er wischte sich die Lippen an der Serviette ab.

Sie überlegte kurz, ob sie ihm die Rede halten sollte, die Johanna *ihr* gehalten hatte, über das Wissenschaftsmanagement und was es dort für einen Bedarf gab an Leuten wie ihr! Aber sie hatte keine Lust, weder auf Wissenschaftsmanagement noch auf eine Rede. Sie wartete lieber, dass Inga etwas sagte.

»Na ja«, hauchte Inga. Hatte sie ihr überhaupt zugehört?

Jens rutschte mit dem Stuhl nach hinten. »Möchte jemand außer mir noch Eis?«

Inga und sie schüttelten die Köpfe. Er ging in den Keller, wo die Kühltruhe stand.

»Na ja«, sagte Inga noch einmal, während er weg war. »Jetzt schaut erstmal, dass mit der Ladeneröffnung alles gut geht.«

Oh, dieser Laden! Sie liebte Tess – keine Frage. Sie freute sich mit ihr über die Schneiderei – selbstverständlich. Aber so langsam beschlich sie das Gefühl, als hätte sie sich, indem sie im Herbst bei der Wohnungsbesichtigung nach der Nachfolge für den Getränkeladen gefragt hatte, etwas an den Hals gebunden, das sie in keiner Situation mehr los wurde.

Sie wartete, ob noch irgendetwas anderes folgte. Doch es folgte nichts. Jens kam lediglich aus dem Keller zurück, ein Schokoladeneis in der Hand. Er aß es, während Inga bereits den Tisch abräumte.

Moyra war perplex. Sie hatte nichts Konkretes erwartet. Sie hatte nicht vermocht vorauszusagen, wie die beiden auf ihre Nachricht reagieren würden. Aber dass sie so gar nicht weiter darauf eingingen, sie nicht eingehender zu den Hintergründen befragten oder – was noch viel wichtiger war – ihr signalisierten, auch weiterhin an sie zu glauben, verstörte sie.

*

»Ich freue mich, wenn du nicht mehr nach Berlin musst«, sagte Tess, als sie zurück bei ihr war.

»Hm.«

»Du nicht?«

»Doch.«

»Aber?«

»Ich muss mich einfach erstmal orientieren.«

Tess lächelte. Sie zeigte ihr Smartphone. »Schau mal. Corinne hat die Fotos für die Website gemacht.«

Moyra scrollte durch Bilder vom Laden, von Kleidern, Mänteln, Hosen und Blusen, von Tess hinter dem Schaufenster, vor dem Schaufenster und an der Nähmaschine.

»Schön.«

»Schön? Ich finde, die sind richtig geil geworden!«

»Ja.« Sie küsste sie, um ihr wenigstens ein bisschen der Bestätigung zu geben, die sie offenbar erwartete. »Soll ich schon mal Getränke für die Bar holen?«

»Die Bar?«

Tess hatte beschlossen, den Laden offiziell am 1. Mai aufzumachen, doch der war wie immer ein Feiertag. Deshalb hatte sie für den Abend des 30. April zur Ladeneröffnung mit Maifest eingeladen.

»Ich hatte eigentlich nur vor, ein paar Kästen Bier hinzustellen, etwas Wein, Gin und Tonic. Und dann nehmen sich alle, was sie möchten.«

»Eine Bar wäre stilvoller.«

»Aber auch etwas aufgesetzt. Meinst du nicht?«

»Nö.«

Sie wollte Tess die Vorfreude nicht verderben. Deshalb verschwieg sie, dass sie wirklich absolut keine Lust auf das Fest hatte. Es gab im Moment nichts Schlimmeres als die Vorstellung, auf Leute zu treffen, die in Partylaune waren und Smalltalk führen wollten, nur um sie dann zu fragen, wie es bei ihr denn gerade so laufe. Als Barkeeperin würde sie immerhin beschäftigt genug sein, um gar nicht erst für solche Gespräche zur Verfügung zu stehen.

»Aber dann …«

»Was?«

»Sieht es so aus, als hätte ich meine Freundin als Servicekraft abgestellt.«

»Und das ist ein Problem?«

»Schon, ja.«

»Für dich oder für mich?«

»Für uns beide!?«

»Uns beide? Komm schon. Es ist ein Problem für *dich*, weil du nicht möchtest, dass bei den Leuten ein bestimmter Eindruck von *dir* entsteht. Aber wir sind ja nicht im Zoo, wo der Typ mit ›exotischen Säften‹ und ›afrikanischen Spezialitäten‹ vor dem Giraffengehege steht.« Sie sah, wie Tess die Lippen zusammenpresste und sich zurückzog, aber schon zwei Minuten später kam sie zurück. »Tut mir leid«, sagte sie. »Sie schlang ihre Arme von hinten um Moyras Hals.

Moyra drehte sich zu ihr. »Schon okay. Wenn du einfach nur Getränke hinstellen willst, stellen wir einfach nur Getränke hin.«

Tess lachte. »Und ich wollte dir gerade sagen, dass du gerne eine Bar machen kannst, wenn du eine Bar machen möchtest.«

Sie ließen die Sache unentschieden. Doch als Moyra am späten Nachmittag herunter in den Laden kam, waren in der Ecke bereits zwei Tische wie ein Tresen arrangiert. Sie besorgte Crushed Ice, füllte es in Eimer, schnitt Gurken und Zitronen in Scheiben.

Gegen sechs trudelten die ersten Gäste ein. Sie kannte sie nicht. Irgendwelche Leute aus der Modebranche, die Tess von der Messe oder durch Instagram kannte. Sie streiften durch den Laden und betrachteten die ausgestellten Stücke der ersten Kollektion, die Tess unter Hochdruck in den letzten Wochen geschneidert hatte. Moyra kam sich jetzt doch ein bisschen wie eine Servicekraft vor, aber immerhin sprach sie niemand an.

Sie winkte Corinne zu, die vor dem Laden stand und bei der Tess sich gerade lautstark noch einmal für die tollen Fotos bedankte.

»Hey!«, sagte Corinne, als sie hereinkam. »Du bist die Barfrau, hab ich gehört?«

»Ja.« Sie füllte ihr ein Glas mit Weißwein und Sprudelwasser.

»Danke! Ich find's echt cool, dass du ganz hierher gezogen bist. Freut mich voll für euch, dass ihr jetzt zusammenwohnt. Hast du denn auch schon einen Job hier?«

Sie schaute sich um, ob sie nicht irgendwem noch ein Getränk anbieten konnte, aber sie und Corinne waren aktuell die einzigen im Laden. Der Rest vergnügte sich auf dem abendsonnigen Gehweg, während sie hier drin stand, wo sonst nur noch die Kleidung hing und die Musik lief.

»Kann ich sofort erzählen, aber mir fällt gerade auf, dass ich oben noch was vergessen habe. Bin gleich wieder da, ja?«

Als sie wieder nach unten kam, war Corinne zum Glück verschwunden. Dafür musste sie jetzt andere mit Getränken versorgen, und ständig wollte jemand mit ihr reden. Nach der fünften bekannten Person, die sie in ein Gespräch verwickeln wollte, stellte sie die Flaschen auf die Tische. Draußen war inzwischen der ganze Fußweg voller Menschen. Nahe der Haustür sah sie die Nachbarin von oben.

»Hast du sie eingeladen oder ist sie von sich aus vorbeigekommen?«, fragte sie Tess.

»Heike?«

»Ihr duzt euch?«

»Ja. Seit eben.«

»Aha.«

Sie hatten seit einer Woche nicht mehr über die Nachbarn gesprochen. Dabei lag der Brief, der dafür genügend Anlass geboten hätte, noch immer gut sichtbar auf der Küchenanrichte.

»Was ist das?«, hatte sie Tess gefragt.

»Von der Autovermietung.«

Sie zog mehrere Seiten aus dem Umschlag. »Was? Tausendfünfhundert Euro? Wofür?«

»Selbstbeteiligung.«

Sie schüttelte den Kopf. »Ich dachte, die Haftpflicht kommt für den Schaden auf.«

»An deren Auto, ja. Aber nicht für den am Transporter.«

»Aber es war doch nicht deine Schuld, dass …« Sie wusste, dass es sinnlos war, zu diskutieren. Zumindest über das Geld. Sie hatten gemeinsam beschlossen, den Transporter zu einem günstigeren Tarif, aber dafür mit höherer Selbstbeteiligung anzumieten, genauso wie sie sich gemeinsam gegen eine offizielle Absperrung entschieden hatten. Sie mochte es trotzdem nicht einsehen und sie war auch immer noch ein wenig sauer auf Tess, weil die sich beim Ausparken nicht von ihr hatte helfen lassen wollen. »Das heißt, *wir* müssen jetzt der Autovermietung Geld zahlen und die Haftpflicht muss *denen* fast genauso viel für ihren Twingo in den Rachen blasen?«

»Die Versicherung bläst ihnen nichts in den Rachen, Mo. Das ist einfach die Summe, die ihnen laut Gutachten zusteht.«

»Na ja. Ein zerbeultes Nummernschild und einen Kratzer im Lack ausbessern zu lassen, kostet nicht so viel. Die machen sich einen schönen Urlaub davon.«

»Kann ich mir nicht vorstellen.«

Tess brachte offenbar deutlich mehr Verständnis auf als sie, und sie fragte sich, warum sie das tat. »Ist es, weil du ein schlechtes Gewissen hast?«

»Weswegen?«

»Na, wegen dem Laden.«

»Nö. Den hätte er auch ohne mich aufgeben müssen. Lief schon länger nicht mehr gut, meinte Heike. Und dann gab's eine Mieterhöhung, die er nicht zahlen konnte. Ich will nur nicht gleich schon mit den Nachbarn zerstritten sein.«

»Hm.« Sie beneidete Tess um ihre diplomatische Haltung, um die Lockerheit, mit der sie die Sache anging, und sie musste sich Mühe geben, nicht Inga und Jens, genauer gesagt ihr gut gefülltes Konto, als Quelle dieser Haltung auszumachen. Dass Tess sich ihren Traum vom eigenen

Laden erfüllen konnte, war eine wunderbare Sache, und ihre Freundin konnte nichts dafür, dass *sie* sich in eine ungewisse Zukunft geworfen hatte, in der sich noch kein Weg abzeichnete, den sie gehen konnte. Sie strengte sich an, möglichst viel Freude für Tess aufzubringen, auch jetzt, am Eröffnungsabend, während sie mit ihr auf dem Gehweg stand.

»Wollen wir die Feier in den Garten verlagern?«, fragte Tess. »Dann können sich die Leute besser setzen.«

»Klar! Wenn du möchtest. Soll ich die Bar nach hinten tragen?«

Sie schleppte die Kästen und Flaschen nach draußen, lehnte Unterstützung ab, obwohl mehrere Leute sie anboten. Sie lief nach oben, holte Käsestangen, Oliven, Aufstriche und Baguette. Als sie wieder nach unten kam, saßen die meisten im Garten verteilt, tranken und lachten; jemand hatte die Bluetooth-Box mit der Musik nach draußen geholt. In der Mitte zündete Livi, die mit ihrer Tochter Miri direkt über ihnen wohnte, in der großen Metallschale ein Feuer an. Die Funken tänzelten in den dunklen Abendhimmel, hinauf zu den bunten Glühlampen, die den Hinterhof beschienen.

Sie sammelte ein paar verwaiste Gläser ein, spülte sie in der schmalen Küche, die zum Laden gehörte, ab und sah sich um, ob es nicht noch irgendetwas anderes zu tun gab. Doch außer Chips, Erdnüsse und Salzstangen in Schüsseln zu füllen und sie zu verteilen, fiel ihr nichts weiter ein.

Sie suchte nach einem Sitzplatz. Es war nur noch ein Klappstuhl neben Livi am Feuer frei. Er knarzte, als sie sich setzte. Die Metallstreben rosteten. Von den Holzlatten an Rückenlehne und Sitzfläche löste sich der Lack ab.

»Den wollte ich schon längst abgeschliffen haben«, seufzte Livi.

Moyra fuhr mit den Fingern über die Risse. »Kann ich auch machen«, sagte sie.

»Ja?« Livis Augen leuchteten im Feuerschein. »Hast du schon mal Stühle aufgearbeitet? Kennst du dich mit sowas aus?«

Sie senkte den Kopf. Sie hatte in den letzten Wochen allerlei Arbeiten im Laden erledigt: Wände gestrichen, Böden abgeschliffen, sogar hier und da Kabel verlegt. Tess hatte sich tausendmal bei ihr bedankt, sie hin und wieder aber auch damit aufgezogen: Handwerkerin – wäre das nicht der perfekte Beruf für sie? Vom Stühle-Restaurieren hatte sie allerdings keine Ahnung. Doch die Idee, die alten Dinger von Rost und Farbe zu befreien, ihnen einen Neuanfang zu ermöglichen, gefiel ihr ausgesprochen gut. Am liebsten wollte sie dabei gleich sich selbst mit erneuern, all die Schichten aus Träumen und Ambitionen abtragen, die von Ehrgeiz, Neid und dem sauren Regen der Realität angefressen worden waren.

»Was machst du denn beruflich?«

Sie lehnte sich nach vorne, als könnte sie so der Frage entgehen. »Ich bin eigentlich …«

»Du, ich mag jetzt nicht!« Livis Tochter Miri war aus dem Halbdunkel aufgetaucht.

»Bitte, Mama!« Sie faltete die Hände zu einer bettelnden Geste und schaute zum Trampolin. »Nur fünf Minuten!«

»Nein! Ich unterhalte mich gerade mit Moyra.«

»Ich kann mitkommen.« Sie sagte es an Miri gewandt.

»Das musst du nicht!«, erwiderte Livi.

Sie war bereits halb aufgestanden. »Ich weiß.« Sie lachte. »Fünf Minuten, dann bin ich zurück.«

Miriam nahm sie bei der Hand, führte sie in die Ecke des Gartens, in der das Trampolin stand. Im schwachen Schein des Feuers las sie das Schild, das neben dem Reißverschluss am Eingang angebracht war: *Max. 1 Person – Verletzungsgefahr!* Sie zog sich die Schuhe aus, kletterte durch die Gaze hindurch auf die Sprungfläche, wo Miri bereits auf und ab hüpfte. Sie begann ebenfalls zu springen. Es kribbelte im Bauch. Sie musste lachen. Sie konnte sich nicht erinnern, wann sie das letzte Mal auf einem Trampolin gewesen war. Es musste ewig her sein. Hatte sie ihren Rücken schon immer so gemerkt? Nach wenigen Sprüngen spürte sie ihr Alter auch in den Waden und in den Füßen; sie machte trotzdem weiter. Das Gefühl war einfach zu gut. Sie kam sich plötzlich leicht und kraftvoll vor. Jeder neue Sprung fiel ein wenig höher aus als der vorangegangene, und wenn sie in der Luft war, zog sie die Beine an, bis ihre Fersen fast die Pobacken berührten. Sie wedelte mit den Armen, um nicht das Gleichgewicht zu verlieren. Kurz war sie sogar versucht, wie Miriam einen Salto zu probieren; sie unterließ es nur, um keinen schmerzhaften Zusammenstoß zu provozieren.

Sie hatte jegliches Zeitgefühl verloren, als sie erschöpft neben ihr auf das Sprungtuch sank. Ihr war warm. Das T-Shirt klebte auf der Haut unter ihrem Pullover. Sie schaute in den Himmel. Das Streulicht der Stadt ließ nur wenige Sterne erkennen. Dünne Wolkenschleier wanderten vorbei. Vom Feuer zog Rauch herüber.

»Kannst du mir was vorlesen?«, fragte Miri.

»Gerne. Aber hier ist es zu dunkel.«

»Oben, in meinem Zimmer!«

»Ich weiß nicht, ob …«

»Ich frag Mama!« Miri war bereits vom Trampolin heruntergeklettert.

Sie sah, wie sie zu Livi lief. Auf dem Weg zurück zum Trampolin hüpfte sie. »Wir dürfen!«

Livi drehte sich zu ihr um, während sie an ihr vorbeigingen. »Bist du sicher, dass das okay für dich ist?«

»Klar.« Aus dem Augenwinkel sah sie Tess am Feuer sitzen. Sie hielt ein Weinglas in der Hand, ihre Wangen waren rot. Sie sah glücklich aus, genauso, wie sie es ihr für diesen Abend gewünscht hatte. Miri griff erneut nach ihrer Hand. Sie war warm und weich, und Moyra spürte, wie sich Miriams Glück jetzt auf sie übertrug.

Ihr Zimmer wurde von einer Lichterkette erhellt. Miriam krabbelte unter den Baldachin, der über dem Bett gespannt war. Moyra tat es ihr gleich. Es war eng, sie musste aufpassen, nichts herunterzureißen.

»Das hier«, sagte Miri. Sie hielt ihr ein Buch hin.

»Okay.« Sie nahm es ihr ab. »Von vorne?«

»Ja!«

Sie begann zu lesen. Miri rutschte ganz nah an sie heran, legte ihren Kopf auf Moyras Oberarm. Einzelne Härchen tanzten im Rhythmus ihres Atems. Sie hatte Mühe, das Buch zu halten.

»Du musst leider mal von meinem Arm runter«, sagte sie drei Kapitel später. Ihre rechte Hand war bereits taub. »Dein Kopf wird mir zu schwer.«

Miri regte sich nicht.

»Miri? Du musst bitte mal deinen Kopf …«

Sie beugte sich nach vorne. Miris Augen waren geschlossen. Ihr Atem wirkte ruhig und zufrieden.

Sie schob den Kopf vorsichtig auf das Kissen, breitete die

Decke über sie, obwohl Miri noch ihre Sachen anhatte, die nach Lagerfeuer stanken.

Sie blieb neben ihr liegen, betrachtete die kleinen Glühbirnen über sich. Tess und sie hatten schon zwei, drei Mal übers Kinderkriegen gesprochen. Tess hatte erklärt, sie habe nichts gegen Kinder; nur selbst Mutter zu werden, diesen Wunsch verspüre sie nicht, auch wenn sie wisse, dass die Zeit voranschritt. Mit dem Laden war es jetzt noch unwahrscheinlicher geworden. Sie hatte nun ein Baby, um das sie sich kümmern musste, und Moyra hatte ihr zugesichert, sie dabei zu unterstützen. Aber sie selbst?

Tess hatte betont, die Abwesenheit ihres eigenen Kinderwunsches solle sich bitte nicht auf sie übertragen. Sie hatte gelacht und erwidert, dass sie sich darum keine Sorgen machen müsse. Anders als Tess konnte sie sich vorstellen, ein Kind zu bekommen, nur hatte sie bisher noch nie den richtigen Zeitpunkt dafür gesehen. Sie hatte stets geglaubt, dass bestimmte Bedingungen dafür erfüllt sein mussten. Es brauchte Zeit und, nicht zuletzt, finanzielle Sicherheit.

Miris Körper strahlte Wärme aus. Ihren Kopf umgab ein Schimmer von Glückseligkeit.

Sie hatte jetzt Zeit! Zeit war wirklich kein Problem mehr. Die Male, die sie noch nach Berlin musste, konnte sie an einer Hand abzählen. Doch was war mit dem Geld? Tess musste alles, was sie hatte, in die Wohnung und den Laden stecken. Und das Arbeitslosengeld, das sie selbst bald bekam, würde zwar nicht allzu wenig, aber zeitlich begrenzt sein. Selbst wenn sie, um schwanger zu werden, nicht in eine Kinderwunschpraxis ging, die, erst recht von einem Paar, wie sie es waren, ein Schweinegeld verlangte, sondern einen Weg über ein Internetportal oder im privaten Umfeld fand, kam es ihr unverantwortlich vor, ohne eine gewisse Absicherung für die Zukunft jetzt Mutter zu werden.

Die Musik unten wurde lauter. Tess lachte. Bestimmt tanzte sie.

Sie merkte eine Enge in der Brust. Ein heftiger Stich fuhr ihr zwischen die Rippen. Sie drehte sich zur Seite, es half nichts. Es kam ihr vor, als wäre ein Gewicht auf sie herabgesenkt worden – fünfzig, sechzig, siebzig Kilo oder mehr. Es drückte direkt auf ihr Herz.

Sie fing an zu schwitzen, zog sich den Pullover über den Kopf. Es wurde nicht besser. Im Bett war kein Platz, um sich anders zu drehen. Sie versuchte, sich irgendwie auszustrecken. Ihr Herz pochte, stieß bei jedem Schlag von innen gegen die Rippen. Es kam ihr vor, als würden sie jeden Moment zerspringen.

Der nächste Stich war fürchterlich. Sie krümmte sich, wälzte sich aus dem Bett, blieb eine Zeit lang auf dem Boden liegen. Sie konnte nicht sagen, wie lang. Der Schmerz betäubte ihre Gedanken, wurde unerträglich. Sie wollte am liebsten schreien, presste ihren Mund in ihre Armbeuge, um Miri nicht zu wecken und zu erschrecken.

Sie verharrte still, bis der nächste Stich kam, sich alles in ihr zusammenzog und die Last auf ihrem Brustkorb noch größer wurde. Sie musste dieses Gewicht loswerden! Jetzt! Sofort!

Die Wohnungstür ging auf. Licht fiel vom Flur ins Kinderzimmer. Sie hörte Schritte. Sah Livis Schuhe.

»Moyra?« Livi stürzte zu ihr. »Oh Gott, was ist?«

Sie konnte kaum sprechen. »Mein …«

Livi schaute sie an. »Dein Herz?«

»Kannst du das runternehmen?«

»Was runternehmen?«

»Das Gewicht!« Sie sah zum Fenster. Es drehte sich. »Ich muss die BahnCard kündigen!«

»Hä?«

»Ich muss bis zum Sommer die Karte kündigen!«

»Hast du was genommen?«

Sie verstand die Frage nicht.

»Warte hier! Ich bin gleich wieder da.«

Wellen aus Schmerz schlugen gegen ihre Brust.

Kurze Zeit später sah sie Tess, die fragte, was los sei.

Sie gab eine Antwort – dachte sie –, aber Tess wirkte, als hörte sie sie nicht.

Eine Ärztin und ein Sanitäter eilten herein.

Sie schloss die Augen, ließ sich auf eine Trage legen, machte die Augen erst wieder auf, als sie nach draußen auf die Straße geschoben wurde.

Das Letzte, was sie sah, waren die Nachbarn von oben, die ihre Köpfe aus dem Fenster steckten und zu ihr nach unten blickten, orange eingefärbt vom Straßenlaternenlicht.

SOMMER

4

Der Sommer nach dem Mauerfall glühte vor Erwartung. Die Löcher im heißen Asphalt warteten darauf, mit D-Mark gestopft zu werden. Die leeren Augenhöhlen der Hausfassaden hofften, schon bald mit glänzenden Fensterscheiben strahlen zu dürfen. Es roch nach Möglichkeiten und nach Aufbruch, auch wenn einige mahnten, niemand solle sich von den goldenen Versprechen blenden lassen.

Heike hatte nichts dagegen, dass der nächtliche 1-Uhr-Zug nach Machern jetzt etwas leerer war als noch vor einem halben Jahr. Sie wusste, dass auf den nun freien Sitzplätzen Menschen gesessen hatten, deren Betriebe bereits abgewickelt worden waren. Immerhin stank es nicht mehr ganz so schlimm nach Schweiß und Müdigkeit.

Sie hasste die Bahnfahrten auch weiterhin. Doch sie konnte Karen nicht in der Backstube allein lassen, und es nützte nichts, wenn sie wütend war, dass ihre Schwester sich einen Säufer zum Mann genommen hatte, der lieber schlief, statt sich mitten in der Nacht um Teige für Roggenmischbrot, Schweinsohren, Prasselkuchen und Hefezopf zu kümmern. Sie konnte noch so oft darauf hinweisen, dass sie eine Arbeit hatte, tagsüber im Gemüseladen an der Thomasgasse, und es *seine* Aufgabe war, sich um die Bäckerei zu kümmern, die er von ihrem Vater übernommen hatte. Aber wenn sie Karen sah, die Augen verheult, den Rücken gebeugt, war ihr Mitleid jedes Mal größer als die Wut. Und seit Kurzem gab es, wenn sie Brötchen formte und dann am Morgen mit der Bahn zurück nach Leipzig fuhr, um rechtzeitig in der Thomasgasse zu sein, diese Vorfreude auf den Abend, die sie wach hielt und begleitete.

Am ersten Abend hatte sie ihn nicht mal mit nach oben gebeten. Er hatte darauf bestanden, sie um diese Uhrzeit nach Hause zu bringen. Sie hatte noch unten vor der Haustür erklärt, in wenigen Stunden aufstehen und zum Bahnhof gehen zu müssen. Simone war fassungslos gewesen, als sie ihr am nächsten Tag im Laden davon erzählte.

»Du hast ihn abblitzen lassen?«

Sie sortierte keimende Kartoffeln aus. »Ich habe ihn nicht abblitzen lassen. Ich habe ihm nur erklärt, dass ich müde bin und arbeiten muss.«

»Du wieder! Wie lange liegste mir jetzt schon in den Ohren, weil de niemanden hast? Und nun beißt einer an und du holst die Angel nicht ein?«

Sie schaute sich um. Simone redete zu laut über Dinge, die andere nicht hören mussten. Es war ihr unangenehm, und sie fühlte sich bevormundet. Sie brauchte keine Hilfe im Umgang mit einem Mann, von dem sie erst auf dem Nachhauseweg erfahren hatte, dass er sieben Jahre älter war als sie und Michael hieß. »Wenn's ihm ernst ist, wird er schon wiederkommen«, sagte sie. Sie vertraute ihrem Gefühl, ignorierte Simones Augenrollen und die Bemerkung über ihre Gutgläubigkeit. Sie wollte nicht nur ein schnelles Abenteuer. Sie suchte nach etwas Beständigem, nach jemandem, mit dem sie eine Familie gründen und alt werden konnte. Es klang tatsächlich hoffnungslos romantisch, wenn sie jetzt darüber nachdachte, und die nächsten beiden Male in der Kneipe, die sie ihn nicht sah, arrangierte sie sich bereits mit dem Gedanken, dass er vermutlich nicht der Richtige dafür war.

Sie war überrascht, als er plötzlich vor ihrer Tür stand. Er lächelte. »Entschuldige den Überfall.«

Sie bat ihn herein. In der Küche kochte sie Kaffee, obwohl es schon auf sechs zuging. Sie bot ihm den einzigen Stuhl an, den sie besaß, entschuldigte die spärliche Ausstattung damit, dass sie in der Regel nur zum Schlafen hierher kam. Er setzte sich. Sie lehnte sich an die Küchenzeile, während er den ersten Schluck Kaffee nahm.

»Komm, setz du dich lieber«, sagte er. »Du siehst müde aus.« Er wollte aufstehen.

Sie hielt ihn zurück, drückte seinen Oberkörper sanft nach hinten, machte es sich auf seinem Schoß bequem. Sie war selbst überrascht von dem, was sie da tat. Sie hatte – quasi eben noch – behauptet, so etwas nicht zu tun. Doch es fühlte sich jetzt richtig an, während ihre Finger durch seine blonden Haare glitten.

Seine Lippen und seine Zunge waren warm vom Kaffee. Der Geschmack der Bohnen mischte sich mit dem Geruch seines Aftershaves.

»Darf ich?« Seine Hand näherte sich dem obersten Knopf ihrer Bluse.

Sie half ihm, den BH zu öffnen.

Er küsste ihre Brüste.

Sie vergrub ihr Gesicht in seinen Haaren.

Er öffnete den Reißverschluss ihrer Jeans, führte seine Hand hinein.

Durch den Spalt zwischen den nur halbgeschlossenen Gardinen sah sie das warme Licht der Abendsonne auf der gegenüberliegenden Hauswand. Es war fort, als sie das nächste Mal dort hinblickte.

Er atmete ruhig, seine Hand war noch immer zwischen ihren Schenkeln. Sie bat ihn, seine Finger noch einmal zu bewegen.

*

»Und deswegen gibst du ihm gleich deine Wohnungsschlüssel?», fragte Simone. »Könntest ja auch zu ihm fahren.«

»Er wohnt nicht alleine.«

»Sondern?«

»Bei seinen Eltern.«

»In dem Alter?«

Sie konnte nicht verstehen, was sie plötzlich von ihr wollte. Simone musste keine doppelten Schichten leisten und danach in eine leere Wohnung heimkehren. Sie hatte ihre Ehe (eine unglückliche, aber sei's drum). Jetzt war sie mal an der Reihe!

Sie erkannte schon beim Aufschließen der Wohnungstür, ob er da war. Der metallene Riegel klackte nur einmal. Im Flur wartete bereits der Nelkenduft seines Rasierwassers. Sie hängte ihren Mantel neben seine schwarze Jacke. Im Badezimmer setzte sie sich in die Wanne, duschte sich mit der Brause ab und schrubbte sich mit Seife den Mehlstaub, die Beleidigungen ihres Schwagers und die schlechte Laune der Kundschaft im Gemüseladen von Haut und Haaren. Nach dem Abtrocknen rieb sie sich Hände und Gesicht mit der Creme ein, die er ihr von drüben mitgebracht hatte, genauso wie den blumenbestickten Morgenmantel. Der Stoff schmiegte sich samtig an ihre Haut. Sie hörte, wie er in der Küche hantierte. Sie hatte Hunger. Und trotzdem zog sie ihn, nachdem sie sich die Haare geföhnt und den Mund mit Menthol-Wasser ausgespült hatte, zuerst ins Schlafzimmer.

Er zog sein Hemd aus, setzte sich auf den Rand des Bettes. Ihre Knie versanken in der Schaumstoffmatratze. Sie rutschte zu ihm, sodass seine Hände ihre Hüften streicheln konnten, bevor sie sich dem Gürtelknoten widmeten. Sie zog ihn gerne besonders fest, damit seine Finger arbeiten mussten. Sie mochte es, seinen angestrengten Blick zu sehen, seine Oberlippe mit dem Schnurrbart, die sich verzog, wenn er den Knoten nicht sofort aufbekam. Es amüsierte sie, zu merken, wenn er ungeduldig wurde wie ein kleiner Junge, und sie half ihm, falls es allzu lange dauerte. Er öffnete die mit Stoff bezogenen Knöpfe und schob den Mantel beiseite, strich über ihre Brustwarzen und fuhr mit der Zunge um sie herum, legte sie auf den Rücken, machte zwischen ihren Beinen weiter, hielt sie umklammert wie etwas, das er nicht mehr hergeben wollte, und hörte erst auf, wenn sie sich zuckend aufbäumte und ihren Mund ins Kissen drückte, damit die Nachbarn sie nicht hörten.

Aus dem Grillofen in der Küche strömte der Geruch verbrannten Käses auf den Karlsbader Schnitten. Sie entschuldigte sich lächelnd. Er kümmerte sich um neue Toasts, brachte sie ans Bett. Sie genoss jeden Bissen, wollte am liebsten gar nicht aufhören zu essen, damit der Abend nicht verging. Sie kam sich kraftvoller und schöner vor, seit sie ihn sah, meinte, in der S-Bahn mehr Blicke auf sich zu ziehen. Ihr Rücken und ihre Füße schmerzten nicht mehr. Ihr Körper war in einen Zustand der Leichtigkeit eingetreten, keine störende Hülle, die allerhand Makel aufwies, sondern etwas, das sie liebte, erst recht, wenn Michael sie berührte. Er sollte nicht pausieren. So konnte sie leichter verdrängen, dass sie in wenigen Stunden wieder in die S-Bahn nach Machern steigen musste. Sie hasste es, sich mitten in der Nacht von ihm verabschieden zu müssen, oder noch davor, wenn er aufstand und, beinah väterlich, erklärte, sie brauche den Schlaf. Sie war so dankbar für das Verständnis, das er ihr entgegenbrachte. Er erhob keinerlei Vorwürfe; die kamen allein von ihr und richteten sich gegen sie, weil sie in diesem Kreislauf aus ewiger Arbeit gefangen war, aus dem es kein Entkommen zu geben schien. Sie hatte Angst, ihn zu verlieren, sobald der Vorrat seines Verständnisses für ihre Lage aufgebraucht war.

Sie passte Karen bei einer Pause ab. Der Rauch ihrer Zigaretten stieg in den Morgenhimmel. »Schaffst du's nächste Woche mal zwei Tage ohne mich?«

Karen drückte ihre Zigarette an der Hauswand aus. »Lag ich also richtig.«

»Womit?«

»Mit der Vermutung, dass du'n Stecher hast.« Sie zündete sich eine weitere Kippe an.

»Er ist kein Stecher. Und er heißt Michael.«

Karen pustete Qualm von sich, drehte den Kopf in Richtung Backstube. »Merkst ja selbst, dass es gerade wieder besonders schlimm mit Kurt ist.«

Durchs Fenster sah sie, wie ihr Schwager Bleche mit Broten in den Ofen schob. Es war das erste Mal diese Woche, dass er überhaupt um diese Zeit auf den Beinen war.

»Ja.« Unter Karens Augen hingen die gleichen dunklen Ringe wie unter ihren eigenen. Aber ihre waren, seit sie Michael sah, nicht mehr ausschließlich die Zeichen düsterer Erschöpfung. Sie wollte alles dafür tun, damit sie es auch nicht mehr wurden. »Es bleibt ne Ausnahme«, sagte sie. »Versprochen.« Sie legte ihre Hand auf Karens Rücken.

Die rollte die Augen. »Kann ich mir nix von kaufen.« Drinnen dröhnte es blechern. Kurt fluchte.

»Tut mir leid, aber ich kann nichts für ihn.«

»Hab ich auch nicht behauptet.«

»Ich sehe keinen Pfennig, für das, was ich hier tue.« Sie redete nicht weiter. Sie hatten diese Unterhaltung schon zigmal geführt. Früher oder später fragte Karen immer, wer sonst außer ihm die Bäckerei, die ihre Eltern ihnen überlassen hatten, leiten solle. Aber sie konnte es nicht mehr hören. Natürlich hatte sie keine Lust gehabt, in diesem Kaff zu bleiben, war bei der erstbesten Gelegenheit nach Leipzig gezogen und hatte seither sämtliche von Karens Vorschlägen, sich wenigstens etwas in Wurzen zu suchen, abgewehrt. Sie wollte endlich ihr eigenes Leben haben! Nicht permanent für ihre jüngere Schwester da sein. War es zu viel verlangt, wenn sie darum bat, einmal für ein, zwei Tage fern zu bleiben?

»Mach, wenn du meinst«, sagte Karen.

*

Sein Mantel war regennass, als er, an diesem Nachmittag später als sie, bei ihr vorbeikam.

»Gib her«, sagte sie. Sie hängte den Mantel zum Trocknen auf, strich über das klamme Hemd auf seinen Schultern. »Nächste Woche soll's besser werden!«

Sie hatte sich bereits geduscht, aber sie wollte es ihm trotzdem sagen, bevor sie ins Schlafzimmer gingen.

»Ich habe eine Überraschung!«

Er sah sich um. »Was denn?«

»Ich kann mir zwei Tage frei nehmen!«

Er schaute weiterhin suchend.

»Wir könnten zur Domholzschenke fahren«, sagte sie. »Da war ich zu Schulzeiten das letzte Mal!

»Hm.«

»Von mir aus auch woanders hin! Hauptsache raus. Und Hauptsache mit dir!« Sie trat jetzt vor ihn.

Er drehte seinen Mund zur Seite, weg von ihren Lippen.

»Du bist schon mit deinen Jungs verabredet, hab ich recht?«

Er hielt sein Gesicht noch immer zur Seite gedreht, senkte den Blick, heftete ihn auf den Linoleumboden, der von Flecken und Kratzern überzogen war.

»Micha?«

Er machte einen Schritt zur Anrichte, wandte sich um, den Rücken zu ihr, stützte sich mit den Händen auf der Kante ab.

Sie setzte sich, noch bevor er seinen Mund aufmachte. Ihr Kinn fing an zu zittern. Draußen wurden scheppernd die Mülltonnen über den Hof gezogen.

»Ich wohne nicht bei meinen Eltern.«

Sie sah, wie ein Tropfen am Wasserhahn hing. Er wölbte sich, wurde immer schwerer.

»Heike … es …«

Der Tropfen fiel hinab ins Spülbecken.

»Hau ab.«

Er drehte sich um, machte zwei Schritte auf sie zu.

Sie schlug seine Hände weg. »Geh!«

Er nahm seinen nassen Mantel vom Haken. Draußen brach die Sonne durch die Wolken. Sie zog die Gardinen zu, während die Tür ins Schloss fiel.

Sie blieb sitzen, bis die Dunkelheit sich wie eine Decke über sie legte. Der Ärmel ihres Morgenmantels war feucht vom Rotz. Die Schwärze um sie herum ließ ihr Inneres mit der Umgebung verschmelzen. Es fühlte sich an, als würde sie sich auflösen.

Nach Mitternacht brach sie auf, eine fette Schicht Schminke im Gesicht, um die rotgeriebenen Bahnen der Tränen zu verdecken. Karen bemerkte es trotzdem sofort. »Dein Macker?«

Sie konnte den Ton jetzt nicht ertragen.

Karen zog sie aus der Backstube heraus, hielt ihr eine Zigarette hin. Sie rauchte wortlos.

»Die sind alle gleich«, sagte Karen.

Der Rauch brannte in ihrem Hals. Es fehlte ihr die Kraft zu sagen, dass nicht jeder Mann so ein Arschloch wie Kurt war. Und es mangelte ihr an Argumenten, was Michael betraf. Sie kam sich dumm vor, naiv, drehte all die Worte, mit denen er sie verwöhnt hatte, wie Steine um, unter denen sich etwas finden ließ, das sie längst hätte sehen müssen. Sie überlegte, wie sie schnellstmöglich die Erinnerungen an ihn loswerden konnte. Sie wollte alles ausschütteln wie die Tischdecke aus der Küche, auf der sie mehrmals gelegen hatte, während er ihre Schenkel küsste.

Es klingelte, als sie am Abend am Küchentisch saß.

Sie blieb sitzen. Es klingelte erneut.

Sie öffnete die Tür. Er stieg die Treppe nach oben, hielt ihren Schlüssel in der Hand. Sie ließ ihn herein, obwohl er nicht darum bat; sie wollte keine Szene im Hausflur, die Türen hatten Ohren.

Sie blieben in der Küche stehen. »Es tut mir leid«, sagte er.

Sie presste die Lippen aufeinander. Sie wusste nicht, was heftiger war: der Schmerz über den Verlust der Zukunft, die sie sich mit ihm erträumt, oder die Wut darüber, dass er sie belogen hatte. Sie schaute aus dem Fenster, um ihn nicht ansehen zu müssen.

»Es ist schon lange schwierig zwischen mir und meiner Frau.«

»Weiß sie Bescheid?«

Er trat neben sie, schaute schuldbewusst. »Wenn die Kinder nicht wären …«

»Ich werde nicht deine heimliche Affäre sein!«

Er legte seine Hand auf ihre Schulter. Sie wehrte ihn nicht ab. »Du sollst keine Affäre sein! Du sollst …«

»Du hast mich belogen!«

»Ich weiß.« Seine Hand wanderte tiefer, in Richtung ihrer Hüfte. »Ich wollte dich kennenlernen. Ich hatte Angst davor, es zu sagen und dich sofort zu verlieren.«

Sie nahm seinen Arm weg. »Jetzt hast du mich verloren.«

»Bitte, Heike!« Er faltete die Hände, ging neben ihr auf die Knie.

»Sprich mit deiner Frau und den Kindern.«

»Mache ich«, sagte er. Er begann, sie zu streicheln, doch sie wehrte ihn ab.

Sie schaute ihm nach, während er die Treppe hinunterging. Der Schlüssel hing jetzt wieder am Brett neben der Tür. Sie nahm ihn ab, legte ihn in die Schublade, um ihn nicht zu sehen. Die Illusion, dass er ihn doch noch hatte, war schön. Und über dem vertrauten Klang seiner Schritte, dem Klacken, mit dem die Haustür ins Schloss fiel, spürte sie Zuversicht, dass es schon bald wieder so sein würde.

*

»Was machste jetzt mit deinen freien Tagen?«, fragte Simone.

»Arbeiten gehen, was sonst?« In einer Ecke ihres Kopfes saß die Vorstellung, er werde noch vor den geplanten freien Tagen wieder zu ihr kommen, bei ihr klingeln, von der Aussprache mit seiner Familie berichten und sagen, dass die Scheidung vereinbart sei. Sie sehnte sich jetzt mehr denn je danach, ihn länger als nur ein paar Stunden am Abend zu sehen.

»Wir können ja zusammen zur Radrennbahn gehen.« Simones Vorschlag war nett gemeint, wenn auch nicht ganz uneigennützig. Sie hatte schon ein paar Mal davon gesprochen, ihren Mann auf den Mond schießen und sich stattdessen einen schnittigen Steher in Kleinzschocher holen zu wollen. »Beim Messepreis wird's dieses Jahr besonders tolle geben! Aus dem Ausland!«

Heike verspürte keine Lust zu gehen. Sie ließ sich dennoch breitschlagen, denn Simone bettelte, und sie wollte der guten Zeit, die sie ihr ausmalte, nicht im Wege stehen, zumal die Aussicht, einen Morgen einmal nicht an den uringetränkten Wänden der Bahnhofsunterführung entlangzugehen, nicht die schlechteste war.

Am Renntag war es warm. Die Sonne trocknete die dunklen Flecken, die der Regen der letzten Tage hinterlassen hatte. Sie zog sich das Sommerkleid an, das sie ursprünglich für den Ausflug zur Domschenke vorgesehen hatte.

Sie setzten sich, mit kalter Coca-Cola in den Händen, auf die Tribüne, nahe der Stelle, an der die Kurve auf die Zielgerade einbog. Sie hörten, wie die Startaufstellung verlesen wurde, klatschten bei den Namen der westdeutschen, der österreichischen, besonders aber der Leipziger Fahrer. Die

Steher nahmen Aufstellung an der Startlinie, die Vorderräder dicht an den Rollen hinter den Maschinen ihrer Schrittmacher. Die Motoren wurden angeworfen, ein Schwall Abgase zog durchs Rund. Der Startschuss hallte auf der Tribüne wider, die Motorräder heulten auf und fuhren los, in ihrem Windschatten die Radfahrer. Bald war es kaum mehr möglich, sie auseinanderzuhalten, während sie durchs Rund jagten. Ihre Füße in den Körbchen der Pedalen drehten sich, so schnell, dass es aussah, als würden sie gleich abreißen. Die Kurven waren so steil, dass sie drohten, ins Innere des Runds zu kippen. Die Tribüne jubelte, wenn die Fahrer vorbeikamen, und nach dem ersten Durchgang hatte Heike nichts gegen einen zweiten.

»Ich geh mal auf Toilette«, sagte Simone. »Holst du uns noch eine Cola?«

Heike verließ die Tribüne. Sie trat auf den Platz neben der Bahn, stellte sich in die Schlange für den Ausschank. Die Sonne fiel jetzt schräg von vorne in ihr Gesicht. Sie ärgerte sich, keine Sonnenbrille eingepackt zu haben. Kinder lärmten um sie herum.

Sie hörte seine Stimme.

Er fragte, was sie trinken wollten.

Sie drehte sich nicht um, hielt ihren Kopf starr nach vorne gerichtet, setzte einen Fuß vor den anderen, im stockenden Takt der Warteschlange. Sie hörte die Stimme seiner Frau (das musste sie sein), die Stimmen seiner Kinder (sie klangen jünger, als sie vermutet hatte).

Er musste sie längst bemerkt haben. Er hatte ihren Kopf oft genug von hinten gesehen, war ihr mit der Hand in die Haare gefahren, hatte sie am Nacken gepackt, zärtlich, aber doch so, als wollte er sicherstellen, dass sie ihm nicht entkam.

Die Kinder jammerten, es gehe nicht schnell genug voran. Er mahnte zur Geduld. Seine Stimme war kaum zu ertragen. Sie konnten nur wenige Schritte hinter ihr sein. Es drückte sie im Rücken.

Sie kramte ihr Portemonnaie aus der Tasche hervor, bestellte, zahlte, nahm die Becher entgegen, hielt inne, suchte nach einem Weg. Der Stand befand sich direkt vor einem Zaun. Sie drehte sich um.

Er wich ihrem Blick aus. Sie schaute auf seine Frau, seine Tochter, seinen Sohn, ihre Mienen im Sonnenschein; sie strahlten die gleiche Gutgläubigkeit aus, die sie bis eben noch besessen hatte.

Sie lief an ihnen vorbei, sagte kein Wort, fixierte nur ihn, wie er dastand, die Hand seiner Frau in seiner Hand.

Sie konnte kaum atmen, als sie bei der Tribüne ankam. Die Luft stand warm und dick unter dem Dach. Simone nahm ihr die Cola ab. Sie schien nichts zu bemerken, redete von einer Feier, die nach dem Rennen noch in der Wohnung eines Leipziger Stehers steigen werde, zum Saisonabschluss.

Sie folgte dem zweiten Durchgang wie dem fernen Geschehen einer anderen Welt. Sie war nicht in der Lage, die Hände zu bewegen, um zu klatschen.

Nach dem Rennen zwängte sie sich mit Simone und anderen Menschen in eine überfüllte Straßenbahn.

»Kommste noch mit?«, fragte Simone. »Komm!«

Sie stiegen am Westplatz aus, bogen in die Lisztstraße ein. Aus den oberen Fenstern von einem der Häuser drangen Musik und Gelächter.

Sie schleppte sich die Treppe nach oben, setzte sich in der Wohnung auf den ersten freien Platz. Sie war müde, doch es war zu laut, um zu schlafen. Die Musik dröhnte, Menschen standen um sie herum.

Sie schloss die Augen. Sie konnte jetzt nicht nach Hause fahren, den Schlüssel aus der Schublade holen, ihn wieder ans Brett hängen, so tun, als ob nichts gewesen wäre. Das leere Bett, das sie antreffen würde, ängstigte sie.

Simone ließ sich neben sie aufs Sofa fallen. Sie grinste schief. Ihre Zähne waren vor Wein schon ganz blau. »Der Ehlert ist jetzt da.«

»Wer?« Sie musste brüllen, um gegen die Musik anzukommen.

»Hast du geschlafen vorhin? Der Drittplatzierte! Was dachtest du, wer hier wohnt?«

Sie schaute den Mann an, auf den Simone jetzt ihren Blick lenkte. Er trug eine dunkle Jeans und ein kariertes Hemd.

»Lass mal hingehen!« Simone stand auf, sah Heike an.

»Geh ruhig.« Sie blieb sitzen, während Simone zu ihm ging, ihn mit irgendeinem Spruch zum Lachen brachte.

Er schaute zu ihr. Sie drehte sich weg.

Der Zeiger der Standuhr in der Ecke schleppte sich mühsam voran, brauchte ewig für die letzte Runde vor Mitternacht.

Sie war froh, als er es endlich geschafft hatte. Sie nahm ihre Jacke und ihre Handtasche, schlängelte sich zwischen den Tanzenden hindurch bis zu Simone, die noch immer bei dem Steher stand.

»Ich muss los«, schrie sie ihr ins Ohr.

»Das ist Heike«, sagte Simone.

»Freut mich! Rolf«, sagte er. Sie spürte den festen Druck seiner Hand. »Wo musst'n hin um die Zeit?«

»Auf Arbeit.«

Seine Brauen verzogen sich.

»Bäckerei«, rief Simone. »Ihren saufenden Schwager ersetzen.«

Sie schämte sich.

»Soll ich dich fahren?« Seine Wangen waren rot gefleckt.

»Nicht nötig«, sagte sie. »Ich muss bis nach Machern. Ich fahr mit der Bahn.«

Er nahm eine Lederjacke vom Haken. »Ich hab ne Simson, die fährt auch bis dorthin.«

*

Sie war aufgeregter als sonst, während sie neben ihm im Auto saß. Es war ihr dritter Besuch in Dresden seit Emilias Geburt, aber der erste mit ihm.

»Susanne hat gesagt, dass sie sich freuen würde, wenn du mitkommst«, hatte sie nach dem letzten Mal erklärt. Sie zeigte ihm die neuesten Fotos auf dem Handy, fragte ihn, ob er nicht auch erstaunlich finde, wie groß ihre Enkelin bereits geworden sei; bald war sie ein halbes Jahr auf der Welt. Er nickte stumm, und sie wusste, dass es zwecklos war, Druck auf ihn auszuüben. Es verstärkte nur seinen Widerstand.

Dass er zwei Wochen vor dem geplanten Besuch im Schuppen verschwand, brachte sie nicht damit in Verbindung, obwohl er sich auffällig geheimniskrämerisch gab und, gefragt, was er dort tue, nur antwortete: »Abwarten.«

Er sägte Holzleisten zurecht, so viel konnte sie vom Küchenfenster aus sehen, hantierte mit Schablonen aus Pappe, doch es war nicht möglich zu erkennen, wofür sie dienen sollten. Sie ließ ihn machen, hakte nicht weiter nach, eine

Woche lang, bis er, zwei Tage vor der Fahrt, im Flur stand und ein Schaukelpferd in den Händen hielt.

»Für Emilia?«, fragte sie.

Er stellte es auf dem Boden ab, zeigte ihr die abnehmbare Reling, die er extra montiert hatte, damit seine Enkelin, solange sie noch klein war, nicht herunterfiel.

Heike musste an sich halten, um nicht sofort ein Foto zu machen und es an Susanne zu schicken. Sie wusste gar nicht, worüber sie sich mehr freuen sollte: über das wundervolle Pferd aus Holz, das vor ihr stand und an dessen Kopf sogar Zaumzeug aus Leder und eine verblüffend echt aussehende Mähne angebracht war, oder darüber, dass Rolf jetzt wie selbstverständlich erklärte, er werde natürlich mitkommen, um das Geschenk persönlich zu überreichen. Sie hatte ihn schon lange nicht mehr so zufrieden erlebt. Seit dem Verlust des Ladens war er damit beschäftigt, einen neuen Platz für sich zu finden – in der Welt, in der Straße, im Haus –, doch wenn sie nicht alles täuschte, war er mit dieser Suche nun ein ordentliches Stück vorangekommen, und es fühlte sich wundervoll an, darüber nachzudenken, was er in Zukunft noch alles für seine Enkelin zaubern würde.

Sie spürte wie immer zuerst die feuchte Schnauze von Kira an der Tür, beruhigte sie mit einem Tätscheln und umarmte Susanne, freudig, aber vorsichtig, um Emilia nicht zu erschrecken.

»Schau mal, das ist dein Opa!«, sagte Susanne.

Rolf lächelte scheu. Er winkte Emilia zu, hielt ihr einen Finger hin, damit sie nach ihm greifen konnte (sie zog ihre Hand weg), und begrüßte Susanne.

»Christian und die Kinder sind unten am Pool«, sagte sie. Sie folgten ihr in die Küche. Heike ließ Rolf nicht aus den

Augen, beobachtete, ob seine Miene sich veränderte. Sie hatte ihm schon mehrfach von dem riesigen Haus erzählt: drei Etagen, direkt am Hang, mit Blick auf die Elbe und die Stadtteile am anderen Ufer. Er hatte keinen Kommentar dazu abgegeben und nicht gefragt, ob Christian als Inhaber einer Firma für Zahnarzttechnik wirklich so viel verdiente, dass er sich all das so mühelos leisten konnte, inklusive des riesigen, eigens angefertigten Baumhauses für die Kinder, das im Garten stand und das er, wie sie aus seinem Blick las, inspizierte, während sie die Treppenstufen zum Schwimmbecken hinunterstiegen.

»Infinity Pool«, sagte er unten angekommen. Es war seine erste Äußerung seit der Begrüßung.

»Na ja, fast.« Susanne zeigte auf die Buchsbaumhecke, die den Blick am flussseitigen Rand begrenzte.

»Bei dem Wetter auf jeden Fall super!«, sagte Heike. Sie wollte unbedingt vermeiden, dass bereits wenige Minuten nach ihrer Ankunft unangenehmes Schweigen eintrat.

»Wo ist Papa?« Susanne schaute Hannah und Ole an, die mit einem aufgeblasenen Riesenflamingo spielten.

»Hier!« Christian trat aus einem roten Holzhäuschen am Ende der Terrasse, zwei Sonnenstühle in den Händen. Er trug eine dunkle Sonnenbrille, gelbe Badeshorts und ein weißes T-Shirt. Er sah locker und sportlich aus, nicht so offiziell geschäftlich wie beim letzten Besuch, ihrem ersten Zusammentreffen, als sie ihn nur in weißem Hemd und langer Hose gesehen hatte. Jetzt erinnerten seine gebräunten Waden an Rolfs Beine zu der Zeit, als er noch Rad gefahren war.

Christian umarmte sie und gab Rolf die Hand. »Freut mich, dass wir uns endlich mal kennenlernen.«

Susanne legte ihm eine Hand auf die Schulter. »Magst du meinen Vater mal rumführen?«

Er stellte die Liegestühle ab. »Klar.«

Heike schaute zum Fluss. Die Mittagssonne ließ die Wasseroberfläche funkeln, spielte mit den Bugwellen eines Ausflugsdampfers. Heike war erleichtert über die Lockerheit, mit der Susanne Rolf empfing. Obwohl er ausdrücklich willkommen gewesen war, hatte sie sich alle möglichen Gedanken gemacht, in der letzten Nacht vor Aufregung kaum geschlafen und im einzigen Traum, an den sie sich erinnern konnte, Rolf gehört, wie er eine abfällige Bemerkung über die Reichweite des Elektro-SUV machte, der in der Einfahrt stand. Aber nun, während Rolf und Christian zusammen weggingen, so als kennten sie sich schon eine Weile, fiel die Anspannung von ihr ab, und sie konnte voll und ganz die Aussicht genießen: die stählernen Dreiecke des Blauen Wunders dort unten, die Waldschlösschenbrücke weiter hinten, dazwischen die Wiesen, kurzgemäht und sonnenverbrannt.

Rolf und Christian stiegen die Treppe zum Haus hinauf.

»Er sieht so durchtrainiert aus«, sagte sie zu Susanne.

»Wer? Papa?«

»Nee, Christian.«

»Ja. Wenn er's schafft, fährt er mit dem Rennrad wenigstens einmal die Woche Richtung Pirna oder Meißen. Er hat da so einen Ehrgeiz, der mir total abgeht.«

Heike griente in sich hinein. Sie hatte nie nachgesehen, ob es Belege für die Theorie gab, derzufolge Töchter unbewusst Typen, die ihrem Vater ähnelten, für eine Beziehung auswählten. Sie hütete sich, Susanne darauf anzusprechen. Sie würde es ohnehin vehement abstreiten, und es genügte ihr völlig, gewisse Ähnlichkeiten zwischen Christian und

Rolf festzustellen und dabei größtmögliche Zuversicht zu empfinden, dass die beiden sich verstehen würden, während sie jetzt im Haus verschwanden und – möglicherweise – über Rennräder fachsimpelten.

Sie nahm Emilia auf den Arm, blieb bei Hannah und Ole am Pool, damit Susanne Kaffee kochen konnte, kreischte mit gespieltem Protest auf, wenn die beiden ihr den Wasserball vor die Füße warfen, erfreute sich an Emilias Glucksen bei »Hoppe, hoppe Reiter« und sagte, auch wenn klar war, dass sie noch nichts verstand: »Der Opa hat noch eine ganz tolle Überraschung für dich! Ja! Warte mal ab.«

Sie hörte Geschirr klappern, sah, wie Susanne auf der Terrasse unter dem ausladenden Sonnenschirm den Tisch deckte, rief ihr zu, um zu fragen, ob sie noch etwas helfen solle.

»Nein, danke! Bleib bei den Kindern!«

Sie schoss den Wasserball zurück ins Becken, spritzte Hannah und Ole nass, mahnte sie, langsam zu machen mit ihren nassen, glitschigen Füßen, als Susanne sie zehn Minuten später damit lockte, dass es Eis gebe.

»Wo sind die Männer?«, fragte sie, mit Emilia auf der Terrasse angekommen.

»Vermutlich noch im Haus unterwegs.« Susanne stellte eine Schüssel Sahne neben einen Teller mit Pflaumenkuchen.

Sie konnte kaum glauben, dass sie Rolfs Lieblingskuchen gebacken hatte.

»Hannah?«, rief Susanne. »Kannst du Papa und Opa Rolf bitte Bescheid geben, dass der Kaffee fertig ist?«

Heike setzte sich, schob Emilia, solange Susanne nicht hinsah, Fingerspitzen voll süßer Sahne in den Mund. Sie hatte bereits ein Stück Kuchen gegessen, bevor Christian und Rolf auftauchten.

Rolf verdrückte zwei Stück, ohne einen Ton zu sagen. Sie schob es darauf, dass er so im Genuss versunken war, und durch die Kinder herrschten ohnehin genug Lärm und Bewegung am Tisch. Nach dem letzten Bissen schaute er auf seine Uhr.

»Willst du mal das Geschenk holen?«, fragte sie.

»Ist doch gar nicht Geburtstag«, sagte Susanne.

»Papa hat trotzdem was.« Sie schaute zu ihm, auffordernd. Er ließ seine Beine überkreuzt, trank seinen Kaffee. »Soll *ich* es holen?« Er stand wortlos auf und ging ums Haus herum zur Einfahrt.

*

»Was war denn los?«, fragte sie ihn, kaum dass sie den Rückweg nach Hause angetreten hatten.

»Was soll los gewesen sein?«

»Na, warum wolltest du das Schaukelpferd nicht holen?«

Er hielt an einer Ampel an. »Die haben schon ein Schaukeleinhorn.«

»Aber kein Schaukelpferd!«

»Es gibt sogar Knöpfe zum Drücken dran, damit das Vieh säuselnde Geräusche macht.«

»Sie haben sich doch trotzdem gefreut!«

»So getan, ja.«

»Das glaube ich nicht. Das war ehrlich gemeint.«

»Hättest mich ja mal warnen können.«

»Wovor?«

»Hast du mal in die Kinderzimmer geschaut? Die haben

alles, was du dir vorstellen kannst. Wir brauchen denen nichts mehr zu schenken.«

Sie schwiegen eine Weile. Auf der Autobahn legte sie ihm eine Hand auf den Oberschenkel. Er reagierte nicht darauf. Sie konnte seine Enttäuschung durchaus verstehen, auch wenn sie fand, dass ein selbstgebautes Schaukelpferd definitiv einem gekauften Schaukeleinhorn überlegen war.

Er hielt auf einem Rastplatz an, stieg aus, um zu rauchen. Hinter dem Zaun lag ein Weizenfeld. Ein Mähdrescher wirbelte eine gelb-graue Wolke auf, verdunkelte die niedrig stehende Sonne.

Das Licht war so golden wie in Marokko vor Jahren. Sie hatte damals eigentlich gar nicht fahren wollen. »Viel zu heiß«, hatte sie zu Rolf gesagt. Zumal sie fand, dass die Steuerrückzahlung, die er unerwartet vom Finanzamt erhalten hatte, auf dem Sparbuch deutlich besser aufgehoben war. Man wusste schließlich nie, was noch kommt.

»Zu dem Preis kriegen wir das nicht noch mal«, entgegnete er, fügte hinzu, er habe nichts gegen Usedom, Harz oder Bodensee. »Aber wir können ja *einmal* im Leben eine Fernreise machen. Wenn wir das Geld aufs Sparkonto packen, wird es dort langsam von der Inflation aufgefressen, und in ein paar Jahren ist es dann gar nichts mehr wert. Die behaupten zwar immer, die Einlagen seien sicher, aber wenn's hart auf hart kommt, kann mir das niemand erzählen!«

Sie willigte ein. Es war ja nicht so, dass die Idee, über die Alpen und das Mittelmeer zu fliegen, sie nicht reizte. Und Rolf hatte Recht: Der Preis, den ihm Jochen, Inhaber eines Reisebüros um die Ecke und einer seiner treuesten Kunden, machen wollte, war wirklich unschlagbar.

Auf dem Suk von Marrakesch kaufte sie sich als Erstes ein Tuch als Sonnenschutz für die anstehende Kameltour. Der Guide wickelte es ihr um den Kopf wie einen echten Turban, bevor er ihr aufsteigen half. Sie verstand nicht, was er zu ihr sagte. Er sprach Arabisch, Französisch und Englisch, aber kein Deutsch. Die paar Brocken Schulenglisch, die sie hervorkramen konnte, waren keine Hilfe. Doch sie wollte auch nicht ständig Susanne darum bitten, für sie zu dolmetschen. Deshalb tat sie einfach so, als wäre ihr völlig klar, was er von ihr wollte, und als sie im Sattel saß, den Blick auf den Kamelnacken gerichtet, fand sie, dass die Verständigung auch ohne Worte ganz gut klappte.

Die Tiere setzten sich in Bewegung. Ihre Hufe drückten ovale Kuhlen in den Sand. Die Dünen leuchteten immer rötlicher, je tiefer die Sonne sank. Sie hatten extra eine Tour zum Sonnenuntergang gebucht. Es wehte ein leichter Wind. Sie schwitzte weniger als befürchtet, drehte sich zu Rolf um, damit er ein Foto von ihr machte. Sie strahlte, und am Abend im Hotel küsste sie ihn und bedankte sich, dass er sie zu dieser Reise überredet hatte.

Am vorletzten Tag lagen sie am Strand. Sie blätterte in einer Zeitschrift.

Rolf unterbrach sie. »Die beiden aus Dortmund …«

»Hm?«

»Die im Hotel beim Frühstück mit uns in der Schlange standen.«

»Ah.«

»Die haben gestern einen Gleitschirmflug weiter unten an der Küste gemacht.«

»Oh Gott.«

»Das beste Erlebnis ihres Urlaubs, haben sie gesagt.«

»Mich kriegen da keine zehn Pferde hoch.«

»Hast du vor der Kameltour auch behauptet, Mama, und am Ende fandest du es weder zu heiß noch zu wackelig.« Susanne kehrte aus der Sonne unter den schattigen Schirm zurück.

»Das stimmt. Nur die hat auch weniger gekostet.«

»Der Flug ist gar nicht teuer«, sagte Rolf. »Und du wärst sowieso eingeladen.« Er setzte sich hinter sie, legte seine Arme über ihre Schultern. »Komm schon, lass uns das machen!«

»Ich überleg's mir.«

Als er am Nachmittag den Flug buchte, protestierte sie nicht.

Ein klappriger Land Rover brachte sie zur Absprungstelle südlich der Stadt. Sie trugen feste Schuhe und lange Hosen, wie im Prospekt mit den Hinweisen zum Flug empfohlen. Drei Männer zogen ihnen Gurte über Hüfte und Oberkörper. Heike schaute aufs Meer, das sich jenseits der sandfarbenen Klippen erstreckte, hörte, wie die Wellen auf dem Strand aufschlugen.

»You only need to run with me«, sagte der Mann, der sich um sie kümmerte, während er den Verschluss ihres Sturzhelms überprüfte.

»Du sollst einfach mit ihm mitrennen, Mama!«

Der Pilot zog leicht am Schirm. Das Plateau vor ihr fiel zur Kante hin ab.

»Ich kann das nicht!«, rief sie.

Susanne beachtete sie nicht, sondern fing an zu rennen, im gleichen Tempo wie ihr Pilot. Sie sahen aus wie eine fette Spinne mit zwei Köpfen. Zwanzig Meter weiter liefen Rolf und sein Pilot ebenfalls an. Die Leinen hinter ihnen spannten sich, die Schirme blähten sich im Wind und stiegen in die Luft.

»Ich kann das nicht«, sagte sie noch einmal, leiser. Ihr wurde schlecht beim Blick auf das Ende des Plateaus.

Susanne und Rolf wurden nach oben gezogen, noch bevor sie die Klippe erreicht hatten. Susanne juchzte.

»Everything alright?«

Was wollte er?

»Okay, go!« Seine Knie stießen in ihre Oberschenkel. Sie lief los, um nicht zu stürzen, rannte – ihr Herzschlag würde gleich den Gurt um ihre Brust zerreißen –, stolperte auf dem Geröll unter ihren Füßen, verlor den Halt, ruderte mit den Armen, suchte etwas, wonach sie greifen konnte, aber sie wurde bereits mit einem sanften Ruck in die Höhe gehoben.

Der Schirm stand jetzt fast senkrecht über ihnen. Sie schaute nach oben, um nicht hinuntersehen zu müssen, dann schräg nach vorne, sah Rolf links, Susanne rechts vor sich, hinter ihnen die Piloten.

Sie neigte den Kopf leicht nach unten, schloss die Augen. Ihr war schwindelig.

»Mama!«

Sie öffnete die Augen, winkte Susanne zu. Rolf winkte auch. »Wahnsinn!«, johlte er.

Sie wagte einen Blick in die Tiefe. Die Schaumkronen der Wellen bildeten lange weiße Bänder wie aufgenähte Bordüren. Sie hatte das Meer noch nie so von oben gesehen wie die Möwen, die um sie herum kreisten.

Ihr Herzschlag wurde ruhiger. Sie blickte die Küste entlang, die sanfte Kurven bis zum Horizont beschrieb. Der Wind kitzelte sie zärtlich.

Sie hörte Susanne vor Freude juchzen. Sie tat es jetzt auch, während sie zwei Kurven flogen, zu den Felsen hin, von den Felsen weg. Es fühlte sich wunderbar an! An der Klippe standen Menschen, sahen zu ihnen auf, hoben die Arme. Schwarze Vögel zogen vorbei, bewegten die Schwingen wie zum Gruß.

Ihr Schwindel war verflogen. Sie genoss die Leichtigkeit, mit der ihr Körper in der Luft hing. Es sollte gar nicht mehr aufhören! Sie lehnte sich zur Seite, wann immer der Pilot in die Kurve ging, bildete eine Einheit mit ihm, meinte nun sogar, beeinflussen zu können, ob sie stiegen oder sanken, getragen von der warmen Luft, die an den Klippen nach oben blies. »More, more!«, sagte sie, als der Pilot zurück zum Plateau steuerte. Jetzt konnte sie sogar Englisch sprechen. »More, more!«

Sie zehrte von diesem Flug länger als die zehn Minuten, die er nur gedauert hatte. Er war wie der Inhalt einer kleinen Ampulle in ihrer Erinnerung, aus der sie einen Schluck nehmen konnte, wann immer sie des Gefühls bedurfte, über den Dingen zu schweben. Sie tat es – fast abergläubisch – nur selten, damit die magische Essenz nicht zu schnell versiegte, doch über die Jahre, die seither vergangen waren, so schien es, musste sie sich verwandelt haben. Sobald sie das Gefäß öffnete, verströmte es traurige Sehnsucht.

*

Rolf trat den Stummel seiner Zigarette auf dem Boden aus, setzte sich zurück ins Auto. Seine Augen waren ganz klein.

»Warm«, sagte er.

Sie dachte an das Geld von der Versicherung. Seit einem Monat hatten sie nicht mehr darüber gesprochen. Die Summe, die sie erhalten hatten, war – zumindest für ihre Verhältnisse – skandalös hoch. Es war ihr schleierhaft, was Rolf für das Gutachten in der Werkstatt getan hatte, aber sie wollte es auch gar nicht wissen. Viel entscheidender war, was sie jetzt mit dem ganzen Geld machten. Einen Teil davon konnte er gut gebrauchen, um letzte Schulden zu tilgen, die der Laden hinterlassen hatte, das sah sie ein. Trotzdem hatte sie längst eine klare Vorstellung davon, was mit dem Rest anzufangen sei. In der untersten Schublade ihres Kleiderschranks lag ein Prospekt aus dem Reisebüro, darauf in fettem Rot eine dreistellige Zahl über dem Bild eines weißen Motorseglers, mit dem sie sieben Nächte lang die kroatische Küste entlangfahren würden (inklusive Halbpension!). Der Preis war, wie die Werbung sagte, tatsächlich ein »Mega-Mega-Urlaubsschnäppchen«, und die ganze Sache hatte im Grunde nur einen einzigen Haken: Sie hatte Rolf noch nichts gesagt.

Sie legte ihre Hand jetzt noch einmal auf seinen Oberschenkel. Wirkte er verstört? Das Zärtliche ihrer Ehe war weniger geworden mit den Jahren, und im letzten Dreivierteljahr, seit Rolfs Gesicht zerfurcht vom Ende des Ladens war, hatten sie sich gar nicht mehr berührt. Sie streichelte ihn trotz der Hitze, streifte – erst aus Versehen, dann absichtlich – seinen Schritt. Er murrte nicht. Womöglich dachte er, dass sie es nur tat, um ihn über das Schaukelpferd hinwegzutrösten. Doch der erste gemeinsame Ausflug zu Susanne und ihrer Familie hatte sie beschwingt. Sie hatte Lust auf ihn, und die Aussicht, erst mit ihm zu schlafen und ihm dann von der Kroatienreise zu erzählen, war fast schon so gut wie der Ausblick damals über den Felsen südwestlich von Marrakesch.

Sofort nach der Ankunft zu Hause machte sie sich frisch, knöpfte vor dem Spiegel ihre Bluse auf.

Sie öffnete die Badezimmertür.

Rolf stand im Flur, einen Brief in der Hand. »Von Langner«, sagte er.

Es konnte kein besseres Zusammentreffen geben! Wenn jetzt, wie üblich um diese Zeit im Jahr, die Nebenkostenabrechnung gekommen war und jene Gutschrift auswies, mit der sie rechnete, nachdem die Heizperiode im letzten Jahr fast einen Monat früher als üblich geendet hatte, würden sie sogar noch ein kleines Extrabudget für den Urlaub haben.

Sie ging auf ihn zu, während er den Brief aus dem Umschlag zog, trat neben ihn, die Bluse einladend beiseite schiebend.

Sie las. Ihre Knie wurden weich wie vor dem Absprung über dem Meer.

In ihrem Inneren drehte sich alles. Die Wörter verschwammen vor ihren Augen. Sie klammerte sich erst an das Papier, dann an Rolf, wartete, dass ein Schirm über ihr aufstieg. Doch da war nichts, was sie hielt.

5

Die Nachricht kam, kurz nachdem Tess das Telefon beiseite gelegt hatte. Die Sonne schien um diese Zeit genau zum Fenster herein. Sie hatte schon gegen Ende des Frühjahrs festgestellt, dass es keine gute Idee war, den Tisch mit der Nähmaschine direkt vor der Scheibe zu platzieren, auch wenn sie hier das meiste Tageslicht und den besten Blick auf die Straße hatte. Die Strahlen heizten die dunklen Pflastersteine auf, und die Kühle, die sie jede Nacht hereinließ, indem sie die gartenseitigen Fenster öffnete, hielt sich nicht lange. Die alte Markise über der Ladenfront klemmte. Sie hatte bisher nicht die Muße gehabt, sich darum zu kümmern oder jemanden mit der Reparatur zu beauftragen. Sie hatte deshalb entschieden, den Nähtisch für die Sommermonate vom Schaufenster wegzuschieben, und trotzdem gab es einen bestimmten Moment am Vormittag, in dem die Sonne es bis in die Ecke schaffte, in der sie saß. Dennoch wusste sie nicht, ob ihr deswegen so warm war oder wegen der Aufregung, die sie gerade mit Moyra zu teilen versucht hatte, oder aufgrund des Satzes, der kurz danach auf dem Display ihres Smartphones erschienen war und der in seinen emotionalen Auswirkungen das komplette Kontrastprogramm zu dem darstellte, worüber sie mit Moyra gesprochen hatte.

»Rate mal, wer mich gerade angerufen hat!«, hatte sie zu ihr gesagt.

»Keine Ahnung?«

»Versuch's!«

Moyra stöhnte. Es klang angestrengt, vor allem leicht genervt. Und Tess wollte auf keinen Fall, dass die Menge der Hormone, die gerade für ein maximales Glücksgefühl in ihrem Körper sorgte, abfiel.

»Sandra Hüller!«, sagte sie.

»Die Schauspielerin?«

»Kennst du noch eine andere?«

»Krass! Was wollte sie?«

Es fiel ihr schwer, eine halbwegs sortierte Antwort zu geben. Das Gespräch kam ihr jetzt, im Rückblick betrachtet, noch viel unwirklicher vor, als es sich während des Telefonats selbst angefühlt hatte. Sie hatte die Nummer nicht gekannt, mit dem Daumen auf Annehmen geswipt und lediglich erwartet, wie so oft erklären zu müssen, dass sie weder Sakkoärmel noch Hosenbeine anpasse und auch keine neuen Reißverschlüsse einnähe, auch wenn sie – warum auch immer – bei Maps als Änderungs- und nicht als Modeschneiderei angezeigt werde.

Die Stimme klang nicht exakt so wie im Kino, doch das mochte an der Verbindung liegen. Sandra Hüller hatte gefragt, ob sie gut zu verstehen sei, sie drehe momentan in Südfrankreich, worauf Tess antwortete, sie verstehe sie gut, sehr gut sogar, und ja, in Leipzig sei es auch gerade ziemlich heiß.

»Das hast du nicht im Ernst gesagt!«

»Doch!«

»Du bist echt putzig, Tessi!«

»Wieso?«

»Im Juli und August ist es da teilweise wirklich nicht auszuhalten«, sagte Moyra. »Der Sand ist so heiß, dass du dir ohne Latschen die Füße verbrennst.«

»Weiß ich. Hat Sandra auch gesagt.«

»Sandra? Ihr duzt euch schon?«

»Sie hat mich geduzt, ja.«

»Echt jetzt?«

»Ja.«

»Wow.«

Tess wartete einen Augenblick. Es sorgte für eine gewisse Genugtuung, Moyra ihr schlechtes Gewissen anzumerken, weil sie sie über die Hitze hatte belehren wollen, dabei wusste sie doch ganz genau, dass Tess die Ferien in ihrer Kindheit nun mal nicht wie sie in einem Haus ihrer Eltern am Mittelmeer, sondern ausschließlich in der Ferienbetreuung des Horts verbracht hatte. Es kompensierte ein wenig die Scham, die sie empfand bei dem Gedanken, sich am Telefon womöglich zu sehr wie ein aufgeregtes Fangirl angehört zu haben, obwohl die Anruferin diejenige gewesen war, die ihr Komplimente machte, nicht umgekehrt.

»Sie meinte, eine Freundin von ihr habe so von meiner Kollektion geschwärmt – weißt du, die, die ich aus dem alten Jeansstoff gemacht habe?«

»Klar.«

»Und dann habe sie während der Drehpause gerade mein Insta-Profil und meine Website angesehen und sich sofort verliebt …«

»Oh la la!«

»Ja. Und dann hat sie gefragt, ob ich mir vorstellen könne, ihr ein Kleid für eine Gala zu nähen.«

»Ach?«

»Ja.«

Tess wartete, ob Moyra noch mehr sagen würde. Das Maß an Begeisterung entsprach nicht so recht dem Euphorie-Level, auf das sie selbst durch den Anruf katapultiert worden war. Die Kleider, die auf den Schaufensterpuppen hingen und die ihr mit jedem Tag, der verging, ohne dass jemand sie kaufte, mehr und mehr wie eine Demonstration ihres handwerklichen Unvermögens vorkamen, hatten zu leuchten begonnen.

Seit dem Frühjahr hatte sie zwar schon einige positive Kritiken bekommen: in einem lokalen Modemagazin, auf zwei, drei Blogs, dazu zahlreiche Likes und natürlich den Preis bei der Messe für junge, lokale Mode. Aber seither waren auch schon wieder mehrere Monate vergangen, in denen außer der täglichen Arbeit und einigen wenigen Verkäufen nichts weiter passiert war. Deshalb befielen sie, wenn sie mit der Schere ein altes Kleid zerschnitt, um daraus ein neues zu machen, oder wenn sie eine Naht setzte, hin und wieder Zweifel, ob der Preis wirklich dazu führen werde, dass sie nun *durchstartete*, wie so viele Leute ihr prophezeit hatten, inklusive Inga und Jens, die ablehnten, sich das Preisgeld als erste Rate zur Kredittilgung auszahlen zu lassen; sie solle sich lieber einen schönen Urlaub mit Moyra davon machen, hatten sie gesagt. Und zugegeben: Das ein oder andere kurze Mal hatte sie bereits darüber nachgedacht, wie es wäre, wenn irgendeine Celebrity plötzlich auf sie aufmerksam würde. Der Gedanke hatte etwas Wärmendes gehabt – angenehm wärmend, nicht so heiß wie die Sommersonne, eher so wie Whisky im Winter –, und für einen Moment entfaltete er auch die gleiche Wirkung: Er ließ Träume als realistische Möglichkeiten erscheinen. Doch das Einsetzen der Ernüchterung war nur eine Frage der Zeit. Daher hatte sie es sich zur Auflage gemacht, von vornherein möglichst bescheiden zu bleiben, alle Energie ins Modemachen, das Zeichnen von Entwürfen, Vorbereiten von Schnittmustern und die Auswahl geeigneter Stoffe zu stecken, statt in hochtrabende Ideen über das eigene Entdecktwerden. Selbst jetzt, nach dem Telefonat, hielt sie sich dazu an, locker zu sein – es war nur ein erster Anruf gewesen. Viel zu wenig, um sicher sein zu können, dass wirklich etwas daraus werden würde. Genau deswegen war sie auch nicht einfach nach oben in die Wohnung gestürmt, zu Moyra, sondern hatte nur ihre Nummer gewählt. Trotzdem fragte sie sich jetzt, ob sie nicht doch ein bisschen mehr Überschwang von ihrer Freundin erwarten durfte.

»Ich hätte Lust, schön Mittagessen zu gehen«, sagte sie. »Wir hatten schon lange kein Drei-Gänge-Menü mehr.« Tatsächlich waren sie das letzte Mal vor Ewigkeiten in dem kleinen Bio-Restaurant gewesen, das sie beide liebten, sich in der Regel aber nur gönnten, wenn ihnen jemand einen Gutschein schenkte.

»Ich bin eigentlich zum Telefonieren verabredet.«

»Mit wem?«

»Milena.«

»Kannst du ihr nicht sagen, dass es was zu feiern gibt und du das Telefonat verschieben musst?«

»Ungern. Es war schon schwierig genug, überhaupt einen Termin dafür zu finden.«

»Was ist denn so wichtig?«

»Erzähl ich dir später.«

»Komm!«

»Später.«

»Stehst du auf sie?«

»Bitte was?!«

»Ist jetzt auch nicht wahnsinnig abwegig.«

»Schon.«

»Okay.« Sie hörte auf, weiter zu sticheln. Seit dem Ende von Moyras Anstellung in Berlin musste sie aufpassen, es nicht zu weit zu treiben.

Die erste gemeinsame Mittagspause war noch traumhaft gewesen. Sie war nach oben in die Wohnung gekommen. Es duftete nach Quiche mit Spinat, getrockneten Tomaten, Feta und Walnüssen. Sie nahm eine angebrochene Flasche Weißwein aus dem Kühlschrank, während Moyra die Quiche aus dem Ofen zog, und schenkte ihnen ein Glas ein. Sie aßen, tranken und lächelten, wie um sich zu bescheinigen, dass es ihnen gut ging, und als sie sich nach dem Essen auf dem Sofa auszogen, fühlte es sich wie Wochenende an.

»So kann das von mir aus jetzt jeden Tag gehen«, sagte Tess. Moyras Kopf ruhte auf ihrem Bauch.

»Kein Problem. Dann musst du mich nur als deine persönliche Assistentin anstellen. Oder so viel verdienen, dass ich als Hausfrau von deinem Geld leben kann.«

»Haha! Du als Hausfrau! Das glaubst du ja wohl selbst nicht!«

»Ich meine ja nur, wenn du möchtest, dass in Zukunft jede Mittagspause so aussieht wie heute.«

»Es reicht auch, wenn du dir eine Arbeit im Homeoffice suchst.«

»Tess, wenn ich mir das aussuchen könnte …«

»Ich weiß …«, sagte sie. Sie legte ihre Hand auf Moyras Rücken, fuhr mit den Fingern langsam die Wirbelsäule hinauf bis zum Nacken. Seit der Nacht in der Notaufnahme hatte sie das schon öfters getan. Sie war viel zu erleichtert gewesen, zu erfahren, dass Moyra keinen Herzinfarkt, sondern nur irgendeine Nervenreizung hatte, deren genauen

Namen sie sich nicht merken konnte. Es ging, soweit sie es verstand, um Muskeln im Bereich der Rippen, die irgendwie verspannt waren. In jedem Fall wollte sie Moyra gerne dabei behilflich sein, Spannung abzubauen, wenn darin das Problem bestand. Sie ahnte, dass die Auslöser für die Symptome, die sie damit bekämpfte, natürlich weitaus tiefer lagen, womöglich sogar in Bereichen von Moyras Innerstem, in die sie keinen vollständigen Einblick hatte, auch wenn sie jetzt schon über drei Jahre zusammen waren. Es durfte auf keinen Fall der Eindruck entstehen, Moyra habe in ihren Augen derzeit frei und könne daher tun und lassen, was sie wolle, egal zu welcher Tageszeit. Sie wusste ja immerhin genug, um zu merken, wie sehr der Druck, einen neuen Job zu finden, auf Moyra lastete. Deshalb sagte sie nichts, wenn sie sie am Vormittag im Arbeitszimmer nicht am Schreibtisch, sondern auf der Schaumstoffmatte vor dem Laptop beim ›Yoga mit Adriene‹ fand. Und ihren Wunsch, endlich mal wieder gemeinsam Mittagessen zu gehen, stellte sie deshalb auch hinten an.

»Dann einfach nächste Woche«, sagte sie. Vielleicht war das sogar die bessere Wahl. Denn wenn alles gut ging, hatte sie bis dahin mehr Gewissheit in Sachen Sandra Hüller.

»Wir können heute Nachmittag aber zumindest gerne zusammen zum See fahren«, sagte Moyra.

»Hm.« Moyra fuhr seit Beginn des Sommers fast jeden Nachmittag zum See. Tess war ein, zwei Mal mitgekommen, sah aber nicht den Sinn darin, bei praller Hitze aufs Fahrrad zu steigen, vierzig Minuten zu strampeln und zu schwitzen, sich im Wasser abzukühlen, nur um dann erneut vierzig Minuten zu strampeln und noch viel erhitzter zu Hause anzukommen, als sie losgefahren war.

Sie wollte sehr gerne etwas mit Moyra machen heute Nachmittag, aber bitte nicht zum See fahren. »Ich überleg's mir«, sagte sie.

»Alles klar. Ich würde mich freuen, wenn du mitkommst! Bis später, ja? Ich muss jetzt, Milena …«

»Bis später!«

Sie legte das Telefon aus der Hand, sah den Lieferwagen auf der Straße dabei zu, wie sie um den wenigen Raum kämpften, der ihnen zum Halten blieb. Jemand hupte.

Sie hörte den Signalton ihres Handys beinahe nicht, nahm die eingetroffene Nachricht vor allem wahr, weil sie auf dem Display aufleuchtete. Oben stand der Name ihrer Schwester. Darunter nur ein Satz, der so kurz war, dass sie ihn schon auf dem Sperrbildschirm in Gänze lesen konnte.

Sie unterdrückte den Impuls, das Gerät zur Hand zu nehmen. Es dauerte nur wenige Sekunden, bis das Display sich von alleine wieder verdunkelte. Einen winzigen Augenblick lang schaffte sie es, sich der Illusion hinzugeben, die Mitteilung sei wieder verschwunden, habe sich aufgelöst, selbst zerstört, bevor der Appetit auf ein schönes Mittagessen, den sie noch bis eben verspürt hatte, durch Übelkeit verdrängt wurde.

Sie griff nach dem Telefon, entsperrte es und las noch einmal die vier Wörter, die Verena geschrieben hatte, bevor ihr Blick auf das Datum ihrer letzten Nachricht an sie fiel – es lag über sechs Monate zurück. Sie erschrak, auch weil der Text, den sie ihrer Schwester zum Geburtstag geschickt hatte, jetzt noch viel unpersönlicher wirkte, als es sich zum Zeitpunkt des Verfassens für sie angefühlt hatte. Es nützte nichts, an Moyra zu denken, die der Auffassung war, Geburtstagsgrüße gehörten generell zu den entbehrlichsten Textarten, schließlich würden die allermeisten von ihnen nur aus Pflichtgefühl und Gewohnheit, nicht aber aus dem echten Bedürfnis heraus geschrieben, mit der beglückwünschten Person in Kontakt zu treten.

Sie konnte den Punkt schon verstehen. Doch etwas in ihr sperrte sich noch immer dagegen, diese Position als Wahrheit anzusehen, obwohl sie es schon längst hätte tun müssen.

*

Sie hatte die Postkarte nach der Schule auf ihrem Schreibtisch gefunden. *Gruß aus Dessau* stand vorne drauf. Sie lief sofort damit in die Küche.

»Papa hat geschrieben!«

Ihre Mutter schaute weiter auf den Herd.

Sie las sich den Text noch einmal durch: *Liebe Tess, bald hast du Geburtstag. Hast du einen Wunsch, den ich dir erfüllen kann? Dann schreib ihn mir. Papa*

Darunter war seine Adresse vermerkt. Sie übertrug sie auf einen Umschlag aus dem Set mit dem rosa Briefpapier, überlegte, was sie auf die leere Seite schreiben sollte, die vor ihr lag. Es fühlte sich an, als stünde sie mitten im Kaufhaus, umgeben von Spielzeug, Kleidern, Schmuck, Sportgeräten und CDs, unfähig zu entscheiden, wohin sie zuerst gehen, was sie zuerst betrachten sollte. Das Gefühl der Unmöglichkeit, sich zu entscheiden, mischte sich mit der Freude darüber, sich etwas aussuchen zu dürfen.

»Meinst du, Papa bringt das Geschenk vorbei? Oder schickt er es mit der Post?«

Verena lag oben auf dem Hochbett. Sie zog die Stöpsel ihres Discman aus den Ohren. »Was?«

Tess wiederholte ihre Frage. Es war nicht ganz unwesentlich für die Auswahl, zu wissen, wie das Geschenk zu ihr kam.

»An was glaubst du denn?«, sagte Verena. »Er hat vor Weihnachten gesagt, er kommt vorbei und schenkt uns was. Er hat vor meinem Geburtstag gesagt, er kommt vorbei und schenkt mir was. Ist er gekommen?«

»Nein.«

»Na also.«

Tess biss auf ihren Stift, nicht ins weiche Holz, sondern auf den harten Metallring, in dem der abgewetzte Radiergummi steckte. Es tat an den Schneidezähnen weh. Die Gummifasern schmeckten ranzig und bitter. Es nervte, wenn Verena so von oben herab mit ihr redete und so tat, als wäre sie selbst bereits eine Erwachsene, nur weil sie schon BHs trug, ihre Regel bekam und mit wenigstens drei Jungs geknutscht hatte.

Sie ignorierte ihre Schwester jetzt einfach und schrieb, sie wünsche sich eine Armbanduhr, diese digitale mit dem goldenen Gehäuse und dem goldenen Band aus Metall, bei der über der Uhrzeit ganz klein der Wochentag und das Datum angezeigt wurden. Fast alle Mädchen aus ihrer Klasse trugen dieses Modell, nur sie nicht. Ihre Mutter hatte erklärt, das Ding sei zu teuer. Aber das wusste ihr Vater ja nicht. Er hatte nur nach einem Wunsch gefragt, den er ihr erfüllen könne, und *das war ihr Wunsch*! Sie unterstrich ihn gleich zweimal, in neongelb und neongrün, schrieb noch dazu, wenn sie die Uhr dann trage, habe sie jeden Tag etwas bei sich, das sie an ihn erinnere.

Sie erzählte Verena nichts davon, nahm in einem unbeobachteten Moment eine Briefmarke aus der Schublade der

Flurkommode. Es war ihr egal, was ihre Mutter und ihre Schwester dachten. Sie würden sich noch wundern, wenn er diesmal tatsächlich kam und ihr die Uhr brachte. Sie hatte nicht vor, einen schlechten Menschen in ihm zu sehen. Er war ihr Vater! Wie oft hatte sie schon gehört, wie ähnlich sie ihm sehe?

Es dauerte keine Woche, bis sie bestärkt wurde. Diesmal lächelte ihre Mutter sogar ein wenig, als sie vom Einkaufen nach Hause kam und aus einem Packen Werbeprospekte, die sie immer der Schnäppchen wegen studierte, den Brief herauszog.

Tess las ihn noch im Flur. »Darf Papa zu meinem Geburtstag vorbeikommen?«, rief sie, während sie in die Küche stürmte.

»Kannst mir ruhig mal beim Auspacken helfen.«

»Darf er?«

Ihre Mutter verstaute fünf große Packungen Nudeln im Schrank. »Von mir aus.«

Sie schrieb sofort an ihn zurück, sagte nicht, dass ihre Mutter sein Kommen erlaubt habe, sondern erklärte, dass *sie* sich sehr auf ihn freue, und die Postkarte, die drei Tage später eintraf und auf der er mitteilte, er werde also dann wie vorgeschlagen an ihrem Geburtstag um drei Uhr zum Kaffeetrinken erscheinen, reichte aus, um auch Verena davon zu überzeugen, dass er es dieses Mal ernst meinte; bisher hatte er sich nie drei Mal im Vorhinein gemeldet.

Sie schob die Karte unter ihr Kopfkissen, damit sie nicht einfach über Nacht verschwinden konnte, schaute morgens zuerst nach, ob sie noch da war, und anschließend blickte sie auf ihr Handgelenk und stellte sich vor, wie es erst sein würde, wenn sie die Uhr daran trug.

Am Tag ihres Geburtstages deckte sie nach der Schule den Kaffeetisch mit ein. Sie stellte den Kuchen in die Mitte, schlug vor, die Kerzen, die schon am Morgen auf dem Schokoladenkuchen gebrannt hatten, nachher noch einmal anzuzünden; sie würde sich dann nichts mehr wünschen müssen, alle Wünsche würden in Erfüllung gegangen sein – es war das beste Gefühl seit Langem.

Sie faltete Servietten zu Dreiecken, stellte sie auf die Teller, so wie sie es bei der Feier einer ihrer Freundinnen gesehen hatte, ging in die Küche, wo ihre Mutter noch Sahne schlug, und nachdem sie das Schälchen im Wohnzimmer platziert hatte, kehrte sie zurück und fragte, wie lange es noch dauere bis drei.

»Zehn Minuten.«

Sie verstand den leicht genervten Ton nicht. Sie hatte keine Uhr! Noch nicht.

Sie lief ins Kinderzimmer. Verena lugte von ihrem Bett herunter. »Hat's geklingelt?«

»Nein. Aber gleich.«

Sie stellte sich ans Fenster. Die Straße stand voller Autos. Ziemlich sicher fuhr er gerade herum und suchte einen Parkplatz. »Hat Papa noch seinen schwarzen Golf?«

»Keine Ahnung.« Verena kletterte vom Bett und stellte sich neben sie.

Sie sahen den Wagen zur selben Zeit. Er näherte sich im Schritttempo, fuhr genau auf ihr Haus zu, bremste vor dem Eingang ab, schwenkte in eine Lücke ein. Verena streifte Tess' Hand.

Die Fahrertür ging auf. Schwarze Schuhe berührten den Boden, darüber Beine in einer blauen Jeans. Ein Kopf mit langen schwarzen Haaren guckte hervor.

Ihre Mutter steckte den Kopf zur Tür herein. »Und?«

»Nein.«

»Hat er denn geschrieben, dass er mit dem Auto kommt?«

Der Gedanke löste ihre Anspannung. Er hatte nicht geschrieben, wie er kommt. Sie war davon ausgegangen, er würde das Auto nehmen. Sie hatte es nicht hinterfragt. Dabei wusste sie nicht mal genau, wo Dessau lag. Sie hatte nur falsch geschaut! Sie musste womöglich gar nicht auf Autos achten, sondern auf einen Menschen aus Richtung Bahnhof kommend, zu Fuß.

Sie hielt den Blick jetzt nicht mehr nur auf die Straße gerichtet, sondern auch auf den Gehweg. Sobald sie ein Motorengeräusch hörte oder jemanden laufen sah, klopfte ihr Herz schneller.

In der nächsten halben Stunde tat es das wenigstens fünfmal. Ihre Zehen schmerzten bereits, weil sie sich immer wieder auf die Fußspitzen stellte.

Verena war fort. Sie war jetzt allein.

»Komm jetzt!« Ihre Mutter stand in der Tür. »Wir fangen schon mal an.«

Sie drehte sich um. »Nein.«

»Okay. Dann warten wir noch bis vier.«

Sie ging die möglichen Erklärungen durch, die es gab: Er steckte im Stau. Sein Auto hatte eine Panne. Der Zug hatte Verspätung. Es gab so viele mögliche Erklärungen dafür, weshalb er noch nicht da war! Es gab keinen Grund, nicht weiter zu warten. Außerdem brauchte sie die Uhr.

Ihre Mutter kam wieder. »Lass uns anfangen!«

Sie blieb ganz still, schaute nur starr nach draußen auf die Straße, wo gerade ein rotes Auto vorfuhr.

Eine blonde Frau saß hinter dem Lenkrad.

Sie wollte weinen, doch sie traute sich nicht. Sie durfte nicht zeigen, dass dieser Tag nur dann schön, ja, überhaupt erst ein wirklicher Geburtstag war, wenn ihr Vater kam. Dabei konnte sie nichts dafür, dass ihre Eltern sich zerstritten hatten! Sie konnte nicht beurteilen, ob all die schlechten Dinge stimmten, die ihre Mutter über ihn behauptete. Alles, was sie erkennen konnte, war ihr Handgelenk und das war noch immer ohne Uhr.

*

Sie erzählte Moyra davon, gleich beim ersten Date. Denn die trug die Uhr. »Nur in Silber«, bemerkte sie.

»Tragen ja inzwischen fast alle.« Es klang wie der Versuch sie zu trösten für die Leere, die seit über zwanzig Jahren an ihrem Handgelenk herrschte. Sie fand ihn nur halb gelungen.

Sie lud Moyra trotzdem zu ihrem Geburtstag ein. Sie waren sich sympathisch gewesen, so viel war klar, und Moyra hatte betont, unbedingt einmal nach Leipzig kommen zu wollen.

Sie lief sofort zu ihr, umarmte sie, bemüht, die Weinschorle nicht zu verschütten, die sie in der Hand hielt.

Moyra zog eine Schachtel aus dem Beutel. Sie war mit Glitzerpapier umwickelt. »Für dich.«

»Danke! Darf ich's gleich auspacken?«

»Klar.«

Sie pulte die Klebestreifen vom Papier, wickelte es ab.

»Ich hoffe, es ist okay, dass *ich* sie dir schenke?«

Sie nahm die Uhr aus der Schachtel, legte sie um ihr Handgelenk, schloss das Armband. »Ja!«, sagte sie. »Ja, ja, ja!« Auf der goldenen Oberfläche tanzten die bunten Lichter der Lampen.

Sie fiel Moyra um den Hals, strahlte und schmunzelte, erst recht am nächsten Morgen, als sie nebeneinander aufwachten und nichts trugen außer ihren Uhren.

»Die und dich gebe ich jetzt nicht mehr her«, sagte sie. Sie schämte sich kurz. Es kam ihr dämlich materialistisch vor.

Moyra streichelte lachend über ihren Arm. »Ich euch auch nicht.«

Beim ersten Besuch in Halberstadt trugen sie beide ihre Uhr. Tess hatte den Besuch hinausgezögert, Moyra eingebläut, auf keinen Fall zu erzählen, dass sie schon dreimal in Bielefeld und nun auch noch mit Inga und Jens in deren Häuschen in Südfrankreich gewesen waren.

Moyra hatte ihr versprochen, selbstverständlich nichts in diese Richtung zu sagen, nicht mal andeutungsweise, aber Tess hatte nicht damit gerechnet, dass das Thema auch so aufkommen würde.

»Siehst so braun aus!«, sagte Verena zu ihr, als sie sich zur Begrüßung umarmten.

»Ja.« Sie schaute zu Boden.

»Aber wirklich«, stimmte ihre Mutter mit ein.

Moyra stand still daneben, hielt ihre Jacke fest.

»Wart ihr im Urlaub?«

Moyra gab noch immer keinen Ton von sich. Sie hielt ihr Versprechen, doch Tess merkte, dass sie selbst jetzt nicht lügen konnte.

»Wir waren in Frankreich.«

»In Paris?«, fragte ihre Mutter.

»Wollte ich schon immer mal hin«, sagte Verena.

»Nein, im Süden, am Mittelmeer.« Sie sah zu Moyra, hilfesuchend, dabei war klar, dass die ihr jetzt nicht helfen konnte.

*

Sie waren mit dem Zug von Leipzig nach Freiburg gefahren, wo Moyras Eltern einen Stopp bei Freunden einlegten, von dort aus weiter über Nacht im Auto, bis in die kleine Bucht westlich von Marseille. Es roch nach sonnengerösteten Piniennadeln, als sie am Morgen die Autotüren öffneten. Vor ihnen lag das Meer, in ihrem Rücken schien das Morgenlicht.

Tess schlüpfte in ihre Sandalen. Moyra fasste sie an der Hand, führte sie über Steinstufen hinunter zum Strand.

»Baden?«

Sie zögerte. Auf ihren Armen war Gänsehaut.

»Los!« Moyra streifte ihr Kleid ab, wartete, bis Tess sich ebenfalls ausgezogen hatte, um mit ihr ins Wasser zu laufen. Bei der ersten Welle, die ihre Füße berührte, kreischte Tess auf.

»Oh, Gott! Kalt!«

Moyra stand bereits bis über die Knie im Wasser. »Das ist der einzige Nachteil hier: der Mistral.« Sie ließ Tess keine Zeit zu fragen, was es mit dem Mistral auf sich hatte. Tess sah nur noch den Schaum der Welle, in die Moyra eingetaucht war. Sie stakste langsam einen halben Meter nach vorne.

Moyra schoss aus dem Wasser nach oben. »Wenn du einmal drin bist, geht's!«

»Du weißt doch: Ich bin einfach nicht fürs Schwimmen gemacht!« Das Wasser stand ihr nur knapp über die Knie.

Moyra tauchte erneut ab.

Beim Auftauchen winkte Jens mit einer prall gefüllten Papiertüte oben am Parkplatz.

»Wer als Erste bei den Croissants ist!«, rief Moyra.

Tess versuchte gar nicht erst, sie einzuholen. Sie lief zu dem Stoffberg, den ihre Klamotten im Sand bildeten, strich sich die Wassertropfen von den Beinen.

Moyra saß in ein Tuch gewickelt auf den wenigen Zentimetern, die der vollgepackte Kofferraum noch an Freifläche bot. »Hier«, sagte sie. Sie hielt ihr die Tüte mit den Croissants hin.

»Danke«, sagte sie und nahm sich eins heraus. Es war so buttrig weich und kross zugleich, wie sie es noch nie gegessen hatte. Es war überhaupt das erste Mal, dass sie ein Croissant *in Frankreich* aß. Sie sagte es nicht, hörte nur Inga, Jens und Moyra zu, die sich gegenseitig bestätigten, dass die Croissants hier aus dem Shop am Campingplatz oberhalb der Bucht einfach die besten in ganz Frankreich waren.

Am Haus angekommen räumten sie das Auto aus. Sie öffneten alle Fensterläden, lüfteten die weiß getünchten Räume durch, bezogen die Betten in ihren Zimmern, verteilten sich auf die Hängematte und die Liegestühle im Garten, um nach der Nachtfahrt zu dösen. Zum Mittag aßen sie vom Baguette, das Jens zusammen mit den Croissants gekauft hatte, dazu Thunfisch und Mayonnaise, Tomatensalat mit Kapern und schwarzen Oliven, tranken ein Glas Rotwein. Zum Nachtisch kochten sie starken Kaffee in einer Mokkakanne.

»Wir fahren jetzt mal in die Stadt zum Einkaufen«, sagte Jens. »Wollt ihr mitkommen?«

»Wir bleiben hier«, sagte Moyra.

Tess widersprach nicht.

Sie folgte ihr nach drinnen, in das Zimmer, in dem Moyra schon während der Urlaube als Kind geschlafen hatte. Außer einem selbstgemalten Bild von der Landzunge mit dem Leuchtturm, die vom Strand aus zu sehen war, erinnerte nichts mehr daran. Es war gestrichen und mit einem breiteren Bett ausgestattet worden. Eine hölzerne Kommode vom Flohmarkt in Arles stand an der Wand. Darüber hing ein Spiegel. Tess sah sich darin an, während Moyra ihr Tanktop abstreifte.

»Eine Stunde sturmfrei!«

Sie ließ sich aufs Bett ziehen. Es fiel ihr schwer, sich zu entspannen.

»Was ist?«, fragte Moyra.

»Ich bin einfach noch müde von der Fahrt.« Sie ging in die Küche, kochte eine weitere Kanne Kaffee, hoffte, er werde sie in die Stimmung versetzen, in der Moyra sie jetzt haben wollte, doch es klappte nicht. Und auch als sie sich an den Strand legten, war es, als hätte sich eine Wolke vor die Sonne geschoben, sodass der eben noch heiße, helle Sand mit einem Mal dunkel und grau wurde und ihre Haut frösteln ließ. Sie hatte nicht damit gerechnet, hier und jetzt an nichts anderes als ihre Mutter und ihre Schwester denken zu müssen, die im verregneten Halberstadt saßen und nicht mal wussten, dass sie hier war, weil sie sich nicht getraut hatte, ihnen im Vorhinein davon zu berichten. Sie hatte sich, solange sie noch zu Hause gewohnt hatte, so sehr gewünscht, eine Person wie Moyra zu treffen, die Lebensfreude und eine gewisse Weltläufigkeit ausstrahlte, sie mitnahm an Orte wie diesen. Und jetzt? Lag sie hier und kämpfte gegen die Furcht, die sie befiel bei dem Gedanken, dass sie ihre Familie enttäuschen könnte. Moyra war der Mensch, den sie liebte – das stand außer Frage. Und gleichzeitig wünschte sie, diese Liebe zu ihr möge sich nicht so sehr nach Verrat an ihrer Herkunft anfühlen, selbst wenn *sie* diejenige war, die seit Jahren alles dafür tat, um diese Herkunft Schritt für Schritt abzustreifen wie eine alte, zu eng gewordene Haut, die sich krustig und trocken anfühlte.

*

Im Antwortfeld ihres Handys blinkte der Cursor auf weißem Grund.

Sie wechselte zur Anrufliste. Moyras Nummer erschien ganz oben, darunter diejenige, von der aus Sandra Hüller angerufen hatte. (Sollte sie sie unter ›Sandra‹ einspeichern?)

Sie überlegte, aufzustehen und nach oben zu gehen, doch sie traute sich nicht. Sie drückte auf Moyras Namen.

»Ja?«

»Bist du schon im Gespräch?«

»Nein.«

»Okay.«

»Was denn?«

»Meine Schwester hat geschrieben.«

»Warum?«

»Meine Mutter liegt im Krankenhaus.«

»Oh. Weshalb?«

Sie wusste es nicht. Und sie kam sich jetzt dumm vor deswegen, genauso, wie sie sich dumm vorgekommen war, als sie erfahren hatte, dass es sich, anders als sie lange Zeit geglaubt hatte, bei Martha Nussbaum nicht um Moyras

Doktormutter, sondern um eine der bekanntesten Philosophinnen der Gegenwart handelte, über die Moyra promoviert hatte.

Es war genug Zeit gewesen, um Verena anzurufen oder wenigstens zu schreiben und herauszufinden, was mit ihrer Mutter passiert war, doch sie hatte es nicht getan, und das erschien ihr, während sie es Moyra sagte, peinlich und unverständlich.

»Vielleicht ist es nicht so schlimm?«

Einen Moment lang hoffte sie, Moyra möge recht haben. Womöglich hatte ihre Mutter sich tatsächlich nur einen Arm gebrochen.

»Du, jetzt ruft Milena an.«

»Okay.«

»Ich komm danach sofort runter, ja?«

»Ja.«

»Bis dann!«

Sie legte auf. Immerhin hatte die Sonne von ihr abgelassen.

Sie blickte zur Straße.

Heike lief zum Kofferraum ihres Autos. Das letzte Mal waren sie sich vor dem Aufbruch der beiden nach Dresden begegnet. Sie hatte noch gar nicht gehört, wie das Schaukelpferd angekommen war.

Sie legte das Telefon beiseite, ging zur Tür, öffnete sie und trat hinaus in die Hitze, die schwer und unausweichlich auf dem Gehweg stand.

6

»Kannst du mich sehen?« Milenas Videobild blieb schwarz. Ihre Stimme schepperte, als säße sie in einer Betonröhre.

Moyra betrachtete sich in der rechteckigen Kachel am unteren Bildschirmrand. Sie unterdrückte den Impuls, ihre Frisur herzurichten. Es war unklar, ob Milena sie ebenfalls nicht sah.

»Ich hör dich.«

»Also das ist etwas, worauf du dich auf jeden Fall schon mal einstellen kannst«, sagte Milena. »Die Videocalls klappen von hier aus so gut wie nie.«

Moyra schaltete ihr Video aus, um zumindest die Sprachqualität zu verbessern. Es brachte nicht viel, aber es ging ihr besser, wenn sie ganz sicher sein konnte, nicht gesehen zu werden.

»Ah, jetzt!« Milenas Kopf erschien. Sie trug rote Ohrringe, die aussahen wie Chilischoten.

»Und? Wie geht's? Freust du dich?«

Sie hatte keine Ahnung, was sie sagen sollte. Sie war emotional in etwa so sortiert wie der Haufen Wäsche, um den sie sich hatte kümmern wollen, bevor Tess sie mit ihren Anrufen unterbrochen hatte.

Sie wusste lediglich, dass sie sich freuen sollte. So viel war klar, seitdem sie vor drei Stunden die E-Mail in ihrem Postfach gefunden hatte, keine zwei Monate nach ihrem ersten und bisher einzigen Besuch bei der Agentur für Arbeit.

*

Sie war mit der Straßenbahn gefahren, obwohl es mit dem Fahrrad deutlich schneller und angenehmer gegangen wäre, aber sie wollte nicht völlig verschwitzt dort ankommen. Sie hatte die Menschen um sich herum beäugt und sich gefragt, wer auch dort aussteigen könnte, wo sie aussteigen musste. Sie hatte die Kleidung begutachtet, die Körperhaltung, den Zustand der Haut an Händen und Gesicht. Es war daneben, Menschen nach Äußerlichkeiten zu beurteilen – wer wusste das besser als sie? –, doch sie konnte es einfach nicht lassen. Sie sah zur Ablenkung auf die Spitzen ihrer frisch geputzten Schuhe.

Die Bahn hielt. Sie drückte auf den Knopf. Die Tür ging auf. Sie stieg aus, als Einzige. War sie falsch? Sie las das Schild. Die Haltestelle war die richtige. Sie spürte die Blicke in ihrem Rücken, blieb stehen, schaute auf ihr Telefon, um wenigstens irgendetwas anderes zu tun, als schnurstracks auf den grauen Turm zuzugehen, der wie ein Vorwurf am Endes des gepflasterten Platzes in die Höhe ragte, so als wollte er sagen, dass Tess offenbar richtig lag mit dem, was sie ihr am vergangenen Wochenende in Bielefeld gesagt hatte.

Sie hatte eigentlich nicht fahren wollen, aber es war Ingas Geburtstag, und sie hatte immerhin verhindern können, zur Feier mit Freunden und Bekannten erscheinen zu müssen. Im Garten hatte der Gelbe Sonnenhut einen leuchtenden Wall um die Terrasse herum errichtet. Sie sah den Bienen und Hummeln dabei zu, wie sie einzelne Blüten anflogen und mit pollenschweren Beinen leicht taumelnd wieder abhoben.

Inga stellte Champagner auf den Tisch. »Wollt ihr was spielen?«

Tess ließ sich ein Glas einschenken. »Von mir aus!«

Moyra versuchte einen Hinweis auf Ironie zu ermitteln, ein winziges Schmunzeln um ihre Lippen, doch da war nichts.

»Trivial Pursuit?«

Tess nickte.

Moyras Blick war noch immer auf sie gerichtet. Tess verzog nach wie vor keine Miene, trank Champagner, ganz entspannt.

»Wir können auch was anderes spielen, Tessi.« Das ›Tessi‹ rutschte ihr heraus – Tess strafte sie mit Blicken. Sie hatte schon mehrfach darum gebeten, im Beisein anderer nicht so genannt zu werden.

»Nein, nein!« Tess fing sofort an, den Deckel vom Kasten zu nehmen und das Spielbrett mit dem bunten Rad auf den Tisch zu legen. Das Glas ihrer Armbanduhr reflektierte das Sonnenlicht und hüpfte als munterer Punkt über die Klinkerfassade.

Sie legte die Karten mit den Wissensfragen in drei Stapeln aus, sortierte die Ecksteinchen, die für jede richtige Antwort vergeben wurden, nach Farben, erweckte den Eindruck, ehrlich Lust auf dieses Spiel zu haben.

»So. Es kann losgehen.« Sie goss sich eigenständig vom Champagner nach. Moyra war erstaunt, wie schnell Tess ihr Glas geleert hatte. Sie selbst hatte erst einen Schluck getrunken, zum einen, weil ihr nicht so sehr der Appetit danach stand, zum anderen, um einen möglichst klaren Kopf für die Fragen zu bewahren, und nachdem Tess weder beantworten konnte, wer der erste Mensch auf dem Mond war noch wo sich der Uluru befand, sah sie sich in ihrer Zurückhaltung bestätigt.

Sie zog eine weitere Karte für sie vom Stapel. »Oh, das weißt du, Tess!«, sagte sie. »Das weißt du!«

Tess setzte ihr Champagnerglas an die Lippen.

»Bist du bereit?«

»Hm.« Ihre Stimme drang dumpf aus dem Glas hervor.

»Welche Zahl ist laut Douglas Adams' *Per Anhalter durch die Galaxis* die Antwort auf alle Fragen? 42, 33, 7 oder 66?«

Tess kippte ihr Glas so steil, wie es nur ging. Ihr Blick wanderte zum Himmel. »Lies bitte noch mal die Zahlen vor.«

»Ach, komm!« Sie las erneut vor.

»Keine Ahnung. 66?«

»Das machst du mit Absicht!«

»Nein!«

Inga und Jens warfen sich Blicke zu.

Sie vertagte die Diskussion auf nach dem Abendessen, wartete, bis die beiden zu ihrer Abendrunde aufbrachen, die sie auch nach über dreißig Jahren Ehe mehrmals die Woche drehten, oft sogar Hand in Hand, als wären sie gerade erst zusammengekommen.

Tess hatte sich auf einem Gartenstuhl ausgestreckt, starrte in ihr Telefon.

Sie ging zu ihr. »Was war denn das?«

Tess sah nicht auf. »Was?«

»Na, beim Spiel vorhin!«

»Ach, so. War ich dir wieder mal peinlich, ja?«

»Peinlich?«

»Gib's ruhig zu!«

»Nein! Du bist mir nicht peinlich.«

»Du merkst es gar nicht.«

»Was denn?«

»Dass du mir andauernd das Gefühl gibst, dumm zu sein, nichts zu wissen, keine Ahnung zu haben von Dingen, von denen du eine Ahnung hast oder, wie du immer sagst, die man eben einfach weiß.«

»Aber …«

»Erinnerst du dich noch, wie wir hier zum ersten Mal Champagner getrunken haben?«

»Äh … ja, nein. Kommt drauf an, worauf du hinaus willst.«

»Ich habe Jens gefragt, was eigentlich der Unterschied zwischen Sekt und Champagner ist, und du hast mich angeschaut, als hätte ich wissen wollen, ob die Erde um die Sonne kreist oder andersherum.«

»Bestimmt nicht!«

»Doch, Moyra! Genau so war es! Du machst das ständig: Wenn wir Leute zum Essen einladen und ich einen Wein kaufe, von dem du behauptest, dass er zu billig ist. Wenn ich Nudeln koche und du erklärst, diese Art von Pasta gehöre nicht zu dieser Art von Soße. Wenn ich frage, wer diese oder jene Person ist, und du antwortest, die sei schon seit Jahren die Präsidentin von irgendwas. Ständig reibst du mir unter die Nase, dass *du* Dinge weißt, die *ich* nicht weiß!«

Die Vorwürfe prasselten wie Schläge auf sie ein. Sie fühlte sich ausgesetzt, schutzlos, brauchte einen Moment, um überhaupt etwas sagen zu können. »Es tut mir leid.«

»Das sagst du immer.«

»Ich meine es aber ernst.«

»Das sagst du auch immer.«

»Tess! Das ist ungerecht! Ich sage so oft, dass ich dich liebe, dass du eine tolle Schneiderin bist, dass …«

»Siehst du! Das meine ich!«

»Was?«

»Du machst mir nur Komplimente für Sachen, von denen klar ist, dass *du* sie nicht kannst.«

»Das stimmt nicht!«

»Doch! Es ist ja nett, wenn du mir sagst, dass ich gut schneidern kann. Aber es nützt mir gar nichts, wenn du mir gleichzeitig vermittelst, ansonsten nichts zu können! Ich habe nun mal keine Eltern, die mir dieses ganze Wissen mitgegeben haben. Ich habe das nicht so wie du mit der Muttermilch aufgesogen!«

Sie wich einen halben Schritt zurück. Aus dem Augenwinkel sah sie, wie der Abendwind die Köpfe des Lavendels erfasste.

Ein Beben breitete sich von der Mitte ihres Körpers aus, hinauf in den Kiefer, hinunter in die Zehen.

Sie wankte von der Terrasse, ums Haus herum, auf den schmalen Weg aus Steinplatten, auf dem der Gartenschlauch lag, zusammengerollt wie eine Schlange.

Tess war diejenige gewesen, der sie am schnellsten davon erzählt hatte, adoptiert worden zu sein. Sie hatte ein tiefes, beruhigendes Zutrauen empfunden, und Tess' Reaktion, als sie ihr erzählte, wie sie mit drei Jahren Inga zum ersten Mal gefragt hatte, weshalb deren Haut so viel heller war als ihre eigene, war ganz wunderbar gewesen. Inga hatte ihrer beider Hände genommen, die Finger ineinander verschränkt, ihr in die Augen geschaut und erklärt, sie, Moyra, sei, so wie sie sei, genau richtig und das Kind, das sie liebe.

Sie hörte hinter sich das sanfte Schmatzen der Gartenschuhe, die Tess sich bei jedem Besuch von Inga auslieh.

»Hey.« Tess trat neben sie. »Das war bescheuert von mir. Entschuldige bitte!«

Sie konnte sie nicht ansehen. Es fühlte sich an, als hätte Tess plötzlich den Pakt gebrochen, den sie, mehr oder weniger stillschweigend, miteinander geschlossen hatten und der, jedenfalls aus ihrer Sicht, darin bestand, niemals auf jene Stellen ihres Innersten zu zielen, von denen sie einander anvertraut hatten, dass sie dort am verletzlichsten waren.

»Ich weiß nicht mal, ob ich in meinem Leben überhaupt jemals echte Muttermilch getrunken habe«, sagte sie.

»Es tut mir wirklich leid.« Tess' Hände legten sich um ihren Hals. Sie war eigentlich noch nicht bereit dafür.

»Ich kann nichts dafür, dass ich hier in diesem Haus aufgewachsen bin. Wer weiß, wie ich bei meinen leiblichen Eltern geworden wäre. Aber seit ich denken kann, frage ich mich, was genau falsch an mir war, dass sie mich nicht haben wollten, und versuche, bloß alles richtig zu machen, damit Inga und Jens mich nicht auch noch aussetzen.«

Tess' Arme schlossen sich jetzt ganz fest um sie. Sie akzeptierte es widerwillig und dankbar zugleich.

»Es ist nichts falsch an dir, Mo, nichts!«

»Na ja. Eben hast du noch gesagt …«

»Ich weiß. Dieses blöde Spiel löst in mir immer noch mal ganz besonders das Gefühl aus, im Vergleich zu euch nichts zu wissen.«

»Warum hast du dann mitgespielt?«

Tess ließ die Arme sinken. »Weil …«

»… du glaubst, es ihnen schuldig zu sein?«

»Ja.«

»Wir waren uns doch einig, dass du dich zu nichts verpflichtet fühlen sollst.«

»Schon. Aber …« Tess machte einen halben Schritt nach hinten. »Ich habe sie gefragt, ob sie uns auch die Selbstbeteiligung von der Autovermietung vorstrecken können.«

»Vorstrecken oder übernehmen?«

»Also ich habe von Vorstrecken gesprochen, und sie haben es, glaube ich, als Übernehmen verstanden.«

»Na, toll!«

»Es ist überhaupt kein Problem, haben sie gesagt!«

»Bestimmt nicht.« Sie konnte nicht genau sagen warum, aber die Sache mit dem Unfall nervte sie wie ein lästiger Splitter, der im Fleisch saß und den sie einfach nicht herausbekam. Es fühlte sich nicht gut an, dass jetzt auch noch Inga und Jens in die Sache hineingezogen wurden, auch wenn sie die finanzielle Erleichterung gut gebrauchen konnte.

»Hast du wenigstens noch mal bei der Haftpflicht nachgehakt?«

»Weswegen?«

»Um zu fragen, ob wir das Schadensgutachten wirklich so anerkennen müssen.«

Tess stöhnte. »Können wir es nicht einfach gut sein lassen?«

»Ich sag dir, die haben definitiv nicht die Reparaturen durchführen lassen, die sie in Rechnung gestellt haben. Hast du ihr Auto mal gesehen?«

»Ja.«

»Na, dann weißt du ja, dass die Dellen und Kratzer noch da sind und sie nur das Nummernschild ersetzt haben. Das hat bestimmt nicht zweieinhalbtausend Euro gekostet.«

»Weißt du's?«

»Natürlich nicht, aber ...«

Tess schaute jetzt wieder so, wie sie vorhin während des Spiels geschaut hatte.

Moyra ließ von ihr ab. Sie wollte nicht erneut streiten. Sie betrachtete den dunklen Teppich aus Stockflecken, der auf dieser Seite des Hauses an der Wand nach oben kroch. Es roch modrig.

Sie gingen zurück auf die Terrasse, ins letzte Abendlicht, und Moyra dachte nicht mehr an ihre Auseinandersetzung bis zu dem Moment, in dem sie vor der Arbeitsagentur aus der Bahn stieg und dagegen ankämpfte, sich für jemand Besseres zu halten, als diejenigen, die hier üblicherweise hinfuhren, und sich fragte, was eigentlich ihr Problem war. Es ging doch erst einmal nur darum, das Arbeitslosengeld zu beantragen, das ihr durch ihr bisheriges Arbeitsverhältnis zustand. Sie hatte ein Anrecht darauf! Und trotzdem kam sie sich schäbig vor, bedürftig, gescheitert, noch dazu lächerlich, denn es schien hier wirklich niemanden zu interessieren, dass sie wusste, dass Neil Armstrong der erste Mensch auf dem Mond gewesen war, dass der Uluru im australischen Outback lag, dass Nudeln umso dicker und kürzer sein sollten, je dicker und stückiger eine Soße war, und dass ein Barbera d'Alba ein guter Wein war (wie eigentlich alle Weine, die Jens im Keller aufbewahrte). Sie musste dringend ein paar Kontakte reaktivieren, um einen Job zu finden, und Milena stand ganz oben auf der Liste.

*

Sie lächelte.

»Also das hier ist die Container-Anlage, in der wir wohnen«, sagte Milena. »Sieht mehr oder weniger genauso aus wie der Compound, wo die Büro-Container stehen.« Sie drehte ihre Webcam so, dass Moyra das Fenster und einen dahinterliegenden Stacheldrahtzaun auf einem Wall aus Sandsäcken sehen konnte. »Ist jetzt nicht besonders hübsch, aber an den Tagen, an denen wir nicht im Feld sind, also etwa in diesem Flüchtlingscamp an der Grenze, von dem ich dir neulich erzählt habe, lassen wir uns abends in die Innenstadt fahren, ins Radisson Blu zum Beispiel. Die haben eine echt nice Bar und einen Pool, der nicht so voller Wasserflöhe ist wie unserer hier.« Sie drehte ihre Kamera noch ein Stückchen weiter, aber Moyra konnte trotzdem keinen Swimmingpool erkennen. »Der Hotelpool ist natürlich nichts gegen das Wasser, was wir auf São Tomé und Príncipe hatten. Hab ich ja schon von erzählt, oder?«

»Ja.« Moyra erinnerte sich noch gut an ihr letztes Gespräch und an Milenas Schilderung des türkisfarbenen Wassers, von dem sie gemeint hatte, es sehe aus wie auf den Werbebildern, von denen man immer den Eindruck habe, sie könnten gar nicht echt sein. Doch sie waren echt. Milena hatte auch von dem Luxus-Resort erzählt, in dem sie gewesen war, zusammen mit anderen Leuten, die an ähnlichen Orten arbeiteten wie sie (Haiti, Somalia, Syrien). Sie hatte einen Augenblick gebraucht, um zu verstehen, dass man in regelmäßigen Abständen in ein solches Resort fahren, teure Kanapees essen und fancy Cocktails trinken, abends am Strand MDMA einschmeißen, zu von eigens eingeflogenen DJs aufgelegter elektronischer Musik tanzen und bei Sonnenaufgang halbnackt unter Palmen neben einer flüchtigen

Bekanntschaft aufwachen konnte, mit der man die Nacht verbracht hatte, während dort, wo man arbeitete, die Leute krepierten, und dass es möglich war, diese Urlaube nicht völlig abwegig zu finden, sondern als psychisch und physisch notwendige Auszeit beziehungsweise als R&R – Rest & Recuperation – zu bezeichnen, wie Milena es tat.

Die Bilder von São Tomé und Príncipe, die sich im Internet finden ließen, sahen, zugegeben, extrem verlockend aus und definitiv besser als die wenigen Streetview-Ansichten, die es von Juba gab (eine ziemlich staubig-chaotische Angelegenheit, wie es schien). Insofern waren diese Urlaube vielleicht doch ein nicht ganz unwesentliches Argument für diesen Job, erst recht, wenn sie Tess davon überzeugen wollte.

»Hast du schon mit Tess gesprochen?«

Sie war jetzt einmal mehr froh, nicht gesehen zu werden. Nach dem Abschicken der Bewerbung hatte sie abends auf dem Sofa gelegen, die nackten Fußsohlen gegen Tess' Beine gepresst; Tess wählte auf ihrem Smartphone neue Bilder für den Insta-Account ihres Ladens aus und drehte sich kurz zu ihr. »Du willst gar nichts glotzen heute?«

»Nö.« Moyra wartete, ob noch eine Nachfrage folgte. Immerhin war Tess aufgefallen, dass sie, anders als sonst um diese Zeit, nicht schon längst ihren Laptop auf den Oberschenkeln balancierte und eine Serie schaute.

Tess' Silhouette zeichnete sich wie ein Scherenschnitt vor den Fenstern ab. Draußen war es noch nicht ganz dunkel, aber auch nicht mehr richtig hell, und drinnen hatten sie das Licht noch nicht angeschaltet. Nur das Display von Tess' Handy leuchtete. Es schien ihre ganze Aufmerksamkeit zu absorbieren.

Die Dunkelheit übernahm quadratzentimeterweise das Wohnzimmer. Moyra tat nichts weiter, als ihr dabei zuzusehen.

»Boah, jetzt hab ich das mit den Bildern endlich geschafft«, sagte Tess. Es mussten inzwischen wenigstens zwanzig Minuten vergangen sein. »Du willst wirklich nichts schauen?« Sie legte ihr Handy beiseite.

»Nein.«

»Okay.« Tess strich ihr über die Füße.

FRAG MICH!, leuchtete es in ihrem Kopf. FRAG MICH, WAS LOS IST!

»Also ich gucke noch was, wenn das in Ordnung für dich ist?«

»Klar.« Sie nahm ihre Beine vom Sofa, wartete, bis Tess auf Play gedrückt hatte, stand auf und ging nach draußen.

Im Garten saß Livi.

»Hey.«

»Na, wie geht's?«

Sie ließ sich neben ihr auf die knarzende Hollywood-Schaukel fallen. »Hast du noch eine Zigarette für mich?«

»Ja. Wie kommt's? Stress mit Tess?« Livi holte ihre Schachtel heraus.

»Nicht direkt.«

»Sondern?«

»Ich habe mich heute beworben.«

»Wo?«

»Bei den Vereinten Nationen.«

»Krass! Als was?«

»Naja, nicht direkt bei den Vereinten Nationen. Bei einer NGO, die mit den Vereinten Nationen kooperiert. Aber die machen so ähnliche Dinge, und wenn man eine Weile für die gearbeitet hat, ist die Wahrscheinlichkeit hoch, bei den Vereinten Nationen zu landen.«

»Das heißt, du wirst nach New York gehen?«

»Nein. Nach Juba im Südsudan. Zum Monitoring von Flüchtlingsströmen.«

»Oh. Und da hat Tess was dagegen.«

Sie zog an ihrer Zigarette. »Der hab ich's noch gar nicht erzählt.«

»Aus Angst, dass sie etwas dagegen haben wird.«

»Auch, ja. Aber bin mir selbst viel zu unsicher. Es war eher so eine Verzweiflungstat. Es ist nicht wirklich das, was ich unbedingt machen möchte.«

Livi stieß sich mit den Füßen vom Boden ab. Die Schaukel fing an zu schwingen. »Was würdest du denn machen, wenn du das machen könntest, was du wirklich machen willst?«

Sie gab sich dem Gefühl der Leichtigkeit hin, für das die Schaukel sorgte, obwohl die verrosteten Aufhängungen quietschten. »Vielleicht eine Ausstellung.«

»Als Kuratorin?«

»Als Künstlerin.«

Livi lachte.

»Warum lachst du?«

»Sorry! Ich lache, weil ich überrascht bin. Ich habe nicht gewusst, dass du … ich meine, dass du *Kunst* machen möchtest.«

Sie bremste die Schaukel, drückte die Zigarette an der Metallstange aus und schmiss sie in das leere Marmeladenglas, das auf dem Boden stand. »Behalt's für dich.«

»Weiß das niemand?«

»Hm.«

»Nicht mal Tess?«

Sie überlegte, was sie antworten sollte. Vor einigen Wochen hatte sie Tess von einer ihrer Ideen erzählt, beiläufig, morgens beim Frühstück. Das Radio lief, und Tess pendelte mit ihrer Aufmerksamkeit irgendwo zwischen ihrem weich gekochten Ei, ihrem Kaffee und dem, was die Moderatorin gerade über eine Ausstellung in Amsterdam erzählte.

»Ich würde auch gerne mal eine Installation anfertigen.«

Tess blickte kurz von ihrem Ei auf.

»So einen begehbaren Spiegel. Wenn du ihn betrittst, steht auf der linken Seite ›Links ist rechts‹ und auf der rechten ›Rechts ist links‹. Und wenn du von der anderen Seite kommst, würde es sich umkehren, wie bei so einem Vexierbild.«

Tess kratzte energisch letzte Reste aus der Eierschale. Steckte sich den Löffel in den Mund. »Mann!«

»Was?«

»Jetzt habe ich es mit dem letzten Löffel noch geschafft, mir mein frisch gewaschenes T-Shirt zu versauen.« Sie lief zum Waschbecken, um den Fleck auszuwaschen, anschließend in die Abstellkammer, die sie in einen begehbaren Kleiderschrank verwandelt hatten, um sich ein neues T-Shirt zu holen. Als sie zurück in die Küche kam, hatte Moyra das Telefon vom Fensterbrett genommen. Sie las den neuesten Post von *@angieadoptee*:

> Als Adoptierte ringen wir alle damit, herauszufinden, wer wir eigentlich sind.

Was war eigentlich an ihr, dass sie so wenig ernst genommen wurde? Hatte sie selbst etwa dazu beigetragen durch ihre eigene Sprunghaftigkeit?

Nach dem Maifest hatte sie Tess von dem Wunsch nach einem Kind erzählt, der, durch Miri hervorgerufen, plötzlich über sie gekommen war.

»Sollen wir mal zu einem Informationsabend in der Kinderwunschklinik gehen?«, fragte Tess.

Sie fand die Idee nicht schlecht, erst recht nicht, wenn Tess mitkam. Aber als sie zwei Wochen später die Klinik verließen, war sie sich nicht mehr sicher, ob es wirklich so gut gewesen war.

»Ich habe mich absolut fehl am Platz gefühlt«, sagte Moyra, während sie zu ihren Fahrrädern gingen.

»Warum? Du willst ein Kind. Genauso wie die anderen, die da waren.«

»Ja. Aber die waren da, weil es bei ihnen auf natürlichem Wege nicht klappt, wie es immer heißt. Und ich?« Sie stand da, das Fahrradschloss in der Hand, unfähig, etwas zu tun. »Was bin ich? Eine gesunde Frau, die sich erdreistet, nicht mit einem Mann schlafen zu wollen, und zur Strafe muss ich auch noch mehr Geld bezahlen!« Sie stockte. »Außerdem …«

»Ja?«

»Wenn ich ein Kind bekomme, möchte ich, dass es weiß, wer seine Mutter und sein biologischer Vater sind.«

»Kann ich verstehen. Sollen wir mal auf einer dieser Plattformen schauen? Oder willst du lieber jemanden fragen, den wir kennen?«

»Wen?«

»Keine Ahnung. Wer dir einfällt.«

Sie schoben die Fahrräder den Gehweg entlang.

»Ich sollte mich so oder so als Erstes nach einem Job umsehen.«

Tess raunte zustimmend. In ihren Augen konnte Moyra sehen, wie die Vorstellung, eine kleine Familie zu werden, sie glücklich machte, auch wenn Tess weiterhin dabei blieb, diejenige von ihnen beiden zu sein, die nicht selbst ein Kind gebären würde. »Und wenn wir Inga und Jens um Geld bitten?«

»Auf keinen Fall!«

»Warum? Die beiden wissen doch, wie es ist, wenn man unbedingt ein Kind haben möchte.«

»Ich will nicht *unbedingt* ein Kind! Zumindest nicht so unbedingt, dass ich sie fragen und mich noch mehr abhängig machen würde.«

»Okay.«

Sie spürte wieder Panik in sich aufsteigen. Sie musste eigenes Geld verdienen, unabhängig sein. Aber außer Milena hatte sie keine Kontakte jenseits der Universität, die ihr dabei behilflich sein konnten, und der Job als Trainee im Südsudan stand einer Familiengründung mit Tess in Leipzig nun mal diametral entgegen – nur: das konnte sie Milena nicht sagen, die sich so für sie eingesetzt hatte.

»Tess hat gerade einen Auftrag von Sandra Hüller bekommen«, sagte sie.

»Wow! Dann könnt ihr ja heute richtig feiern.«

»Ja.«

Ihr schlechtes Gewissen war jetzt so groß, dass sie es kaum noch aushalten konnte.

»Überleg mal, wie hoffnungslos du warst, als du dich bei mir gemeldet hast«, sagte Milena. »Ist doch toll zu sehen, wie die Dinge sich jetzt einfach fügen, oder?« Ihr breites, bildschirmfüllendes Lächeln bildete den maximalen Gegensatz zu Moyras eigener Verfassung. Es fügte sich gerade nichts, aber auch wirklich gar nichts! Vielmehr hatte Tess' Anruf wie ein zusätzlicher Meteorit in dieses ganze Chaos eingeschlagen, und mit dem Wissen, dass Tess' Mutter im Krankenhaus lag, war ihr letztes bisschen Hoffnung auf Verständnis, ja womöglich sogar auf Freude für sie zu stoßen, erloschen.

»Ich freu mich jedenfalls sehr, dass wir dann bald Kolleginnen sein werden!« Milenas Chili-Ohrringe tanzten.

»Ja.« Oh Gott. Sie brachte wirklich nichts anderes mehr hervor. Ihr Mund war trocken. Sie war nicht mal dazu gekommen, sich ein Glas Wasser zu holen.

»Lies dir den Vertrag in Ruhe durch, und wenn du Fragen hast, meldest du dich bei mir, ja?«

»Ja.«

»Ich freue mich sehr, Moyra!«

»Ich mich auch.«

»Soll ich dir und Tess noch ein paar Bilder von São Tomé schicken?«

»Gerne.« Sie winkte, drückte den roten Button mit dem weißen Telefonhörer, sank auf ihrem Schreibtisch zusammen. Ihr Shirt klebte am Körper. Sie war fix und alle, ging ins Wohnzimmer, legte sich auf den Boden, streckte Arme und Beine von sich, schloss die Augen, sog Luft durch die Nase ein, um ihre Atmung zu beruhigen, wie sie es in einer Sonderfolge von ›Yoga mit Adriene‹ gesehen hatte. Sie zog die Luft so tief und lange in sich hinein, bis sie das Gefühl hatte, es passe kein einziges Molekül mehr in ihre Lunge. Sie atmete aus, spürte, wie ihr Brustkorb sich senkte.

Sie musste jetzt nach unten. Es führte kein Weg daran vorbei. Sie musste zu Tess in den Laden und ihr sagen, in welchem Zustand sie war – radikale Ehrlichkeit. Sie hatte das selbst so oft gefordert, und irgendwo musste sie anfangen.

Sie stand auf, nahm ihr Portemonnaie und ihren Schlüssel aus der Schale im Flur. Tess' Lieblingsrestaurant hatte noch eine Stunde zum Mittag geöffnet. Sie hatte keinerlei Appetit, aber es brauchte jetzt einen halbwegs neutralen Ort, an dem sie alles in Ruhe besprechen konnten.

Tess stand vor dem Laden, redete mit Heike. Es war zu spät, um sich in den Hausflur zurückzuziehen. Sie hatten sie schon gesehen.

»Hallo.« Sie nickte Heike zu.

»Fertig mit dem Telefonat?«

»Ja.«

Heike schaute zu Boden.

»Den beiden ist gekündigt worden«, sagte Tess.

»Oh.« Es war so warm, sie hielt es kaum aus. »Mit welcher Begründung?«

»Eigenbedarf.«

»Nach dreißig Jahren!«

Sie konnte Heike nicht in die Augen sehen. »Das tut mir leid.«

»Ja. Wir passen hier offenbar nicht mehr rein zu euch jungen, kreativen Leuten. Bis Jahresende müssen wir raus sein.«

Die Sonne ließ ihren Rücken heiß werden. Adriene erinnerte gerne daran, dass verschiedene Energieformen ineinander umgewandelt werden konnten – chemische in elektrische, elektrische in kinetische und so weiter – und genau so auch negative in positive. Sie hatte diese Aussage bisher für einigermaßen unphysikalisch gehalten; sie wusste nicht, warum Adriene überhaupt so etwas sagte. Aber sie hatte jetzt zum allerersten Mal das Gefühl, dass es wirklich möglich und noch dazu *sie* diejenige war, die eine solche Energieumwandlung anstoßen konnte.

»Ich kann mal mit Nick reden«, sagte sie.

»Ja?«, rief Tess. Sie wandte sich an Heike. »Moyra hat einen Freund in Berlin, der ist Anwalt.«

»Ich weiß nicht, wie gut er sich mit Mietrecht auskennt, aber ich kann ihn auf jeden Fall fragen. Und wenn er selbst keine Ahnung hat, kennt er sicher jemanden, der helfen kann.«

Heikes Miene hellte sich ein wenig auf. »Also wenn das ginge, sehr gerne.«

»Das wäre so cool, Moyra!«

Sie lächelte. Es tat gut, etwas zu tun, wovon sie sicher sein konnte, dass es das Richtige war.

HERBST

7

Hey, wie geht es dir?

Mein Mann schläft. Ich rauche :-)

Sie öffnete das Küchenfenster. Frostige Nachtluft drängte herein. Auf ihren Armen bildete sich eine Gänsehaut, breitete sich langsam aus, kroch in den Nacken, zwischen die Schultern, von dort den Rücken hinunter. Es schüttelte sie.

Bei dir auch so kalt?

Weiß nicht. Sitze drinnen :-)

Du auf dem Balkon?

Haben leider keinen.

Garten?

*

Miri war ihr im Hausflur begegnet, die Hände erdverschmutzt.

»Na, du! Dich hab ich ja lange nicht gesehen. Was hast du denn gemacht?«

»Wir haben umgegraben.« Miri strahlte, wischte sich die Hände an den Hosenbeinen ab.

»Du und Mama?«

»Nein.«

Moyra kam die Treppe herauf. »Wir haben ein bisschen Platz geschaffen.«

»Ja«, sagte Miri. »Wir haben die hässlichen Bäume weggemacht.«

»Welche hässlichen Bäume?«

»Die Koniferen«, sagte Moyra.

Es musste gerade erst passiert sein. Vor einer halben Stunde hatte sie noch nach draußen geschaut und nichts gesehen, und sie hätte auf jeden Fall sofort bemerkt, dass die beiden sich an den Koniferen zu schaffen machten. Wann war das letzte Mal gewesen, dass Livi sie gebeten hatte, auf Miri aufzupassen – im März oder April? Sie war ein gutes Stück gewachsen seitdem, reichte ihr jetzt fast schon bis zum Oberkörper. Sie hätte ihr längst gerne wieder etwas vorgelesen, sie bekocht und ins Bett gebracht, wie sie das eine ganze Weile lang gemacht hatte, vor allem in der Zeit, als Livi sich gerade frisch von Pavel getrennt und jede Hilfe dankbar angenommen hatte. Doch das war offensichtlich vorbei. Und jetzt hatten sie auch noch die Koniferen entfernt.

»Die haben Rolf und ich vor zwanzig Jahren gepflanzt.«

»Oh. Das wusste ich nicht!« Immerhin war es Moyra jetzt unangenehm.

»Im nächsten Frühjahr machen wir Sonnenblumen dahin und Gemüse!«, sagte Miri. »Dann kann ich euch Möhren hochbringen.«

Sie wollte ihr übers Haar streichen, unterdrückte den Impuls. »Ich weiß nicht, ob wir da noch da sein werden, Miri.«

Sie blickte zu Boden. Ihre Augen fühlten sich seit Wochen so an, als hätte sich Schmutz auf der Hornhaut festgesetzt, wie derjenige, der an Miris Händen klebte: winzige, kleine Partikel mit spitzen Ecken, die sich überall ausbreiteten. Es schmerzte. Sie hatte das ständige Bedürfnis zu reiben. Aber das machte es nur noch schlimmer. Ihre Lider waren so schwer, sie konnte sie kaum noch aufhalten. Doch wenn sie sie schloss, brannten ihre Augen wie von beißendem Shampoo. Sie hatte zunächst geglaubt, sich etwas eingefangen zu haben, irgendwelche Bakterien. Aber die Bindehäute sahen nicht stärker gerötet aus als sonst. Es eiterte nicht, und Rolf meinte, er könne auch nichts erkennen, sie müsse einfach mehr schlafen.

Sie wusste eigentlich, wie Müdigkeit sich anfühlte. In den Jahren vor der Wende hatte das Bedürfnis zu schlafen wie ein Gewicht an ihr gehangen, sich mit Widerhaken in den Poren verfangen und sie nach unten gezogen. Aber nun war es anders und viel schlimmer: Sie wusste nicht mehr, wie Schlafen ging. Sie hatte es vergessen. Ihr Körper schien sich nicht mehr daran erinnern zu können, was er tun musste, um in jene Zone des Dämmerns vorzudringen, in der die Sinne letzte Signale ans Bewusstsein sendeten, bevor es hinabglitt in die Tiefen der Entspannung.

Es konnte natürlich auch am Wetterwechsel liegen. Sie war in dieser Hinsicht immer schon besonders feinfühlig gewesen, spürte teilweise schon Tage vorher, wie Umschwünge sich ankündigten, durch Druck auf den Schläfen, nicht selten im ganzen Kopf. Aus ähnlichen Gründen musste sie auch nicht aus dem Fenster schauen, um zu wissen, dass Vollmond war. Ihr Organismus teilte es zuverlässig mit. Daran änderten auch diese ganzen Studien nichts, die behaupteten, nach umfangreicher Auswertung von Schlaflabordaten habe sich herausgestellt, bei dem vielbeschworenen Zusammenhang zwischen Vollmondphase und Schlaflosigkeit handele es sich nicht um eine empirisch nachweisbare kausale Verbindung, sondern um eine Illusion. Ha! Darüber konnte sie nur lachen. Sie, Heike Ehlert, mit ihrem Körper, der auf Mond- und Wetterphasen reagierte – ganz eindeutig reagierte, sie konnte es spüren! – sie sollte einem Hirngespinst aufgesessen sein? Einem Mythos? Auf keinen Fall! Ebbe und Flut waren schließlich auch keine Mythen, ebenso wenig wie die Zyklen des Mondlaufs (neunundzwanzigeinhalb Tage) und der Menstruation (durchschnittlich neunundzwanzig komma drei Tage). Und dann gab es ja auch noch die Laubfrösche, Ameisen, Pferde, Katzen und all die anderen Tiere, die Veränderungen der Luftfeuchtigkeit wahrnahmen und das durch ihr Verhalten zeigten. Aber es war auch egal. Denn die Unfähigkeit einzuschlafen verschwand nicht, obwohl der Wetterwechsel schon längst vorüber war und der Herbst sich eingerichtet hatte in morgendlichen Nebelschwaden, die alles mit einem feuchten Pelz überzogen.

Zum Abendbrot trank sie nur noch Johannisbeerkrauttee, schluckte vor dem Zubettgehen kleine weiße Kapseln mit Melatonin, Baldrian, L-Tryptophan, presste sich, wenn sie schließlich im Bett lag, ein Lavendelkissen unter die Nase, stellte sich vor, wie sie zwischen Reihen lilafarbener Blütenköpfe auf einem Feld in der Provence entlangging, während warmer Wind ihre Arme und ihren Nacken umspielte, die Sonne auf ihren Strohhut schien – sie machte jeden Schritt exakt so, wie in der dem Kissen beigelegten Anleitung zur Traumreise beschrieben. Trotzdem kam sie meistens schon kurz nach dem Loslaufen vom Weg ab, verirrte sich in einem Labyrinth dunkler Gedanken, gejagt vom Datum des geforderten Auszugs, das im Kündigungsschreiben stand. Es kam jede Nacht näher, streckte seine hässlichen Finger nach ihr aus.

Sie prüfte, ob Rolf schon schlief, zog die Schublade ihres Nachttischs auf, griff nach dem Gerät, auf das sie im Internet bei der Suche nach Einschlaftipps gestoßen war: *Baut Stress ab. Reduziert Angst. Lässt dich einschlafen – innerhalb von acht Minuten.* Zig Fernsehsender, Zeitungen und Zeitschriften hatten das Teil schon empfohlen, dazu über vierhundert medizinische und therapeutische Fachkräfte, die einhellig zu dem Schluss kamen: »Hilft einfach und effektiv.« Conni, Kerstin und Hunderte andere hatten fünf von fünf Sternen vergeben, und auf den beigefügten Fotos strahlten diese Menschen Glück und Zufriedenheit aus. Sie wollte auch so aussehen! So ausgeschlafen! So entspannt! Sie wollte sich glücklich und zufrieden fühlen, wenn sie das Teil, das fünfzigmal mehr als die Melatonin-Kapseln kostete, in ihre Handfläche legte, es mit den Fingern umschloss und dann einatmete, wenn das Gerät sich ausdehnte und ausatmete, wenn es sich zusammenzog.

Sie atmete, versuchte, ihr Bewusstsein hinabsinken zu lassen, bemühte sich, während sie Bewegungen in ihrer Hand spürte, nicht die Sekunden zu zählen, die vergingen. Sie wollte nicht wissen, wann die acht Minuten rum waren. Sie wollte es nicht wissen! Doch jeder Atemzug, den sie bewusst wahrnahm, war einer, der sie näher an die Acht-Minuten-Marke heranbrachte, und je mehr dieser Atemzüge sie machte, desto weniger entspannte sie sich. Sie begann zu schwitzen, merkte, wie der Druck, endlich einzuschlafen, nur noch weiter zunahm, und wie die Verbitterung in ihr aufstieg. (Dafür hatte sie jetzt, ohne Rolf etwas zu sagen, einen Teil des Versicherungsgeldes ausgegeben?)

Sie musste aufstoßen. Ein Schwall Magensaft schoss in ihren Mund. Die Säure brannte in der Speiseröhre, im Rachen, fraß sich in die Zunge, machte ihren Oberkörper zu einem Haufen verätzten Gewebes, zu einem Organismus, der sich selbst verschlang. Ein Tier im Tier. Ein Ungeheuer aus Flüssigkeit, das alles verzehrte, sie aufaß von Innen und das sie fütterte, indem sie Nahrung zu sich nahm. Aber sie musste doch etwas essen! Sie konnte nicht einfach aufhören, jedenfalls nicht auf Dauer, über die Länge einer gewöhnlichen Fastenkur hinaus, wenn sie ihren Körper nicht noch schwächer machen wollte, als er ohnehin schon war. Nur: Sobald sie etwas zu sich nahm, egal, worum es sich handelte – um eine Banane, einen Zwieback, eine klare Brühe mit Nudeln, einen feingeriebenen Apfel, all die Dinge, die sie früher für Susanne gemacht hatte, wenn die mit einem Magen-Darm-Infekt im Bett lag –, wusste sie schon in dem Moment, in dem sie kaute und schluckte, dass sie spätestens in der Nacht jeden einzelnen Bissen bereuen würde, sobald er als saure Flüssigkeit seinen Weg zurück in die Mundhöhle fand und sie vor die Wahl stellte, sich entweder selbst auszuhungern oder von Säure zerfressen zu lassen.

Das Bett, diese einst so schöne, warme Höhle, war ein feindlicher Ort geworden, eine Angstquelle, vor der sie fliehen musste, selbst um zwei Uhr in der Nacht.

Aber zum Glück war sie nicht alleine wach. Ein Foto leuchtete auf ihrem Handy auf.

Was ist das?

Eine Yacht.

Das seh ich.

Willste uns einladen? :-))

Nee. Gehört leider nicht mir.

Dacht ich mir schon …

Wem dann?

Dem Chef der Pharmafirma, die deine Magen-Säure-Blocker herstellt.

Schön für ihn.

Vor allem praktisch.

??

Kann er ungestört mit Champagner anstoßen.

Grund zum Feiern?

Ja. Hatte nen Prozess am Hals. 10 Mille Strafe.

Zahlt der aus der Portokasse.

Milliarden

Upps. Wofür?

Weil die Tabletten nicht wirken?

Sein Diabetes-Medikament hat Blasenkrebs verursacht.

Wie blöd.

Jepp. Zu blöd.

Und nu?

Haben seine Anwälte die Richterin so lange bequatscht, bis sie die Strafe von 10 Milliarden auf 35 Millionen reduziert hat.

Klasse.

Da würde ich auch auf ner Yacht anstoßen!

Kannste mieten. 200.000

Im Jahr?

Pro Woche.

Geschenkt!

Personal, Essen und Sprit kommen noch on top.

Kein Thema.

Ein Haken: Hat nur 6 Kabinen.

Das wird eng!

Dafür Kino, Dampfbad, Jacuzzi, Fitnessraum, Jetski.

Super. Nehm ich.

Einmal Volltanken: 400.000

Kein Wunder bei den Benzinpreisen!

Dank an die Klima-Mafia :-)

Wie heißen seine Anwälte?

Könnten die gut gebrauchen.

*

Es hatte nach Kassler gerochen, als sie mit der Einkaufstüte nach oben gekommen war. Rolf stand in der Küche. »Essen schon fertig?«

»Fast. Wo warst du noch so lange?« Er nahm ihr die Tüte ab.

»Unten.« Sie hielt den Zettel mit der Telefonnummer in der Hand. Er war feucht geworden zwischen den Fingern. »Die Moyra kennt jemanden, der Anwalt ist.«

»Die Moyra ist die …?«

»Ja.«

»Aha.«

»Wo sitzt der?«

»In Berlin.«

»In Berlin?«

»Ich ruf erstmal an. Vielleicht müssen wir gar nicht hinfahren.«

Er goss die Kartoffeln ab.

Sie ging zu ihm, legte ihre Hand auf seine. Sie fühlte sich rau an. Die Haut war fleckig und von einem dunkelblauen Geflecht aus Adern durchzogen.

»Moyra meinte, der kann für uns Widerspruch gegen die Kündigung einlegen.«

»Schön und gut. Aber wer soll den bezahlen?«

Der Prospekt mit den Urlaubsreisen lag noch immer in der Schublade des Kleiderschranks. »Wir könnten das Geld von der Versicherung nehmen.«

»Na, wunderbar! Dann holen die sich das auf die Weise zurück?«

Sie wollte nicht streiten. Sie mussten zusammenhalten, eine Einheit bilden, so wie sie es sich versprochen hatten: das Hochzeitsfoto hing im Flur.

»Ist doch nett, dass sie uns helfen wollen.«

»Ausgerechnet die! Seit die da sind …«

Sie verstand, dass es ihn noch immer schmerzte, zu sehen, was aus seinem Laden geworden war. Sie begriff selbst nicht, wer vier-, fünf- oder sechshundert Euro dafür ausgab, dass eine junge Frau sich hinsetzte, um aus alter Kleidung neue zusammenzunähen. Zu DDR-Zeiten hatten sie ständig alte Sachen verwendet, um neue zu machen, und niemand wäre auf die Idee gekommen, deswegen gleich einen ganzen Laden zu eröffnen. Aber jetzt nannte sich das ›Upcycling‹ und war ein weiteres Beispiel aus der stetig anwachsenden Sparte von Dingen, die es vor zehn, zwanzig, dreißig Jahren zumindest in dieser Form noch nicht gegeben hatte (so wie Bubble Tea, KI und Lastenräder) und die ihr jetzt das Gefühl gaben, alt geworden zu sein und nicht mehr mitzukommen. Sie wollte gerne verstehen, was vor sich ging, wie diese neue Welt, in der sie eines Tages (wann genau eigentlich?) aufgewacht war, funktionierte. Aber es war schwer, geradezu unmöglich, einen festen Punkt zu finden, der genug Halt gab, um nicht vom Strudel aus Ereignissen, Vorgängen und Nachrichten, die täglich wie eine Schlammlawine hereinbrachen, fortgerissen zu werden. Alles war in Bewegung. Alles veränderte sich ständig. Nichts schien mehr bleiben zu dürfen, wie es war. Es gab kaum noch etwas, das eine Konstante bildete. Nicht mal mehr das Zuhause war noch sicher.

»Ich ruf den nach dem Essen mal an«, sagte sie. »Dann schauen wir weiter.«

*

Seine Simson war senfgelb und stand hinten im Hof. Sie konnte im Dunkeln den Garten kaum erkennen, sah nur Metallstangen, an denen Wäscheleinen hingen. Von oben hörte sie die Musik und die Stimmen der anderen.

»Hier.« Er reichte ihr einen Helm ohne Visier. »Brille hab ich leider nicht, aber du sitzt ja hinter mir.«

Sie löste ihren Dutt, um den Helm aufsetzen zu können.

»Geht's?«

Er ruckte am Mofa, klappte knallend den Ständer ein, schob die Maschine durch die Einfahrt nach draußen. Sie folgte ihm.

Der Motor heulte auf. Das Knattern hallte zwischen den Hausfassaden wider.

Sie stieg auf, setzte sich auf den Ledersitz, stellte ihre Füße auf den Rasten ab, umfasste mit den Händen die Reling des schmalen Gepäckträgers hinter sich.

Er fuhr los, bis zum Ende der Straße, wich einem Schlagloch aus, bevor er um die Ecke bog. Er beschleunigte, ihr Oberkörper kippte nach hinten; sie hielt sich nun doch lieber an seiner Jacke fest.

Der Fahrtwind spielte mit den Spitzen ihrer Haare. Sie war wach, obwohl sie keinen Schlaf bekommen hatte, verdrängte rasch den Gedanken, wie viele weibliche Köpfe dieser Helm wohl schon bedeckt hatte, wie viele Frauenhände sich bereits in das steife Leder der Jacke geklammert haben mochten.

Er fuhr an der Blechbüchse und am Bahnhof vorbei. Sie sah die müden grauen Gestalten mit ihren Dederonbeuteln, mit denen sie normalerweise gleich in die Bahn gestiegen wäre. Sie kam sich jetzt besonders vor, wie eine spezielle Fracht, die nicht auf dem üblichen Weg transportiert werden durfte.

Der Duft der Seife, mit der er sich nach dem Rennen gewaschen hatte, wehte aus seinem Nacken, mischte sich an der Ampel mit dem stechenden Gestank aus den Auspuffrohren, aber schon kurz darauf wurde die Luft frischer und kühler. Hinter Paunsdorf waren sie die Einzigen auf der Landstraße. Links und rechts lagen dunkel die Felder. Der zitternde Scheinwerfer erhellte nur einen schmalen Kegel vor ihnen. Die Vibrationen des Motors übertrugen sich auf ihre Schenkel. Sie hatte Lust, jetzt nach Norden abzubiegen und zur Ostsee zu fahren. Schon lange war sie nicht mehr dort gewesen. Das letzte Mal mit Karen im FDGB-Ferienheim in Dierhagen: über ihnen der nach warmem Harz duftende Kiefernwald, unter ihnen der sandige Weg. Sie zogen die Schuhe aus, bevor sie den schmalen Pfad zwischen den mit Strandhafer bewachsenen Dünen hinaufstiegen. Das letzte Stück rannten sie, riefen laut, sobald sie den ersten blauschimmernden Streifen sahen, bis er als weite wogende Fläche vor ihnen lag. Sie gingen baden, schwammen um die Wette. Das Salz setzte sich in ihren Haaren fest, machte sie dick und strähnig, wenn sie sich zum Trocknen in die Sonne legten und dabei zusahen, wie der Wind und die Wärme einen Wassertropfen nach dem anderen von ihrer Haut holten. Sie stellten sich vor, wie es hinter dem Horizont weiterging. Irgendwo dort, im fernen Dunst, lag Dänemark. Es klang wie eine Zauberformel, war ein Ufer, an das sie nur mit Magie oder in der Fantasie gelangen konnten.

Das gleichmäßige Vibrieren verwandelte sich in ein Stottern. Die Maschine tuckerte gequält, als ob sie spucken müsste.

Er lenkte an den Straßenrand, hielt an. Das Licht erlosch. Sie standen jetzt ganz im Dunkeln.

»Was ist?«

»Der Tank.«

»Leer?«

»Hm.«

Sie musste lachen. »Na, prima! Und jetzt?«

»Absteigen und schieben.«

Auf dem schwarzbraunen Acker, neben dem sie standen, war von den tiefen Furchen kaum die erste richtig zu erkennen. Die glitzernde Kette orangefarbener Lichter in der Ferne mochte zu Borsdorf gehören.

»Weißt du, wo wir sind?«

Er zuckte mit den Schultern. »Vielleicht so fünf, sechs Kilometer vor Machern.«

Sie versuchte, ihre Uhr zu lesen. Die schwarzen Zeiger hoben sich nur schwach vom hellen Ziffernblatt ab. Südlich von hier musste die Bahnstrecke liegen. In einer Viertelstunde würde der Zug in Machern sein.

»Tut mir leid«, sagte er. »Die Tankanzeige ist seit ner Weile kaputt. Ich dachte, es wäre noch genug drin.«

»Nützt nüscht.«

Er lief los, schob die Simson nebenher. »Ich spreche mit deinem Chef.« Das Moped quietschte leise,

»Viel Spaß! Kannst froh sein, wenn er nur mich umbringt.«

Sie brauchten über eine Stunde, bis sich am Feldrand leuchtend die Umrisse Macherns abzeichneten. Als sie am Ortseingang ankamen, gab sie den Weg vor, bis sie auf den Hof der Bäckerei einbogen.

Er bockte die Simson auf, nahm den Helm ab.

Sie wartete, während er klopfte, die Tür öffnete und hineinging. Kurts Stimme war zu hören, aber es war nicht zu verstehen, was er sagte. Sie überlegte, ob es besser war, wenn sie dazukam.

Die Tür ging auf. Kurt trat heraus. Er beachtete sie gar nicht, lief zum Garagentor, öffnete es. »So, Sportsfreund«, sagte er. »Bitteschön!« Er drückte Rolf einen Benzinkanister in die Hand. »Beim nächsten Mal nimmste lieber gleich das Rennrad!« Sein Lachen dröhnte im Hof.

»Danke! Die Karten für die Ehrentribüne geb ich Heike mit.«

Kurt ging wieder nach drinnen, während Rolf den Deckel vom Tankbehälter abschraubte, den Einfüllstutzen hineinschob und Benzin eingoss. »Was isst'n gerne zum Abendbrot?«, fragte er. Das Benzin verschwand gluckernd im Tank. »Königsberger Klopse? Heute Abend bei mir? Als Entschuldigung?«

Sie war zu müde und zu verwirrt, um über diese Frage auch nur nachzudenken.

Aber als sie am Abend die Treppe zu seiner Wohnung nach oben stieg und das Gehackte und den Kümmel roch, die zu Klopsen geformt im Wasser zogen, bereute sie nicht, zugesagt zu haben.

»Komm rein«, sagte er. Er trug eine dunkelblaue Schürze. »Schuhe kannste ruhig anlassen.«

Die Küche war aufgeräumt, die Spuren der nächtlichen Feier waren verschwunden.

Heike trat ans Fenster, sah hinunter in den Garten. Die Hollywood-Schaukel mit ihren braun-karierten Sitzpolstern war ihr in der Dunkelheit der Nacht nicht aufgefallen. Sie lehnte sich ans Fensterbrett, beobachtete ihn dabei, wie er eine Mehlschwitze für die Soße zubereitete.

»Kochst du oft?«

»Momentan schon. Hab ja Zeit.«

»Trotz der Rennen?«

»Die fahr ich ja nur in meiner Freizeit.«

»Ach so? Und Arbeiten?«

»Auf Arbeit im Tapetenwerk geht's gerade drunter und drüber. Jetzt, wo sie die Kombinate aufgelöst haben … na, egal. Sieht so aus, als würden wir bald abgewickelt werden.« Es zischte, während er Brühe in den heißen Topf mit der zerlaufenen Butter und dem Mehl kippte. »Setz dich doch. Geht gleich los.«

Sie nahm am Tisch Platz, wartete, bis er ihr einen Teller mit Klopsen in Kapernsoße an Petersilienkartoffeln servierte. Es sah aus wie im Restaurant.

»Weißwein?«

Sie trank zwei Gläser, obwohl ihr mit Blick auf die nächste Schicht schon eines zu viel erschien, aß zwei Portionen Klopse, anschließend noch eine Schale Vanillepudding mit Schokostreuseln. Während er abwusch, bot er ihr einen Verdauungsschnaps an.

»Ich muss noch auf Arbeit!«

»Ich kann dich bringen! Tank ist diesmal voll.«

»Danke! Aber lass mal, nach dem Wein … Ist eh noch Zeit, und ich muss dringend schlafen.«

In der Straßenbahn ärgerte sie sich. Er sollte ihren Aufbruch nicht als Abfuhr verstehen. Zuhause legte sie sich ins Bett, konnte aber nicht einschlafen. Der Wein hielt sie wach. Sie schaffte es erst kurz bevor der Wecker klingelte.

Die S-Bahn war noch leerer als sonst. Sie dachte daran, wie sie gestern um diese Zeit mit ihm auf der dunklen Landstraße gelaufen war. Es bereitete ihr ein wohliges Gefühl, und sie freute sich schon darauf, ihn wiederzusehen.

In der Backstube zog sie die Karten für die Ehrentribüne der Radrennbahn aus der Tasche. »Mit lieben Grüßen von Rolf!«

Kurt sah nicht zu ihr auf.

»Wo ist Karen?«

Er zog die Nase hoch. »Oben.«

Sie stellte ihre Tasche nicht ab, hängte ihre Jacke nicht auf, lief direkt zur Treppe, auf der sie als Kinder immer Fangen gespielt hatten.

Im Flur war es dunkel. Sie stieß sich das Knie an einer Kommode, bevor sie den Lichtschalter fand. »Karen?«

Das Schlafzimmer war leer, auch das Wohnzimmer und die Küche. Sie ging zum Bad, drückte die Klinke. Die Tür war abgeschlossen.

Sie klopfte sachte. »Karen?«

Das Schloss klackte.

Sie schob die Tür vorsichtig nach innen. Flurlicht fiel auf die Fliesen am Boden und an der Wand.

Karen saß auf dem geschlossenen Klodeckel, stützte den Kopf mit ihrer Hand.

Trotz der Dunkelheit sah sie den blauen Fleck unter ihrem rechten Auge und die Schramme, die sich über die linke Schläfe zog. Karens Augen waren gerötet, ihre Nase lief. Sie verzog ihren Mund zu einem Lächeln, berührte mit dem Finger die Wunden. »Einmal für dich und einmal für mich.«

Sie hockte sich zu ihr. »Dieses Arschloch. Das muss aufhören.«

Karen zog Rotz hoch. »Wird's eh bald. Er will alles verkaufen: den Laden, die Backstube …«

»Das kann er nicht! Der kann nicht unser Elternhaus versaufen!«

»Wird er aber. Eine Kette von drüben hat ihm Geld angeboten, und du wirst eh nicht mehr kommen, hat er gemeint, jetzt, wo du deinen Steher hast.«

Es war nicht die richtige Zeit, um zu streiten.

»Komm!« Sie richtete sich auf, nahm Karens Hand, zog sie nach oben, suchte ein paar Sachen mit ihr zusammen, führte sie leise die Treppe hinunter zur Haustür.

Sie liefen nicht auf direktem Weg zur Haltestelle, drehten sich immer wieder um. In der Bahn sprachen sie kein Wort, hielten sich nur an der Hand.

In der Lisztstraße brannte in keinem Haus Licht, auch oben bei ihm nicht. Sie klingelte trotzdem.

Nach dem dritten Mal ging der Summer.

Er trug einen gestreiften Bademantel, führte sie ins Wohnzimmer. Sie setzten sich aufs Sofa. Er kochte Tee.

»Beim Radsportverein gibt's 'nen Anwalt«, sagte er.

Karen strich die Häkeldecke auf dem Tisch glatt.

»Ich ruf den morgen gleich an.«

Sie legten sich in sein Bett, er zog aufs Sofa um. Draußen begann es zu dämmern. Die Lamellen der Rollos bildeten ein feines Muster aus Linien. In der Ecke stand ein Kleiderschrank aus Pressspan mit weißem Holzfurnier. Zwei Hanteln lagen in der Ecke.

»Legt sich ordentlich ins Zeug für dich«, flüsterte Karen. Sie starrte an die Decke. »Er wird uns helfen«, sagte sie.

Ein Lichtstrahl zwängte sich durchs Rollo herein. Karen drehte sich zur Wand. »Na, mal sehen.«

Heike schloss die Augen, hörte noch das erste Rauschen der Stadt, die langsam erwachte, und schlief ein.

*

Die Kinder tollten trotz der Kälte im Garten herum. Sie stellten sich auf die Schaukel, die Hände an den kalten Gliedern der Metallkette; sie bot ihnen zum dritten Mal vergeblich die Handschuhe an. Über dem Elbtal lag milchiger Nebel.

Der Wind holte letzte Blätter von den Bäumen. Emilia gluckste, wenn sie neben ihr auf den Boden rieselten.

»Mama?«

Susanne stand in der Terrassentür. Sie sah gut aus, kraftvoll und entschlossen: Eine starke, selbstständige Frau, die ihren Weg ging, sich nicht unterkriegen ließ, wusste, was sie wollte. So hatte sie es sich für ihre Tochter immer gewünscht.

»Komme!« Sie ging mit Emilia auf dem Arm die Treppen hinauf.

In der Küche war es warm. Sie nahm ihre Mütze ab.

»Christian hat angerufen. Steht bei Nürnberg im Stau, die Autobahn wurde gesperrt. Aber nachher ist ein Infoabend in der Krippe, in die Emmi gehen soll. Könntest du bei den Kindern bleiben?«

Sie musste nicht überlegen. Sie konnte das. Sie wollte das! Sie wünschte sich schon lange, diese Frage gestellt zu bekommen.

»Du kannst im Gästezimmer schlafen.«

»Gern. Ich gebe Papa Bescheid. Nimmst du sie kurz?« Sie drückte ihr Emilia in die Hand, ging wieder nach draußen auf die Terrasse, zog ihr Handy aus der Tasche, sah fünf ungelesene Nachrichten im Chat, dabei war es noch lange nicht Nacht.

Habe was für euch.

Betrifft euren Anwalt.

Hallo?

Jemand zu Hause?

Gar nicht neugierig?

Gerade schwierig.

Melde mich später.

Sie wählte Rolfs Nummer. Es klingelte. Doch er nahm nicht ab.

»Oma!« Hannah und Ole warfen buntes Laub in die Höhe. Sie winkte ihnen zu.

»Pass auf«, sagte Susanne, als sie zurück in die Küche kam. »Hier ist die Tomatensoße. Da im Schrank sind

Nudeln. Für Emmi, wenn sie was zum Kauen will, bitte ohne Salz und Soße. Hier ist sonst Brei.«

Der Anblick einer Packung Nudeln hatte sie noch nie so glücklich gemacht.

Sie hielt Emilia auf dem Arm, spielte mit ihrem Daumen, während Susanne sich fertigmachte.

»Falls was ist: Fieber- und Schmerzsaft steht oben im Badschrank. Handy habe ich dabei.«

»Wird schon nichts sein.«

Emilia weinte nicht, als Susanne zur Tür hinausging. Sie drückte sie an sich. Es war das beste Gefühl seit Langem. Das Zutrauen ihrer Enkelin und das Vertrauen ihrer Tochter gaben ihr Vertrauen in sich selbst. Sie spürte Hoffnung. Vielleicht würde sie heute Nacht, oben im Gästezimmer, zum ersten Mal seit Ewigkeiten ohne Probleme einschlafen können.

Sie drückte die Haustür ins Schloss. Die Kinder stürmten in die Küche.

»Wollt ihr heißen Kakao?«

»Ja!« Sie strahlten sie an.

Sie holte Tassen aus dem Küchenschrank, stellte einen Topf mit Milch auf den Herd, setzte Emilia im Kinderstuhl ab.

Ihr Telefon klingelte.

Sie kannte die Nummer nicht. »Hallo?«

»Heike?« Tess war schwer zu verstehen, es brummte im Hintergrund. »Wo bist du?«

Emilia schaute zu ihr. »In Dresden. Warum?«

»Weil …«

Stimmen riefen etwas.

»Ja?«

»Bei euch hat es …«

Eine Tasse fiel zu Boden. Das Plastik knallte auf den Fliesen. Emilia begann zu weinen. Die Milch hatte sich in einen brodelnden Vulkan aus Schaum verwandelt. Es zischte. Milchblasen zerplatzten auf dem Herd.

»Scheiße! Tess?«

Sie rannte zum Herd, dann zu Emilia, die jetzt laut schrie, und presste das Telefon ans Ohr, um etwas zu verstehen.

8

»Tess? Kommst du?«

Sie antwortete nicht, ignorierte den Ruf, der jetzt schon zum zweiten Mal aus dem Schlafzimmer ins Bad vordrang.

Sie hatte wirklich noch einmal auf Toilette gemusst. Der Griff zum Handy war eher unbewusst passiert, wie ein Reflex, ein natürlicher Impuls, der irgendwo in ihrem Körper ausgelöst und durch diverse Nervenbahnen gejagt worden war und dem sie einfach nachgegeben hatte, ohne zu überlegen, ob jetzt der passende Zeitpunkt dafür war, aufs Telefon zu schauen.

»Tess?« Es klang nun eindeutig sorgenvoll.

Sie reagierte trotzdem nicht. Es war nur eine Frage der Zeit – das hieß, realistisch betrachtet, von ein, zwei Minuten –, bis die Klinke der Badezimmertür heruntergedrückt werden würde.

Sie hob sich ganz leicht von der Klobrille, um mit der linken Hand den Riegel an der Tür zu erreichen. Sie schaffte es, ihn zu drehen, ohne ein Geräusch dabei zu machen, während sie in der rechten Hand weiterhin ihr Telefon hielt, auf dem sich die beiden Sprachnachrichten von Moyra befanden, gesendet im Abstand von dreieinhalb Stunden. (Im ersten Moment war sie vor allem darüber erschrocken gewesen, dass sie offenbar diese Zeitspanne im Bett zugebracht hatte, ohne es zu merken.)

Sie startete die Nachricht ein zweites Mal: »Überraschung! Ich sitze im Zug und hoffe, du freust dich, wenn du hörst, dass ich schon früher zurückkomme …«

Ihre Haut zog sich zusammen. Die Härchen auf den Armen richteten sich auf. An der Wand hing kein Bademantel, nur das gestreifte Frotteehandtuch, mit dem sie sich heute Morgen nach dem Duschen abgetrocknet hatte; es war noch feucht. Sie wickelte sich trotzdem darin ein, um nicht so zu frieren, setzte sich wieder und startete die zweite Nachricht: »Jetzt mach ich mir ein bisschen Sorgen, Tessi. Wo bist du denn? Oder freust du dich gar nicht, dass ich schon zurück bin und hast dich irgendwo versteckt?«

Sie bekam erneut eine Gänsehaut. Auch wenn sie nur Moyras Stimme hörte, hatte sie eine ziemlich genaue Vorstellung davon, wie die, ihr Telefon in der Hand, durch die Wohnung lief und sich so suchend umsah, wie sie es auch immer tat, wenn sie mit Miriam Verstecken spielte.

»Mach mal ›Piep‹!«

Ihr war nicht zum Lachen zumute. Am liebsten wollte sie heulen. Aber nicht mal das ging. Denn ihr Gehirn, im Grunde ihr ganzer Körper, war viel zu beschäftigt damit, einen Ausweg aus dieser Situation zu finden, in die sie sich selbst hineinmanövriert hatte.

»Du bist doch gestern schon aus Halberstadt zurückgekommen, oder nicht?«

Sie drückte auf stop.

*

Vor ihrem letzten und seither einzigen Besuch bei ihrer Mutter war ihr schon Tage zuvor übel gewesen. Ihr Magen fühlte sich voll an, obwohl sie kaum etwas gegessen hatte. Ein deutliches Zeichen körperlichen Widerstands, das auch in dem Moment nicht nachließ, als sie zu ihrer Schwester ins Auto stieg.

»Hallo!« Sie warf ihren Rucksack auf die Rückbank.

»Hi.«

Sie wollte zu einer Umarmung ansetzen.

Verena startete den Motor. »Und? Biste fertig geworden?«

Sie hatte dringend eine Entschuldigung benötigt, weshalb sie erst jetzt und nur für einen Tag vorbeikam, und Sandra Hüller war ihr zum Glück (und ohne es zu merken) zu Hilfe gekommen.

»Mir sagte die gar nichts.«

»Echt nicht? Große deutsche Schauspielerin. Größte deutsche Schauspielerin! Hast du auf jeden Fall schon mal gesehen.«

»Kann sein. Ich komm gerade nicht mal mehr zum Fernsehen.«

»Die macht vor allem Kino und Theater.«

»Ah.«

Sie rollten am Industriegelände vorbei, über die Umgehungsstraße bis zur Klinik.

Tess kaufte einen Strauß Blumen im Laden am Eingang und folgte Verena auf die Station. Sie zitterte, während Verena an eine der Türen klopfte, blieb dicht hinter ihr, traute sich kaum, ins Zimmer zu schauen.

Die Vorhänge waren zugezogen, färbten die Wände und Möbel mattorange. Verena schob sie beiseite, stellte ihre Tasche auf dem Stuhl neben dem Bett ab.

»Hallo, Mama!« Sie streichelte über die Hand auf dem Bettsaum. »Guck mal, wen ich dir mitgebracht habe.«

Tess ging um das Bett herum, behielt die Blumen in der Hand, während sie sich über den Kopf ihrer Mutter beugte und ihr einen Kuss auf die Stirn gab. Ihre Haare rochen ungewaschen. Sie glich das Bild des Kopfes, der dort auf dem Kissen lag, die Wangen schlaff, die Mundwinkel zu einem schiefen Lächeln eingefroren, mit dem Bild ab, das sie in ihrem Gedächtnis aufbewahrte (sie hatte absichtlich nicht nachgerechnet, wie lange es her war, seit sie sich zuletzt gesehen hatten). Sie erkannte sie – natürlich! Dieser Kopf war der Kopf ihrer Mutter: die grünen Augen, die dunklen Brauen, das breite Kinn. Doch zugleich schien hinter dieser zusammengesackten Fassade niemand zu Hause zu sein, jedenfalls nicht die Person, die bisher dort gewohnt hatte.

»Gib mal den Strauß!«

Sie ließ sich die Blumen abnehmen, setzte sich auf die Bettkante, sah zu, wie Verena eine Vase mit Wasser füllte, die Blumen hineinstellte und auf dem Beistelltisch platzierte.

»Ruhig immer mit ihr reden, hat die Ärztin gesagt, damit alles wieder in Gang kommt. Die haben heute auch schon mit den Übungen begonnen, oder Mama? Ihr habt heute Morgen schon schöne Übungen gemacht, ne?«

Tess konnte den Ton nicht ertragen. Doch es war natürlich genauso unpassend, so zu tun, als hätte es im Gehirn ihrer Mutter keinen Gefäßriss gegeben, der dafür sorgte, dass sie jetzt nicht viel mehr konnte, als an die Wand zu starren.

Sie blickte durchs Fenster nach draußen ins Grüne. Die Sträucher und Bäume wogten sanft unter sonnig-blauem Himmel.

»Hast einen schönen Blick hier.« Sie kam sich erbärmlich vor. Ein jämmerlicher Haufen von Tochter, gerade im Vergleich zu Verena, die jetzt immerhin Grüße und gute Besserung von allen möglichen Leuten ausrichtete und die es nicht zu interessieren schien, dass sich im Gesicht ihrer Mutter keine Regung tat und auch sonst nichts darauf hindeutete, dass auch nur ein einziges Wort bis ins Innere vordrang. Sie selbst hatte noch nicht mal die Grüße von Moyra ausgerichtet!

»Erzähl mal von dem Kostüm!«

Sie rutschte von der Bettkante, setzte sich auf den Stuhl, den Verena ihr neben das Bett gestellt hatte. »Ich soll was schneidern, für Sandra Hüller, weißt du? Die wohnt ja in Leipzig und, na ja, hat sich bei mir gemeldet und gesagt, dass sie meine Sachen toll findet und gefragt, ob ich ihr nicht was machen könne für eine Preisverleihung, und, na ja … Jetzt muss ich mir was überlegen.«

»Überlegen?« Verena knüllte das Blumenpapier zusammen. »Ich dachte, du bist schon voll dabei.«

»Beim Überlegen, ja. Sie will gerne was haben, wofür ich alte Kleidungsstücke verwende. Das habe ich schon öfters gemacht, na ja, aber jetzt muss es natürlich was ganz Besonderes werden, für den roten Teppich. Kannst du dir dann im Fernsehen anschauen, na ja.«

»Warum sagst du ständig ›na ja‹?«

»Mach ich das?«

»Ja.«

»Hm. Na ja …« Sie wollte am liebsten JETZT SOFORT zum Bahnhof zurückgefahren werden. Aber die Uhr über der Tür teilte vorwurfsvoll mit, dass sie gerade einmal eine Viertelstunde hier war und unmöglich schon wieder gehen konnte. »Soll ich uns was aus der Cafeteria holen?«

Sie bewegte sich ganz langsam bis ins Erdgeschoss, ließ sich Zeit mit der Kuchenauswahl, füllte den Kaffee erst in Keramiktassen, dann in Pappbecher um, obwohl sie vorher gelesen hatte, dass die Tassen nicht mit nach draußen genommen werden durften, und als sie ins Zimmer ihrer Mutter zurückkehrte, behauptete sie, das halbe Krankenhaus habe gerade Kaffee geholt.

Sie blieb noch sitzen, als der Zeiger die Stundenmarke bereits überschritten hatte. Jede Minute, die sie hier saß, war eine Minute mehr auf dem Konto der Anwesenheit, und sie hatte in den letzten Jahren definitiv zu wenig auf dieses Konto eingezahlt. Vielleicht hatte es sogar einen Effekt, wenn sie hier saß, die Hand ihrer Mutter streichelte und hin und wieder etwas sagte. Vielleicht führte es zu winzigen, unsichtbaren Reaktionen in ihrem Gehirn, die es wieder in Gang brachten und in die Lage versetzten, früher oder später all die Funktionen auszuüben, die es vor dem Schlaganfall ausgeübt hatte.

»Glaubst du, das wird wieder?«, fragte sie Verena, während sie zurück zum Parkplatz liefen.

»Was ich glaube, spielt keine Rolle, Tess.«

»So war es auch nicht gemeint.«

»Wie dann?«

Sie legte ihre Hand auf den Türgriff. »Na ja …«

»Schon wieder!«

»Sorry.« Sie wartete, bis Verena das Auto aufgeschlossen hatte. »Ich frage mich nur: Sollten wir uns nicht schon mal nach Pflegeheimen umschauen? Also rein prophylaktisch, wegen der langen Wartezeiten, um für den Fall vorbereitet zu sein, dass …«

»Ja?«

»… es eben nicht wieder wird?«

Verena schlug die Autotür wieder zu. »Pah! Sollen wir noch mal hochgehen? Und sagen: ›Hör mal, Mama, deine jüngste Tochter, Tess – erkennst du sie? –, sie war gerade schon mal bei dir und hat von nichts anderem geredet außer von ihrer tollen Arbeit ...«

»Du hast gesagt, ich soll ihr davon erzählen!«

»Ja! Damit du überhaupt was sagst!«

»Das ist unfair.«

»Wenn du meinst! Dann lass uns doch wirklich noch mal zu ihr gehen und ihr von deiner schönen Idee berichten: ›Eine Idee, Mama, die nicht Tess‹ Arbeit betrifft, für die sie so gefeiert wird, sondern dich! Ja, genau, dich! Sie hat sich tatsächlich mal Gedanken um dich gemacht. Wahnsinn, oder? Und weißt du was? Weißt du, was dabei herausgekommen ist? Dass wir dich in ein Pflegeheim stecken!‹«

»Das hab ich nicht gesagt!«

»Hast du nicht?«

»Nein.«

»Okay, puh. Dann ganz kurz, zum Mitschreiben, damit ich jetzt wirklich nichts falsch verstanden habe: Du hast nicht gefragt, ob wir uns schon mal nach Pflegeheimen umsehen sollten?«

»Doch.«

»Ach?!«

»Oh, Mann, Verena ...«

»Was heißt hier ›Oh, Mann, Verena?‹ Oh, Mann, Tess, kann ich nur sagen! Ich meine, ich hatte eine ungefähre Ahnung davon, was bei dir Phase ist. Aber dass es so krass ist ...«

»Was?«

»Dass es dir so wenig um Mama geht und so sehr darum, eine Lösung zu finden, die für dich am bequemsten ist.«

»Aber du hast doch auch einen Job!«

»Hab ich? Wusste ich gar nicht. Wurde ich heute noch gar nicht nach gefragt.«

»Bitte! Lass uns sachlich bleiben.«

»Ich bin sachlich, Tess! Das einzig Unsachliche, das ich bisher gehört habe, kam von dir. Aber weißt du was?«

»Hm?

»Ich werde dir den Gefallen nicht tun! Diesen Gefallen werde ich dir nicht tun, Tess!«

»Welchen?«

»Ich werde Mama nicht in ein Pflegeheim geben, nur damit du weiterhin in Leipzig in Ruhe dein Ding machen kannst und bloß alle Jubeljahre hier mal auftauchen musst, um ein bisschen was von deinem schlechten Gewissen loszuwerden. Vergiss es! Wirklich! Wenn es dazu kommt, dass Mama pflegebedürftig bleibt, werden *wir* uns kümmern! Wir beide! Du und ich!« Sie zog die Autotür wieder auf, stieg ein und knallte sie zu.

Tess blieb stehen. Sie zitterte, während der Motor ansprang und der Wagen aus der Parklücke rollte. Ihr Mund war trocken. Ein Pelz aus Kaffee mit Milch bedeckte ihre Zunge. Sie lief los, quer über den Parkplatz, den ganzen Weg bis zum Bahnhof.

*

Der Flur war dunkel, als sie die Wohnungstür aufschloss. Durch einen Spalt sah sie, dass im Wohnzimmer Licht brannte. Moyra lag auf dem Sofa.

Sie fing an zu weinen, noch bevor sie bei ihr war, sank neben sie, krümmte sich zusammen, zuckte, wenn sie Luft holen und schluchzen musste. Moyra schob ihre Hand unter den Pullover und kraulte sie zwischen den Schulterblättern.

»Ich hab's komplett verschissen, Mo«, sagte sie, als sie endlich sprechen konnte.

Moyra kraulte weiter, während sie zuhörte.

Sie genoss das Kribbeln, das sich über den ganzen Rücken ausbreitete. »Das Schlimmste ist: Es stimmt, was Verena gesagt hat.«

Moyra hörte auf zu kraulen. »Sehe ich nicht so. »Du hast dir hier was aufgebaut, hast Kraft und Zeit investiert. Ist doch normal, dass du Angst davor hast, nach Halberstadt zurückkehren und dich plötzlich um deine Mutter kümmern zu müssen. Ich wette, Verena hat genauso viel Angst davor. Nur ist sie nicht in der Lage, das zu sagen, deshalb macht sie dir jetzt Vorwürfe. Aber du bist nicht schuld am Zustand deiner Mutter!«

Sie sagte nichts dazu, bat nur darum, noch ein klein wenig gekrault zu werden. Als Moyra aufstand, um etwas zu Essen zu machen, blieb sie liegen. Es war so angenehm, wie ein krankes Kind umsorgt zu werden. Trotzdem beschlich sie ein ungutes Gefühl.

»Machst du das jetzt alles nur, damit ich dir erlaube, in den Südsudan zu gehen?«

Moyra stellte Teller mit Gemüseomelette, Salat und Baguette auf den Wohnzimmertisch. »Das hast du mich auch schon gefragt, als ich Nick gebeten habe, Heike und Rolf dabei zu helfen, gegen die Eigenbedarfskündigung vorzugehen. Denkst du das wirklich?«

»Nein.«

»Sei ehrlich, Tess! Ich muss sicher sein können, dass du diese Entscheidung mitträgst. Und als ich dir zum ersten

Mal davon erzählt habe, hast du mir das Gefühl gegeben, dass du das tust.«

»Ich tue es!«

»Sicher?«

»Ja!«

»Zu einhundert Prozent?«

»Zweihundert.« Sie log nicht, obwohl es ihr lieber gewesen wäre, Moyra nicht monatelang im Südsudan zu wissen. Aber sie hatten lange darüber beraten, Pro und Contra abgewogen, und am Ende waren sie sich einig gewesen, dass die Vorteile größer als die Nachteile waren. »Wenn du möchtest, dass sich nichts an meiner Einstellung ändert, solltest du allerdings sofort damit aufhören, mir so leckeres Essen zu kochen, zu putzen und mich zu kraulen.«

»Wie du möchtest.«

»Möchte ich nicht!« Sie schob sich eine Gabel Omelett in den Mund. »Ich werde mich halt nur von Nudelsuppen mit Shrimp-Aroma ernähren, die Wohnung verkommen lassen und mir jemanden suchen, der sich um mich kümmert, während du weg bist.«

»Du musst mir wirklich sagen, wenn du nicht möchtest, dass ich den Job annehme!«

»Und dann würdest du ihn allein meinetwegen nicht annehmen?«

»Ja.«

»Hach.« Sie gab Moyra einen Kuss. »Lass mich noch mal kurz überlegen …« Sie stützte ihren Kopf in ihre Hand. »Nee, also, allein schon wegen unseres Urlaubs auf diesen Inseln muss ich dich das ja machen lassen.«

»Ich hoffe, dass das nicht der einzige Grund ist.«

»Der einzige nicht. Aber ein ziemlich guter.« Sie musste

aufhören, die Sache zu sehr ins Lächerliche zu ziehen, das sah sie Moyra an. Aber es gefiel ihr, dass die Entscheidung sehr wesentlich von *ihrer* Zustimmung abhing.

»Vielleicht hilft es dir ja auch in Bezug auf deine Mutter«, sagte Moyra.

»Inwiefern?«

»Na ja. Wenn ich eh nicht zu Hause bin, fällt es dir bestimmt leichter, nach Halberstadt zu fahren.«

So hatte sie die Sache noch nicht gesehen. Zu der Zeit, als Moyra einen Großteil der Woche in Berlin verbrachte, hatte es zwar absolut keine Rolle gespielt und nicht dazu geführt, dass sie sich öfter bei ihrer Mutter blicken ließ, aber das konnte sich ändern.

Moyras erstes Vorbereitungsseminar bot die perfekte Gelegenheit, es zu testen. »Wir machen das zusammen, Mo!«, rief sie Moyra zu, nachdem die erklärt hatte, keine Lust auf ihr Seminar zu haben.

»Wie soll das gehen? Du kannst schlecht mitkommen.«

»Nein. Du fährst zum Vorbereitungsseminar und ich fahre nach Halberstadt. Dann nehmen wir beide eine Hürde zur gleichen Zeit, jede für sich, aber irgendwie auch gemeinsam.«

*

Der Boden war nass und rutschig vom Laub, als sie Moyra zum Bahnhof brachte. Sie hielten sich aneinander fest.

»Ich freue mich schon aufs Wochenende!«, sagte Moyra.

»Ich mich auch! Wann kommst du am Samstag zurück?«

»Um die Mittagszeit. Ich gebe dir noch mal Bescheid. Und wann fährst du?«

»Donnerstag. Ich hoffe, dass ich bis dahin mit dem Kostüm fertig bin.«

»Ha! Ist das etwa deine Hintertür?«

»Nein! Ich brauche keine Hintertür, versprochen! Du fährst jetzt, ich fahre am Donnerstag. Nur: Übernächsten Montag kommt Sandra zur Anprobe, und am Wochenende drauf ist schon die Preisverleihung.«

»Na, dann! Beeil dich! Ich will das Wochenende mit dir frei haben.« Sie winkte, während sich die Zugtür schloss. Tess lief noch einige Schritte neben dem anfahrenden Zug her, bis er so schnell wurde, dass sie nicht mehr mithalten konnte.

Im Laden stellte sie zum ersten Mal seit dem Ende des Sommers die Heizung an, kochte Tee, drehte die Musik auf und setzte sich an die Nähmaschine. Das gleichmäßige Klacken der Nadel, mit dem sie den Faden in den Stoff stieß, wirkte beruhigend. Es ließ die angenehme Illusion entstehen, dieses Stück Stoff wäre der einzige Ausschnitt der Welt, auf den es jetzt ankam.

Sie nahm den Fuß vom Pedal, als die Ladentür aufging. Hinter dem Vorhang, den sie extra für die kalte Jahreszeit angebracht hatte, trat sich jemand die Füße ab.

»Hey!« Larissa steckte ihren Kopf herein. Sie trug die Haare deutlich kürzer als beim letzten Mal. »Bin ich hier richtig bei der Schneiderin von Sandra Hüller?« Sie knöpfte grinsend ihren Mantel auf.

Tess war unentschlossen, ob sie aufstehen und sie umarmen sollte.

»Ist es das etwa?«

Sie blieb sitzen, ihre Hand auf dem Stoff. »Ja. Muss bis Montag fertig sein.«

»Ich will auch gar nicht lange stören. Hatte nur deinen

Post gesehen, war gerade in der Gegend und dachte mir: Jetzt schaue ich mal kurz vorbei! Ist schick geworden!« Sie strich über den Ärmel eines Mantels, der auf einem Bügel an der Stange hing.

Tess drehte die Musik leiser.

»Wenn ich mal berühmt bin, lasse ich mir auch was von dir schneidern.«

»Klar. Musst aber nicht warten. Der Großteil meiner Kundschaft ist nicht berühmt.«

Larissa blieb vor einem langen, dunklen Kleid stehen. »Wohnst du jetzt auch hier in der Ecke?«

Sie zeigte mit dem Finger zur Decke. »Direkt oben drüber, mit Moyra.«

»Wie schön!«

»Ja. Und du? Bist du inzwischen mit Oliver zusammengezogen?«

»Nee. Wir haben uns getrennt.«

»Das tut mir leid.« Sie saß noch immer wie festgenäht an der Maschine. »Moyra geht bald in den Südsudan.«

»Wow. Zum Arbeiten?«

»Ja. Ist gerade losgefahren zu ihrem ersten Trainingsseminar.« Sie starrte auf die Stoffnaht. Warum, bitteschön, hatte sie diesen Satz gesagt?

»Klingt aufregend!«

»Schon, ja.« Warum hatte sie bloß angefangen, von Moyra zu sprechen? Es war mindestens genauso dämlich wie die Idee, Hunderte winziger Pailletten auf dem Kostüm anzubringen, damit es im Blitzlichtgewitter etwas hermachte. Sie seufzte, ohne es zu wollen.

»Ich lass dich mal in Ruhe weitermachen. War aber schön, dich zu sehen!«

Tess entschuldigte sich. »Ist alles etwas viel gerade.«

»Kein Thema! Ich bin ja einfach reingeschneit.« Sie ging zur Tür, drehte sich kurz vor dem Vorhang noch mal um. »Falls du mal eine Pause machen und was trinken gehen willst, gib Bescheid.«

»Danke!« Die Tür ging zu. Der Vorhangsaum wischte über den Boden.

Sie hielt es genau zwei Stunden aus, bevor sie ihr eine Nachricht schrieb, vordergründig, um sich dafür zu entschuldigen, dass sie so kurz angebunden gewesen war, jedoch auch, um ein Treffen für Mittwochabend vorzuschlagen.

Sie arbeitete den ganzen Montag und den ganzen Dienstag, verfluchte jede einzelne Paillette, doch am Mittwochabend war sie immer noch nicht fertig. Sie betrat die Bar, in der sie sich verabredet hatten, deshalb in der vollen Überzeugung, genau einen Drink zu sich zu nehmen, noch dazu nichts Schweres, nichts mit zu viel Alkohol, das ihr das Weitermachen erschweren würde, aber dann orderte sie doch das Gleiche wie Larissa, Lillet Wild Berry, und beim zweiten, den Larissa sich bestellte, trank sie ein wenig mit. Sie konnte nicht leugnen, Hunger zu haben, als sie damit fertig waren, und nach dem Essen gaben ihr weder der Magen noch der Rest des Körpers das Gefühl, dass es sich bei der Rückkehr an die Nähmaschine um eine gute Idee handelte.

»Sicher, dass du nicht doch lieber weiternähen möchtest?«, fragte Larissa, während sie die Wohnungstür aufschloss.

Sie gab ihr einen leichten Stups. »Schnell rein, bevor ich's mir wirklich noch mal anders überlege.«

Sie drückte die Tür hinter sich zu, sperrte den Rest der Welt aus, und keine Stunde später hatte sie vergessen, dass es dort draußen überhaupt noch eine Welt gab, Menschen, die Erwartungen hatten und Forderungen stellten. Es genügte völlig (und war noch dazu deutlich angenehmer), die Welt auf das Dreieck zwischen Larissas Küche, ihrem Bett und ihrem Bad zu reduzieren und nur so weit mit der Außenwelt in Kontakt zu treten, wie es für das Bestellen und Annehmen von Dumplings, Matar Paneer oder Reisbandnudeln mit Tofu nötig war. Es erschien jetzt geradezu widersinnig, dass Menschen überhaupt noch auf die Straße gingen, zumal bei diesem ungemütlichen Nieselregen. Das Leben war ein Gefäß, das mit Zufriedenheit gefüllt werden konnte, wenn man nur wusste, welche Mittel dafür eingesetzt werden mussten (Larissa wusste es sehr gut). Sie hatte keinen Gedanken daran verschwendet, dass dieses Gefäß jederzeit umfallen und auslaufen konnte. Aber jetzt, auf dem Klo, während sie zum dritten Mal Moyras Sprachnachricht hörte, fiel es um.

»Tess?«

»Ja?« Sie nahm das Handy vom Ohr.

»Hast du die Dumplings nicht vertragen? Du bist jetzt schon seit einer halben Stunde da drin.«

»Ich komme gleich.« Sie stand auf, legte das Telefon auf die Ablage vor dem Spiegel, nahm das Handtuch ab und stieg unter die Dusche. Sie seifte sich die Haare und den Oberkörper ein, stoppte, als sie bei den Beinen ankam, weil ihr auffiel, dass es eine ziemlich schlechte Idee war, nach Larissas Duschbad zu duften. Sie stellte das Wasser wieder an und schrubbte sich mit einem Lappen, bis ihre Haut bereits anfing, rot zu werden und zu schmerzen, obwohl sie noch nicht annähernd das Gefühl hatte, so zu riechen, wie sie riechen musste, damit Moyra nicht schon daran bemerkte, dass sie nicht aus Halberstadt kam.

Sie trocknete sich ab, nahm ihr Telefon von der Ablage und tippte *Wie sage ich meiner Freundin, dass ich eine Affäre habe, und wie sage ich meiner Affäre, dass ich nicht ihre Freundin sein möchte?* in die Suchmaske der KI, legte es aber wieder weg, weil die Antworten absolut unbrauchbar waren (*Koche ein schönes Abendessen und sag es ihr dann ganz in Ruhe bei euch zu Hause* ODER *Sag es ihr einfach gar nicht*). Es gab nicht mal frische Klamotten, die sie anziehen konnte. Die, die drüben im Schlafzimmer lagen, hatte sie zwar seit vorgestern nicht getragen, doch sie kamen ihr trotzdem schmutzig vor.

Am liebsten wollte sie jetzt sofort, nackt und wundgerieben, wie sie war, vor Moyra treten, sich ihrer eigenen Scham und Reue ergeben, sich hilf- und wehrlos zeigen. Nur ginge das vielleicht doch etwas zu weit. Sie war schließlich nicht diejenige, die des Mitleids bedurfte, auch wenn sie mit ihren nassen, schlaff herabhängenden Haaren im Spiegel wirklich äußerst bemitleidenswert aussah.

Sie verneinte, als sie in die Küche trat und Larissa fragte, ob sie ihr irgendwie helfen könne. Ihr war nicht mehr zu helfen. Sie musste jetzt so schnell wie möglich zu Moyra fahren, bevor sie knietief im Selbstmitleid versank und gar nicht mehr loskam.

An der Haustür hatte sie den Impuls zu klingeln. Sie kam sich wie eine Fremde vor, der es nicht zustand, einfach einzutreten.

Moyra telefonierte im Arbeitszimmer. Ihre Stimme klang aufgebracht.

Sie setzte sich aufs Sofa, wartete wie auf den Beginn eines Tribunals.

Die Tür ging auf.

»Da bist du ja!« Moyra trat in den Raum, hielt ihr Telefon in die Luft. »Wusstest du davon?«

»Wovon?«

»Heike und Rolf?«

»Was genau?«

»Dass sie Nick gefeuert haben!«

»Gefeuert?«

»Na, diese Einwilligung zurückgezogen, dass er sie anwaltlich vertreten soll.«

»Oh.«

»Ja. Oh. Und noch dazu haben sie seine Kanzlei mit negativen Onlinebewertungen und übelsten Kommentaren überzogen.«

»Heike und Rolf? Ernsthaft?« Tess zog ihre Beine wie einen schützenden Panzer an ihre Brust.

»Du glaubst mir nicht?«

»Doch. Aber …«

Moyra tippte etwas auf ihrem Telefon, trat zu ihr, hielt ihr das Display hin, spielte ein Video ab.

»Was ist das?«

»Ein Video?!«

»Worüber?«

»Darüber, dass wir uns alle vor der Pharmaindustrie in Acht nehmen müssen, weil sie und andere Eliten eine neue Weltordnung planen.«

»Und was hat das damit zu tun?«

»Die beiden haben es Livi geschickt.«

»Okay. Aber du hast mir doch auch wochenlang von

dieser Serie über die Opioid-Epidemie in den USA erzählt.«

Moyra machte einen Schritt nach hinten. »Im Ernst? Nur weil ich mir *Painkiller* angeschaut habe, was übrigens – nur zur Erinnerung – auf wahren Begebenheiten beruht, habe ich in deinen Augen das Gleiche getan?«

»Natürlich nicht!«

»Was ist es dann, was du mir sagen wolltest?«

»Dass ich nicht verstehe, was Heike, Rolf und Nick damit zu tun haben.«

Moyra stöhnte. »Pass auf: Nick hat gerade angerufen und erzählt, sie hätten sich bei ihm gemeldet und erklärt, nicht mehr von ihm vertreten werden zu wollen.«

»Mit welcher Begründung?«

»Keiner. Aber heute Morgen sind plötzlich diese Kommentare aufgetaucht, in denen behauptet wird, ihm und seiner Kanzlei solle man auf keinen Fall vertrauen, weil sie unter anderem auch Immobilien- und Pharmafirmen vertreten.«

»Tun sie?«

»Ja. Ändert das was?«

»Nein. Aber es erklärt natürlich …«

»… weshalb sie ihm geschrieben haben, dass er zur Hölle fahren soll?«

»Haben sie?«

»So ähnlich. Aber darum geht's auch nicht.«

»Sondern?«

»Darum, dass jetzt auch noch Nick Opfer ihres Wahns geworden ist.«

»Wieso auch noch? Welcher Wahn?«

»Na, denk mal an den Brand.«

Die Feuerwehr war direkt bei ihr vor den Laden gefahren, mit Blaulicht und Sirene. Sie hatte einen Moment gebraucht, um zu verstehen, dass sie dort hielten, weil es tatsächlich *hier* brannte. Sie sah Einsatzkräfte in voller Montur in den Hausflur laufen. Sie wollte nicht gaffen, aber was, wenn in *ihrer* Wohnung etwas war?

Sie lief nach oben, hörte schon am Getrampel und den Stimmen auf der Treppe, dass weiter oben etwas passiert sein musste. Brandgeruch stand in der Luft, jedoch nicht viel stärker als derjenige, den sie noch Tage nach dem Maifeuer im Hausflur wahrgenommen hatte.

Rolf kam, begleitet von einem Feuerwehrmann und einem Sanitäter, die Treppe herunter. Er wirkte gesund, allenfalls ein wenig verwirrt.

»Was ist los?«

»Speisekammer«, sagte er. »Hat in der Speisekammer bei uns gebrannt.«

»Bist du verletzt?«

»Nein. Aber die wollen mich jetzt trotzdem mitnehmen und durchchecken – keine Ahnung. Kannst du Heike anrufen? Ich finde mein Telefon nicht.«

Sie sprach mit ihr, noch während er die Treppe nach unten ging.

Am darauffolgenden Tag fing sie beide vor dem Haus ab, fragte, wie es ihnen geht.

»Soweit in Ordnung«, sagte Rolf.

Heike stand neben ihm. »Jetzt werden langsam härtere Geschütze aufgefahren«, sagte sie.

»Wie meinst du?«

»Um uns rauszuekeln.«

Rolf sah Tess an. »Das war kein Zufall. Jemand« – er

schaute sich um – »hat die Steckdose manipuliert. Zum Glück war ich zu Hause und hab den Rauch sofort bemerkt.«

Sie fragte nicht nach, ob sie sich wirklich sicher waren. Sie kannte sich nicht aus mit Steckdosen und Brandursachen. Sie war vor allem beruhigt, dass die Wohnung der beiden, abgesehen von der Speisekammer, noch bewohnbar war.

Moyra war ebenfalls beruhigt. Aber sie war skeptisch, was die Ursache des Brands anging, und sie fing auch jetzt, während Tess mit angezogenen Knien auf dem Sofa saß, noch einmal damit an: »Glaubst du ernsthaft, Herr Langner würde in seinem eigenen Haus Feuer legen, nur um eine Mietpartei loszuwerden? Überleg mal, wie hoch das Risiko ist, dass bei so einer Aktion das ganze Haus abfackelt. Das ergibt doch keinen Sinn. Wenn du mich fragst: Rolf hat einfach seine Zigarette nicht richtig ausgemacht. Die beiden rauchen ständig in der Küche.«

»Vor dem Laden, wo er früher immer geraucht hat, kann und will er nicht mehr stehen. Und sie will vermutlich nicht mehr in den Garten, seit du ihre Koniferen entfernt hast.«

»Jetzt bin *ich* schuld? Was haben die scheiß Koniferen damit zu tun, dass sie nicht mehr im Garten raucht? Abgesehen davon, dass sie über Reflux klagt und eh gar nicht rauchen sollte! Ich verstehe nicht, warum du sie so verteidigst.«

Sie kauerte sich immer mehr zusammen. »Ich verteidige sie nicht. Ich sage nur, dass es Gründe für ihr Verhalten gibt und wir selbst vielleicht dazu beigetragen haben.«

»Es gibt immer Gründe, Tess. Immer! Aber es gibt gute und schlechte. Und ihre Gründe, solchen Mist zu verbreiten, sind verdammt schlecht.« Sie hielt ihr die Kommentare über Nick vors Gesicht.

»Keine Ahnung. Ich … vermutlich ist ihnen der ganze Stress zu Kopf gestiegen.«

Moyra stöhnte erneut. »Tess – ich verstehe schon, dass es ihnen nicht gut geht. Das verstehe ich vollkommen. Aber das ist nicht mein Punkt. Mein Punkt ist: Das ist alles nicht harmlos. Leute werden ermordet wegen solchem Scheiß.«

»Jetzt übertreibst du!«

»Ich übertreibe? War der Mord an Walter Lübke eine Übertreibung? Das Attentat von Hanau? Der Anschlag von Halle? Was glaubst du, womit so was anfängt? Das fängt mit Telegram-Chats und mit solchen Videos an, in denen nicht nur krudes Zeug über die Pharmaindustrie behauptet wird, sondern auch, dass Black Lives Matter eigentlich nur dazu dient, zusammen mit jüdischen Unternehmern eine globale Weltregierung zu errichten, vor der uns nur noch Trump und Orban und Höcke retten können. Aber inzwischen nehmen einige Leute die Sache sogar selbst in die Hand, weil sie meinen, dass nur so solche Eliten wie wir gestoppt werden können, die sich angeblich gegen sie und den Rest der Menschheit verschworen haben. Wach auf, Tess! Das betrifft auch *dich*! Das ist fucking real!«

Tess wollte sich aus ihrer verkrampften Haltung lösen, doch es gelang ihr nicht. »Ich weiß«, hauchte sie. Sie hatte das Gefühl, kaum noch sprechen zu können. »Ich will nichts daran beschönigen, und ich kann verstehen, dass du wütend auf sie bist und es dir gegenüber Nick unangenehm ist, nachdem du ihn um Hilfe gebeten hattest.«

»Was? Also bin doch ich das Problem? Es reicht offenbar nicht, dass ich eine Frau bin, dass ich Schwarz bin, dass ich lesbisch bin. Ich muss jetzt auch noch ganz dem Klischee entsprechend eine *wütende* Schwarze, lesbische Frau sein. Und gleich wirst du mir noch erklären, dass meine Wut in Wirklichkeit Angst ist, von anderen nicht gewollt zu werden, weil ich als Adoptivkind von meinen leiblichen Eltern schon nicht gewollt wurde, und deshalb ist es mir jetzt auch so unangenehm, wenn Nick mir etwas übelnehmen könnte, denn das hat bei einem Menschen wie mir natürlich sofort eine ganz existenzielle Dimension … My goodness, Tess. Give me a break!« Sie lief aus dem Wohnzimmer.

Tess blieb sitzen, bewegte sich keinen Millimeter. Es war, als wäre sie in einen Autounfall geraten, wobei sie nicht sagen konnte, wer oder was genau den Unfall verursacht hatte (war sie es gewesen?). Glassplitter und zerbeulte Blechteile lagen um sie herum, und sie schaute an sich herab, um zu begreifen, was geschehen war.

Moyra kehrte mit einem Glas Wasser in der Hand zurück, blieb auf halbem Weg zwischen Tür und Sofa stehen. »Weißt du, was ich glaube, Tess?«

»Hm?«

»Ich glaube, du verteidigst die beiden nur deshalb so, weil du damit dein schlechtes Gewissen gegenüber deiner Mutter und deiner Schwester kompensierst.«

»Wie?«

»Ja! Ich meine, wie viele Wochen bist du jetzt nicht nach Halberstadt gefahren? Fünf? Sechs? Oder mehr? Aber sobald bei denen da oben was passiert, stehst du vor der Tür, um zu schauen, wie es ihnen geht.«

»Das ist … Sie haben sich damals auch nach dir erkundigt, nachdem du deinen vermeintlichen Herzinfarkt hattest. Und was Halberstadt betrifft: Du weißt, wie sehr mich das alles belastet.«

»Ich weiß«, sagte Moyra. Sie schaute jetzt geradezu versöhnlich. »Umso besser, dass du endlich mal wieder bei deiner Mutter gewesen bist.«

Ein Laster raste ungebremst in die Unfallstelle, explodierte vor ihren Augen. Sie konnte kaum atmen, weil ihre eigenen Beine ihren Brustkorb zerquetschten.

»Ich war nicht in Halberstadt.« Sie flüsterte es nur.

»Sondern?«

Ihre Antwort kam ihr vor, als jagte sie damit die letzten noch intakten Reste ihrer Beziehung in die Luft. Überall Verwüstung. Sie konnte sich nicht erinnern, innerhalb so kurzer Zeit schon einmal so viele Beziehungen beschädigt zu haben, aber auch wenn sie wusste, dass sie jetzt mindestens Erste Hilfe leisten musste, war sie zu nichts anderem in der Lage, als aufzustehen und zu gehen.

Sie lief durch den Flur, zur Wohnungstür hinaus und die Treppe hinunter.

Im Laden war es kalt. Der linke Ärmel des Kostüms lag noch so da, wie sie ihn am Mittwochabend zurückgelassen hatte.

Sie setzte sich, schaltete den Strom für die Nähmaschine ein und trat aufs Pedal.

Die Nadel fing an, sich auf und ab zu bewegen. Taka-taka-taka. Taka-taka-taka.

Sie nahm das Ärmelteil, schob es unter die Nadel, legte ihren Finger darüber. Taka-taka-taka.

Der Schmerz wirkte betäubend.

Sie sah, wie die Nadel immer wieder hineinjagte, wie ihr Finger zu bluten begann, wie das Blut nach unten lief und den hellblauen Stoff dunkelrot färbte. Taka-taka-taka.

9

Sie verließ die Terrasse am Fluss, ohne sich noch einmal umzudrehen, ging am Pool vorbei, stieg die geschwungene Freitreppe nach oben, durchquerte die Lobby und trat hinaus auf den staubigen Parkplatz. Nur eine Handvoll Autos standen dort. Der Wachmann betätigte den Summer für das zerbeulte Metalltor. Sie trat hinaus auf die noch viel staubigere Straße.

Die Scheinwerfer von Autos, Kleinbussen und Motorrädern blendeten. Sie wechselte die Straßenseite. Es gab keinen Gehweg, nur eine von Abfällen und Plastikfetzen gesäumte Mauer. Es stank nach sonnengewärmtem Müll, eine süß-säuerliche Mischung aus vergorenen Fruchtresten und Exkrementen.

Wie alle anderen ignorierte sie die Ampel, schlüpfte zwischen einem hupenden Tuk-Tuk und einem Trinkwasser-Tanklaster hindurch. Aus den Läden dröhnte Musik, Menschen balancierten Kartons und Kanister auf dem Kopf, drückten ihre Körper an ihrem vorbei.

Im Hotel mochten die Ersten jetzt ihr Fehlen bemerken. Aber niemand würde so schnell auf die Idee kommen, dass sie nicht wie behauptet auf Toilette gegangen war, sondern das Gelände verlassen hatte. (Zu Fuß! Allein! Im Dunkeln! Kurz vor Beginn der Ausgangssperre!) Die Vorstellung, dass doch in Kürze drei, vier weiße Menschen in einen weißen Geländewagen springen würden, um sie zu finden, ließ sie grinsen. Sie war Teil der Masse, die sich durch die Straßen schob. Sie war unsichtbar! Sie war frei!

Vor einer Garküche glühte Holzkohle in einer Tonne. Es roch nach frisch gebackenem Fladenbrot und gekochten

Puffbohnen, nach Erdnussbutter und Spinat. Sie hatte seit dem Morgen nichts gegessen, nur Campari im Magen. An der Decke eierte ein Ventilator, bewegte warme Luft von einer Ecke in die andere. Ein Tisch war noch frei, sie setzte sich auf den Plastikstuhl. Die Musik und der Fernseher waren so laut, dass sie brüllen musste, was sie wollte. (Essen? Essen!) Die Bedienung verschwand hinter einem Vorhang, kam mit einer Flasche Wasser und einer randvollen Schüssel wieder. Sie konnte nicht ausmachen, was es war, tunkte den Löffel hinein. Er blieb stecken, ragte heraus wie ein Spaten, den man in die Erde gestoßen hatte. Sie sah sich um: Vor allen standen die gleichen Schüsseln, alle löffelten und schlürften den dunklen Inhalt. Nur: bei niemandem sonst blieb der Löffel stecken.

Der Raum drehte sich nach ihr um. Sie wollte aufstehen und gehen, aber ihre Füße gehorchten nicht, ihre Beine waren Glibber. Sie versuchte, mit dem Finger auf die Schüssel zu zeigen, aber die Muskeln in ihren Armen gehorchten nicht mehr den Befehlen, die sie ihnen gab.

Sie blickte an sich herunter. Sie trug die gleiche blaue Hose, das gleiche grüne, langärmlige Shirt wie vorhin im Hotel, aber … Sie drehte ihren Kopf zur Decke – der Ventilator summte noch immer, doch die Decke war jetzt verspiegelt, zeigte die Köpfe aller Gäste, ihre Gesichter, auch ihr eigenes Gesicht, nur erkannte sie es kaum, denn es war weiß und auch ihre Arme und ihre Hände waren …

»Mo?«

Licht fiel ihr ins Gesicht. Die Tür stand offen. »Shit. Hab ich verpennt?« Es fühlte sich so an, als hätte ihr jemand auf den Kopf gehauen. Sie war deutlich zu müde, um aufzustehen.

»Ich denke nicht.« Nicks Silhouette warf einen Schatten genau auf den Boden vor ihrer Matratze. »Aber du hast gerufen.«

»Echt?« Das Licht wirkte jetzt noch greller. »Nach wem?«

»Ich konnte es nicht verstehen, aber es war sehr laut, deswegen dachte ich: Ich schau lieber mal nach dir.«

»Tut mir leid.« Sie ließ ihren Kopf zurück aufs Kissen sinken. War etwas Schlimmes, war nichts Schlimmes passiert? Sie wusste es selbst nicht. Alles, was sie wusste, war, dass sie jetzt die dritte Nacht in Folge wirklich intensiv geträumt hatte, und das bot insofern Anlass zur Beunruhigung, als sie sich normalerweise nicht daran erinnerte, ob sie geträumt hatte. In der Regel waren die Nächte sanfte Segelfahrten über ein Meer aus Nichts. Doch das war nun offensichtlich anders, und wenn es stimmte, was Nick sagte, dann hatte sich die Lage noch einmal deutlich verschärft. Sie hatte noch nie im Schlaf geschrien, noch dazu so laut, dass eine Person, die in einem anderen Zimmer schlief, davon aufwachte.

»Willst du versuchen, noch mal einzuschlafen? Ich muss gegen acht in die Kanzlei, dann kann ich dich wecken.«

»Ich weiß nicht«, sagte sie. »Vielleicht probiere ich's noch mal, ja.«

Er schloss leise die Tür.

Sie tastete auf dem Boden neben der Matratze nach ihrem Handy. Tess hatte genau einen Satz geschickt (Schlaf du auch gut, bis morgen!), aber sie konnte sie nicht dafür verurteilen. Sie hatte selbst nur ziemlich einsilbig auf die Frage geantwortet, wie der dritte Tag des Trainingsseminars gewesen sei. Ihre Antwort (Ganz okay) war gerade noch nah genug an der Realität gewesen, um nicht als Lüge zu gelten, und gleichzeitig dazu geeignet, durchblicken zu lassen, wie es ihr eigentlich ging, jedenfalls wenn Tess die entsprechenden Nuancen erfasste.

*

Über die letzten Wochen hinweg hatte sich ein ganzes Gewässer an Emotionen in ihr angestaut, und ihr war, rückblickend betrachtet, nicht ganz klar, wie sie es geschafft hatte, es nicht über die Ufer treten zu lassen. Der Pegel stand extrem hoch, das hatte sie schon beim Wochenendbesuch von Inga und Jens bemerkt. Sie waren gekommen, um ein Konzert im Gewandhaus zu besuchen, aber erst, während sie gemeinsam im Restaurant saßen, fiel ihr auf, wie naiv sie gewesen war, zu glauben, dass es sich dabei um den eigentlichen Grund ihres Besuchs handelte.

Sie lasen die Menükarte. Jens' Telefon klingelte. »Ja?«, sagte er. »Nein. Wir sind gerade in Leipzig, bei unserer Tochter.«

Sie strengte sich an, sich auf die Karte zu konzentrieren.

»Die geht jetzt bald auf große Mission, genau.«

Sie versank mit dem Gesicht noch tiefer in der Karte. Er war ihr Vater, Adoption hin oder her, und es war sein gutes Recht, wem auch immer über ihr Leben zu berichten. Doch sie kam einfach nicht umhin, in seiner Stimme eine solche Erleichterung darüber mitschwingen zu hören, dass seine Tochter nach dem jähen Abbruch ihrer Uni-Karriere nun doch nicht drohte, zu einem menschlichen *failed state*, zu einer Art Südsudan der Familiengeschichte zu werden, sondern sich glücklicherweise dafür entschieden hatte, eine

Tätigkeit aufzunehmen, von der er nicht ohne Stolz berichten konnte, und dieser Tonfall war fast noch schlimmer als derjenige, mit dem Tess auf die Nachricht von der erfolgreichen Bewerbung reagiert hatte. Sie wusste nicht, ob Tess einfach so unglaublich verständnisvoll und großherzig war, wie sie wirkte, oder ob etwas anderes dahintersteckte. Was, wenn sie zum Beispiel des Zusammenlebens mit ihr bereits überdrüssig geworden war? Dann hatte sie die Erwartungen ihrer Freundin nicht erfüllt. Die Angst davor, auch in Zukunft keinerlei Erwartungen erfüllen zu können – weder die von Tess noch die ihrer Eltern –, wurde immer größer.

»Bist du denn schon aufgeregt?«, fragte Inga. Jens hatte das Telefonat inzwischen beendet.

»Eher gespannt.« Es war die einfachste Möglichkeit, eine hoffentlich halbwegs zufriedenstellende Antwort zu geben, ohne durchblicken zu lassen, wie es wirklich in ihr aussah: Der Pegel ihres inneren Hochwassers stand ihr bis zum Hals, und es war nicht absehbar, dass er sank, im Gegenteil.

»Für dich wird es ja sicherlich auch nicht ganz einfach.«

Tess wiegte den Kopf hin und her, während Inga sie ansah. »Es wird anders«, sagte sie schließlich. »Anders schön.« Sie lächelte.

Es war auch jetzt wieder verblüffend zu sehen, wie wenig vorwurfsvoll Tess sich gab, wie wenig sie sich als die verlassene Partnerin inszenierte, die alleine zu Hause saß, während ihre Freundin eine aufregende Zeit im Ausland verbringen würde. Es war eigentlich kaum möglich, dass es allein an den Urlaubsaussichten lag. Aber wenn nicht daran, woran dann?

Ihr Mut, Tess von den Zweifeln, die sie umtrieben, zu berichten, wurde immer kleiner. Denn wenn alle, inklusive

Tess, so angetan von ihrem neuen Job waren, konnte sie doch nicht plötzlich die Einzige sein, der es zunehmend an Begeisterung mangelte!

Sie war jetzt nicht mal mehr imstande zu entscheiden, welches Gericht sie ordern sollte. Aber wenn der Pegel nicht von alleine sank, musste sie eben die Deiche verstärken. Deshalb redete sie sich in den Tagen vor Beginn des Seminars ein, dass alles schon nicht so schlimm werden würde.

Tatsächlich schien am ersten Morgen die Sonne. Auf dem Weg zum Seminar leuchteten rote und gelbe Blätter. Ein Eichhörnchen huschte über Äste. Sie konnte es aus dem Seminarraum heraus sehen. Die anderen Teilnehmenden waren, soweit sie es beurteilen konnte, alle jünger als sie. Auch die Dozentin, die sich als Sarah vorstellte und erklärte, sie habe das Vergnügen, sie in den ersten beiden Einheiten in interkulturellen Kompetenzen zu schulen, wirkte nicht viel älter als sie.

Moyra schaute immer wieder aus dem Fenster. Was war so schwer daran, sich jetzt zusammenzureißen und zu konzentrieren? War es nicht besser, hier zu sitzen und sich etwas über gutes Verhalten bei der Arbeit für eine Nichtregierungsorganisation anzuhören, als irgendwo in einem Lager Ware ein- und auszuräumen, wie diese ganzen Zeitarbeitsportale es vermittelten? Was wollte sie? Ein bedingungsloses Grundeinkommen? Eine Prämie fürs Nichtstun?

Sie kam sich jämmerlich vor. Sie saß in einem angenehm beheizten Raum, die Sonne schien ihr ins Gesicht! Kein Vergleich zu den Menschen im Südsudan, die wegen Krieg und Hunger fliehen mussten. Also was, bitteschön, war ihr

VERFICKTES PROBLEM? Hatte sie vielleicht gar kein Problem, sondern sie war das Problem? Konnte es sein, dass es schlicht und ergreifend keinen passenden Platz für sie auf dieser Welt gab?

*

Draußen war es noch dunkel. In ihrem Inneren war die emotionale Überschwemmung nicht mehr aufzuhalten. Das war spätestens jetzt nach diesem nächtlichen Aufschrei klar. Es war wohl an der Zeit, den Katastrophenalarm auszurufen, nur: Wer würde ihn hören?

Sie schaute auf die Uhr: Es war definitiv zu früh, um Tess anzurufen, zumal die heute nach Halberstadt fuhr und schon allein aus diesem Grund gerade genug mit ihren eigenen Problemen zu tun hatte. Sie konnte sie jetzt nicht auch noch mit ihrem Kram behelligen.

In der Küche füllte Nick Kaffee in einen Thermobecher. »Ich konnte jetzt nicht mehr schlafen«, sagte er. »Dafür bin ich dann heute Abend früher zurück. Sollen wir was essen oder trinken gehen? Oder beides?«

Sie konnte jetzt nicht im Geringsten an Essen denken, schon gar nicht an Alkohol. Sie sagte trotzdem ja.

»Schön! Dann sehen wir uns später, kannst ja schon mal überlegen, worauf du Lust hast.«

Sie legte sich zurück auf ihre Matratze, sah dem Tag vor dem Fenster dabei zu, wie er ebenfalls Mühe hatte, in die Gänge zu kommen. Selbst um die Mittagszeit war es noch nicht richtig hell.

Ihr Telefon blieb stumm. Sie hatte es mit einem Anruf bei Tess probiert, jedoch ohne Reaktion.

Kurz nach fünf stand Nick wieder in der Tür. »Du bist schon im Bett?«

Sie konnte die Tränen nicht mehr zurückhalten. »Ich bin gar nicht aufgestanden«, schluchzte sie.

Er setzte sich zu ihr, nahm ihre Hand. »Midlife Crisis?«

»Mit Anfang dreißig?« Sie musste kurz lachen, bevor die nächste Tränenwoge über ihre Wangen rollte. »Fuck, ey«, sagte sie, nachdem sie sich ein wenig beruhigt hatte. »Ich bin wirklich die reinste Bestätigung des Klischees, das unsere Eltern von unserer Generation haben.«

»Inwiefern?«

»Nicht in der Lage, Vollzeit zu arbeiten, erst recht, wenn die Arbeit nicht ganz und gar den eigenen Vorstellungen entspricht ...« Sie lehnte ihren Kopf an seine Schulter, schnäuzte ins Taschentuch, wischte sich die Tränen ab. »Und bei mir ist es noch schlimmer! Ich schaffe es ja nicht mal, für *eine* scheiß Woche an *einem* scheiß Trainingsseminar teilzunehmen!«

Nicks Blick war sanft und verständnisvoll. »Dann lässt du es eben sein.«

»Und dann? Sitze ich weiterhin ohne Arbeit da und bald auch ohne Geld?«

»Warte mal kurz.« Er stand auf, ging aus dem Zimmer und kehrte mit einer Flasche Wodka und zwei Schnapsgläsern in der Hand zurück.

»Ich bin mir ehrlich gesagt nicht sicher, ob das die Lösung ist«, sagte sie.

»Bestimmt nicht! Aber wir waren ja zum Essen und Trinken verabredet. Sushi habe ich gerade bestellt und der Wodka ist immerhin aus weißem Reis und durch Bambuskohle gefiltert.

»Na, dann!« Sie ließ sich einschenken.

»So«, sagte Nick, nachdem sie das zweite Glas getrunken hatten und sie sich bereits etwas heiterer fühlte. »Dann lass uns die Zeit bis zum Essen nutzen, um etwas lösungsorientierter zu werden. Was würde dir helfen?« Er stellte sein Glas auf den Boden, lehnte sich mit dem Rücken an die Wand.

Sie wusste nicht, was sie antworten sollte.

»Wie wär's, wenn ich dir Geld gebe?«

»Warum?«

»Warum nicht?«

»Ich meine: Warum solltest du das tun?«

»Weil ich viel Geld verdiene? Alleinstehend bin? Keine Kinder habe und auch nicht plane, welche zu bekommen? Klar, ich könnte mir jetzt eine weitere Eigentumswohnung davon kaufen oder einen Porsche oder ein Pferd. Aber ich könnte es auch einfach meiner besten Freundin geben, die gerade in einer schwierigen Situation zu sein scheint und sich damit eine Kinderwunschbehandlung oder was auch immer finanzieren könnte.«

Sie konnte die Tränen erneut nicht zurückhalten. »Das würdest du tun?«

»Ja!« Er goss sich einen weiteren Wodka ein.

»Du hilfst schon Heike und Rolf und jetzt auch noch mir.«

Es klingelte an der Tür. Nick sprang auf, kam mit einer Papiertüte voller Boxen wieder. Sie breiteten die Schachteln neben der Matratze auf dem Boden aus. Moyra schob sich ein mit Reis ummanteltes Avocadostück in den Mund. Es schmeckte hervorragend. Sowieso sah jetzt alles gleich viel besser aus. Doch am allerbesten war die Aussicht, morgen um diese Zeit mit Tess auf dem Sofa zu liegen und über ihre gemeinsame Zukunft zu reden.

*

Sie begann noch in dem Moment, in dem Tess die Wohnung verließ, damit, ihre Tasche wieder zu packen, dabei war es keine zwei Stunden her, dass sie sie ausgeräumt hatte. Sie war eigentlich zu müde, um sich sofort wieder auf den Weg zu machen, aber hier konnte sie nicht bleiben. Selbst wenn Tess sich bis auf Weiteres in den Laden zurückzog, standen die Nachwirkungen ihres Streits wie der Brandgeruch im Haus. Sie konnte die räumliche Nähe jetzt unmöglich ertragen. Sie brauchte Abstand und zwar schnell, und wenn sie nicht nach Bielefeld fliehen wollte (und das wollte sie auf keinen Fall), blieb nur die Rückkehr nach Berlin. Sie hatte nicht vor, wieder am Trainingsseminar teilzunehmen, aber sie fragte Nick, ob sie trotzdem erneut bei ihm unterkommen könne.

»Dann muss ich das Wochenende immerhin nicht allein beim Bingen mit Chips und Rotwein auf dem Sofa verbringen«, scherzte er, und sie bedauerte ganz und gar nicht, dass er kaum Nachfragen stellte. Sie hatte jetzt definitiv nicht die Kraft für lange, anstrengende Gespräche. Es reichte schon, dass Nick selbst viel mehr in die ganze Angelegenheit involviert war, als sie jemals vorhergesehen hatte. Sie konnte froh sein, dass er ihr keine Vorwürfe wegen des ganzen Ärgers mit den Hasskommentaren im Internet machte, und sowieso war es deutlich angenehmer als alles andere, neben ihrem besten Freund zu liegen, hin und wieder in eine Schüssel zu greifen und ein Glas in die Hand zu nehmen.

Am Montagmorgen erwachte sie vom Ruck, mit dem er die Wohnungstür zuzog. Vor dem Fenster begann ein weiterer grauer Tag zu dämmern. Sie hatte Angst, aufzustehen und der Leere der Wohnung zu begegnen. Jedes Straßengeräusch versetzte ihr einen Stich: Alle anderen gingen jetzt zur Arbeit. Milenas Nachricht mit der Frage, wie die erste Woche des Seminars gelaufen sei und ob sie schon erfahren habe, wann sie entsandt werde, lungerte seit achtundvierzig Stunden auf ihrem Telefon herum. Sie war außer Stande zu antworten, und ihr wurde schwindelig bei dem Gedanken, früher oder später auch noch Inga und Jens über die Vorgänge der letzten Tage in Kenntnis setzen zu müssen.

Sie schaffte es überhaupt nur aus dem Bett, weil ihre Blase drückte. In der Küche zupfte sie verschrumpelte Blätter von den wenigen Pflanzen, die auf dem Fensterbrett standen. Im Wohnzimmer bedeckten Krümel die Couch und den Teppich. Sie holte den Staubsauger, machte im Flur und dann im Bad weiter. Es war die beste Maßnahme, um sich so lange wie möglich am Rand jenes Lochs der Hilflosigkeit aufzuhalten, in das sie jeden Augenblick wieder zu fallen drohte.

Sie stand mit dem Wischmopp in der Küche, als das Telefon klingelte. Tess hatte genau drei Nachrichten seit Freitag geschrieben. Auf keine davon hatte sie reagiert. Es war die einzige Genugtuung, die ihr blieb: Tess im Unklaren darüber zu lassen, wo sie war und wie es ihr ging, ihr nicht die Möglichkeit für Erklärungen oder gar Entschuldigungen zu geben. Sie hasste es, jemanden zu verletzten. Keinem Menschen auf dieser Welt wollte sie jemals absichtlich wehtun. Doch die Wunde, die ihr selbst zugefügt worden war, war einfach zu groß.

Hatte sie Larissa schon mal gesehen? Sie hatte kein Gesicht vor Augen. Aber es spielte auch keine Rolle. Wann immer sie in der Vergangenheit über das Eintreten einer solchen Situation gesprochen hatten, war *sie* diejenige gewesen, die betont hatte, derlei müsse keineswegs das Ende ihrer Beziehung bedeuten, und das galt nach wie vor. Es kränkte sie, erst jetzt davon erfahren zu haben. Doch im Vergleich zu der Auseinandersetzung, die Tess' Beichte vorausgegangen war, war Larissa nur eine Schürfwunde auf ihrer seelischen Haut, und sie war gerade erst dabei zu begreifen, wie schwer sie verletzt war.

Ja, Tess hatte natürlich recht gehabt mit etlichen Dingen, zum Beispiel mit dem Hinweis auf die Rolle der Pharmafirmen bei der Opioid-Epidemie. Wenn die Zahlen stimmten, waren in den USA mehr Menschen daran verstorben als durch Autounfälle oder Schießereien. Und selbstverständlich saßen in den oberen Etagen der Banken, der Ministerien, der Unternehmen, eben überall dort, wo die Macht zu Hause war, Menschen, die allerlei Zeug anstellten, das sie besser nicht hätten anstellen sollen, wenn sie sich nicht den Vorwurf einhandeln wollten, in handfeste Verschwörungen verwickelt zu sein. Oder wie war das noch mal mit dem VW-Abgas- und dem NSA-Skandal? Den Panama und den Paradise Papers? Cambridge Analytica, Watergate, Sam Bankman-Fried? (Letzterer war ja sogar wegen Verschwörung vor Gericht gelandet, genauso wie sich die Hersteller von OxyContin der Verschwörung schuldig bekannt hatten.) Wenn es all das nicht gab, wozu bedurfte es dann dieser vielen Leute, die ihre journalistischen Recherchen als investigativ bezeichneten? Es war viel zu offensichtlich, dass es an etlichen Stellen dieser Welt nicht mit rechten

Dingen zuging. Und wer nur lange genug Nachrichtenseiten studierte, Posts las und Videos schaute, musste im Grunde zu dem Schluss kommen, dass es sich vielleicht sogar in den allermeisten Fällen so verhielt. Es gab Bestechung, geheime Absprachen, Lobbyismus und schmutzige Deals auf höchster Ebene. Es gab Ungerechtigkeiten – schreiende Ungerechtigkeiten! –, die Mediatheken und Streamingplattformen waren voll davon. Es war ja nicht einmal mehr möglich, eine Tier-Doku zu schauen, ohne den abschließenden Hinweis, der Mensch sei drauf und dran, dieses schöne Paradies, in dem die Tiere sich bewegten, zu zerstören. Es mutete im Grunde lächerlich und verlogen an, zu behaupten, es sei schon alles nicht so schlimm. Aber das hatte sie ja auch nicht getan! Sie hatte nur darauf hingewiesen, dass es einen Unterschied gab zwischen der Behauptung, mächtige Menschen würden sich bereichern, und dem Verbreiten von Videos und Hasskommentaren. Was war falsch an diesem Hinweis? Warum musste sie sich den Vorwurf gefallen lassen, sie übertreibe? Warum stand *sie* jetzt plötzlich als Person da, die Verschwörungserzählungen spann?

Selbstverständlich hatte sie keine Beweise dafür, dass der Brand in Heikes und Rolfs Speisekammer durch eine Zigarette entstanden war. Und natürlich konnte sie ebenso wenig nachweisen, dass die beiden diejenigen gewesen waren, die Nick mit böswilligsten Kommentaren überzogen hatten. Aber war sie deswegen gleich empathielos und gefühlskalt? Wer hatte denn Nick um Hilfe gebeten?

Warum, verdammt noch mal, musste sie ausgerechnet zu den Menschen gehören, denen inzwischen ständig unterstellt wurde, sich zu laut und zu schrill über die eigene

Benachteiligung zu beklagen und dabei die Benachteiligungen anderer zu übersehen? Hatte sie sich etwa ausgesucht, als diejenige geboren zu werden, als die sie geboren worden war?

Sie konnte sich noch daran erinnern, wie sie zum ersten Mal auf dem Schulhof beschimpft worden war. Sie hatte einen Moment gebraucht, um überhaupt zu verstehen, was da gerufen wurde und dass es ihr galt. Sie wusste nicht, was es bedeutete, aber es fühlte sich ungut an, und Ingas und Jens' Reaktion bestätigte ihr, dass sie Recht hatte.

»Wir haben dich sehr lieb, Moyra!«, sagte Inga und drückte sie an sich. »Du bist genau richtig, so wie du bist. Du bist etwas Besonderes!«

Sie wusste bis heute, dass es nett gemeint war, ein Ausdruck des elterlichen Bemühens, dem eigenen Kind beizustehen, so gut es eben möglich war. Aber das Strahlen, mit dem Inga und Jens sie in den Armen hielten, blieb überschattet von dem Wissen, dass es offenbar zwei Menschen auf dieser Welt gab, für die sie allen Beteuerungen zum Trotz nicht besonders genug gewesen war, um bei ihnen zu bleiben. Mit zunehmendem Alter war sie immer besser darin geworden, die Schuld dafür nicht bei sich oder jedenfalls nicht bei sich allein zu suchen, sondern in allen möglichen äußeren Erklärungen: Armut, Abhängigkeit, Psychosen. Es gab genug Möglichkeiten, ihre leiblichen Eltern als Leidtragende eines Systems, ja, ganz allgemein als Opfer ungünstiger Lebensumstände anzusehen, und es war dieser Punkt, bei dem sie die stärkste emotionale Verbindung zu diesen ihr unbekannten Menschen verspürte: Auch sie hatten sich ihr Leben nicht ausgesucht. Und trotzdem empfand sie einen dumpfen, dunklen Schmerz, wenn sie daran dachte, wie sie von der Frau, die sie entbunden hatte, nicht an die Brust, sondern in einen Kinderwagen gelegt und anonym vor dem Eingang eines Krankenhauses abgestellt worden war. Wie schlimm musste ein Leben sein, damit man sein eigenes Kind aussetzte? Ja, es mochte stimmen, was Inga und Jens sagten: Dass ihre leiblichen Eltern es deshalb getan hatten, weil sie das Beste für sie wollten und fürchteten, es ihr nicht geben zu können. Das Aussetzen war kein Akt der Herzlosigkeit, sondern eine Geste tiefster Liebe gewesen! Es war geschehen, damit es ihr besser ging als ihnen!

Doch das Bild ihrer selbst in diesem Wagen, ein neugeborenes, hilfloses Bündel, von dem sie nicht einmal wusste, wann und wo und wie genau es auf die Welt gekommen war, ließ sie Mitleid empfinden. Ihr Magen zog sich zusammen, Tränen füllten ihre Augen. Aber das Schlimmste war: Sie konnte nicht darüber reden. Es gab einfach keine Art und Weise, Inga und Jens von diesen Gefühlen zu berichten, ohne ihnen den Eindruck zu vermitteln, sie hätten es nicht vermocht, ihr ein Zuhause, einen Platz in dieser Welt zu geben, an dem sie sich sicher fühlen konnte.

Sie blickte nach draußen, wo die Sonne nur als mattes Leuchten durch den herbstlichen Dunst drang. Es hatte Jahre gedauert, bis sie sich überhaupt nur erlaubt hatte zu denken, dass es jemals einen Menschen für sie geben könnte, mit dem sie über alles reden und zugleich trotzdem frei von der Angst sein würde, erneut verstoßen zu werden. An manchen Tagen war die Angst so groß gewesen, dass sie sich damit abfand, für immer allein zu bleiben. War es nicht besser, alleine zu leben, als ein weiteres Mal Verletzungen zu riskieren, die so schwer waren, dass sie nie mehr ganz verheilen würden?

Sie vermochte nicht zu sagen, was genau an Tess es gewesen war, das sie von der Idee überzeugte, es könne doch ein Mensch auf dieser Welt existieren, auf den sie sich vollständig einlassen würde. Vielleicht war auch gerade der Umstand, dass sie es nicht wusste, das Entscheidende. Es reichte, Tess' Zuneigung zu spüren, wenn sie ihr Dinge anvertraute, die sie noch nie jemandem anvertraut hatte. Und bestand darin nicht gerade das tiefste Glück, das eine Beziehung geben konnte? In jenem Gefühl, eine Person an der Seite zu haben, die selbst die dunkelsten Winkel des eigenen Inneren kannte und trotzdem dablieb? Tess *war* diejenige, die ihr dieses Gefühl gegeben hatte. Aber nun war etwas geschehen, wovor sie sich hin und wieder gefürchtet und das sie dennoch für sehr unwahrscheinlich gehalten hatte: Etwas war zerschnitten worden, ein Band des Vertrauens, das sie, indem sie allen Mut zusammennahm, geknüpft hatte. Doch am meisten schmerzte sie ein Gedanke, der sich am Freitagnachmittag zunächst nur als dumpfe Ahnung in ihr ausgebreitet, über das Wochenende aber zunehmend zu einer bitteren Gewissheit ausgeweitet hatte: dass Tess sie nicht verstand und vielleicht niemals vollständig verstehen würde.

Sie selbst begriff ja, dass es Menschen wie Heike und Rolf gab, die sich alleingelassen fühlten, die schon Einiges in ihrem Leben verloren hatten, die fürchteten, nicht mehr so leben zu dürfen und zu können, wie sie bisher gelebt hatten, und die nun auch noch fürchten mussten, um ihr Zuhause gebracht zu werden. Aber verdammt! Sie hatte ihnen doch nur helfen wollen! Und nun stand sie als eine da, die nicht mal mehr ihrer eigenen Freundin vermitteln konnte, weshalb es – gerade für sie – nicht egal war, wenn

Menschen sich so sehr aus dieser Gesellschaft zurückzogen, dass sie am Ende glaubten, eine wie *sie* sei Teil geheimer Pläne zur Machtübernahme.

Sie hatte Angst! Das war es, was sie hatte: Angst, nachts in einer dunklen, einsamen Straße unterwegs zu sein und plötzlich Schritte hinter sich zu hören, harte, ungute Schritte, die immer näher kamen. Und niemand war da, der ihr helfen würde!

Doch fast noch schlimmer als diese Angst war die Angst davor, dass Tess, mit der sie bisher immer ihre Ängste hatte teilen können, die sie an ihrer Seite wusste, dank der sie nicht allein war, nun nicht mehr bereit oder in der Lage war, ihre Ängste ernst zu nehmen und auf sie einzugehen. Sie wusste, was passieren würde, wenn sie jetzt das Telefon zur Hand nahm. Tess würde sich entschuldigen, ihr mitteilen, dass ihr unendlich leid tue, was geschehen war. Aber: Wie viel davon konnte sie noch glauben?

Sie musste etwas tun. Es war wichtig, jetzt nicht Angst und Lähmung ein Zuhause zu bieten.

Das Telefon lag auf dem Tisch, stumm, aber bereit.

Was, wenn sie jetzt etwas Radikales machte? Etwas, womit weder Tess noch sonst irgendjemand, ja, bis vor wenigen Sekunden nicht einmal sie selbst gerechnet hatte?

Sie zitterte, als sie den Finger auf Tess' Namen drückte. Sie wusste nicht, ob es richtig war, was sie jetzt tat. Aber es schien die einzige Möglichkeit zu sein.

Sie atmete einmal tief durch, schluckte, bevor sie zu sprechen begann. »Ich wollte dir einen Vorschlag machen.«

Tess schluckte ebenfalls. »Ja?«

WINTER

10

Es hatte nicht geschneit. Lediglich die schattigen Ränder der Felder, an denen Tess vorbeifuhr, waren hier und da weiß gesprenkelt. Erst heute früh hatte sie im Radio gehört, das sogenannte Weihnachtstauwetter gehöre zu den Witterungsereignissen, die mit einer Wahrscheinlichkeit von über sechzig Prozent regelmäßig eintrafen. Es gab keinen Grund, an den Aussagen der interviewten Meteorologin zu zweifeln. Und trotzdem hatte sie bis zur letzten Minute gehofft, der Regentropfen, den die Wetter-App seit zwei Wochen für den 24. Dezember anzeigte, würde sich doch noch in eine Schneeflocke verwandeln. Es war einfach zu schön, morgens aufzustehen, die Vorhänge aufzuziehen und die vertraute Straße in friedliches Weiß gehüllt vorzufinden, die Ruhe zu genießen, die über allem lag.

Selbst jetzt wollte sie die Hoffnung noch nicht aufgeben. Der Gedanke, die nächsten Tage in diesem tristen Grau verbringen zu müssen, das der Winter vom Herbst übernommen hatte, deprimierte sie.

Der Zug war eng und voll. Zwischen ihren Beinen stand die Reisetasche, darauf der Beutel mit dem Weihnachtsstern, den sie noch schnell im Blumenladen am Hauptbahnhof gekauft hatte. Die Gesichter der Mitreisenden zeigten genauso wenig Vorfreude wie ihr eigenes. Wie viele von ihnen saßen nur deshalb hier, weil sie sich dem moralischen Imperativ beugten, der jedes Jahr aufs Neue zu Weihnachten das ganze Land befiel und der besagte, wer nicht selbst irgendwann alleingelassen werden wollte, musste jetzt beweisen, andere nicht allein zu lassen?

In den letzten Jahren war sie um diese Zeit immer mit Moyra auf dem Weg nach Bielefeld gewesen. Inga und Jens hatten nun einmal nur dieses eine Kind, für ihre Mutter gab es zumindest noch Verena. Das Argument war lau, das wusste sie. Aber wenn sie während der Fahrt nach Westen das schlechte Gewissen überkam, lehnte sie ihren Kopf an Moyras Schulter, sog den blumigen Duft ihrer frisch gewaschenen Haare ein und flüsterte ihr zu, wie glücklich sie war, bei ihr zu sein.

*

Vor drei Wochen hatte Inga sich bei ihr gemeldet. Sie saß gerade beim Nähen. Es war klar gewesen, dass dieser Anruf irgendwann kommen würde. Sie und Jens konnten den monatlichen Dauerauftrag, den sie zu ihren Gunsten mit dem Verwendungszweck ›Beihilfe Ladenmiete‹ eingerichtet hatten, nicht länger aufrechterhalten, wenn sie Moyra nicht verraten wollten, und das würden sie nicht tun. Das Jahresende war ein guter Zeitpunkt für eine Zäsur. Und doch hatte sie Angst.

»Hallo Tess!« Ingas Stimme klang warm und fröhlich. Bestimmt hatte sie gerade Plätzchen gebacken.

»Hallo.« Sie hatte sich ungefähr fünfzig mögliche Gesprächsanfänge überlegt, nur ausgerechnet jetzt fiel ihr keiner mehr ein.

»Störe ich dich gerade?«

Sie legte die Schere beiseite. »Nein.« Es nervte sie, dass sie seit Wochen vor allem über die finanziellen Konsequenzen dieser ganzen Situation nachdachte, doch es gab nun mal den Laden, sie konnte es nicht ändern.

»Moyra hat gesagt, dass du Weihnachten dieses Jahr in Halberstadt sein wirst?«

»Ähm, ja.« Moyra und sie hatten bisher kein einziges Mal über Weihnachten gesprochen. Sie hatten eigentlich gar nicht mehr geredet, lediglich kurze Nachrichten ausgetauscht. Aber so unbedarft wie Inga klang, schien zweifelhaft, dass sie eine angemessene Vorstellung davon hatte, wie sich die Kommunikation zwischen ihr und ihrer Tochter gestaltete.

»Liegt deine Mutter noch im Krankenhaus?«

»Sie ist seit zwei Wochen zu Hause.

»Das freut mich! Dann geht es ihr besser?«

»Den Umständen entsprechend.«

»Na, sie wird sich auf jeden Fall freuen, dass du Heiligabend bei ihr bist!«

Die Hand, in der sie das Telefon hielt, verkrampfte. Wie bedenklich war es, wenn Widerwille das beherrschende Gefühl war, das bei dem Gedanken aufkam, die eigene Mutter an Weihnachten zu sehen?

»Wir hätten dich sonst gerne wieder hier gehabt.«

Okay. Entweder Inga bluffte. Dann besaß sie Fähigkeiten, die sie bisher extrem gut versteckt hatte. Oder aber sie hatte nicht den blassesten Schimmer, was eigentlich vorgefallen war!

Tess musste beinahe lachen. Es gab natürlich auch noch die Möglichkeit, dass sie etwas in die Kekse gemacht hatte, was dort normalerweise – jedenfalls in ihrem Haushalt – nicht hineingehörte. Das war nicht völlig ausgeschlossen (sie kam als Psychiaterin an alles erdenkliche Zeug ran, und Jens und sie brüsteten sich gerne mal damit, was für eine wilde Studienzeit sie gehabt hatten), passte aber nicht wirklich zu der Inga, die sie kannte.

»Können wir dir denn trotzdem mit irgendetwas eine Freude machen? Hast du einen Wunsch?«

Sie war noch immer perplex. Selbstverständlich hatte sie einen Wunsch! Aber den würden die beiden, obwohl er Moyra involvierte, unmöglich erfüllen können.

»Muss ich mal überlegen.« Es dauerte einen Moment, bis sie realisierte, dass Inga offensichtlich nur deswegen angerufen hatte. Sie konnte es kaum glauben.

»Ich werde Moyra auf jeden Fall welche von den Lebkuchen mitgeben, die du so magst.«

Sollte sie ihr sagen, dass sie sich das sparen konnte? Es war ausgeschlossen, dass auch nur ein einziger dieser Lebkuchen den Weg zu ihr fand. Genauso wie sie wegen eines Weihnachtswunsches nicht noch einmal bei ihr anrufen würde.

»Sehr gerne!«, sagte sie. »Ich melde mich.«

*

In der vorbeiziehenden Landschaft vor dem Zugfenster war weiterhin kein Schneefall zu sehen. Sie brauchte jetzt dringend etwas, das sie innerlich erhellen konnte. Die Aussicht, den heutigen Nachmittag und Abend, den ganzen morgigen Tag sowie einen weiteren Morgen mit Verena und ihrer Mutter verbringen zu müssen, presste ihr Gemüt seit Tagen wie ein Schraubstock zusammen. Sie hatte nicht den blassesten Schimmer, wie sie die kommenden achtundvierzig Stunden halbwegs unbeschadet überstehen sollte.

Sie zog ihr Handy aus der Jackentasche. Larissas Nachricht leuchtete auf.

Gefunden?

Was?

Also noch nicht ;-)

Was denn??

Den Umschlag

Es gab keine Möglichkeit, an die Tasche zu gelangen. Es war zu wenig Platz, um den Beutel mit dem Weihnachtsstern woanders abzustellen, und der Mann neben ihr machte nicht den Eindruck, als hätte er große Lust, ihn zu halten, solange sie in der Tasche herumkramte.

Hebe ich mir für heute Abend auf.
Dann habe ich was, worauf
ich mich freuen kann.

Gute Idee! Miss you.

Sie reagierte nicht auf das Herz, das Larissa noch hinterherschickte. Bin pünktlich, schrieb sie stattdessen an Verena. Es kam keine Antwort. Und als sie in Halberstadt aus dem Bahnhof kam, konnte sie nirgendwo das Auto ihrer Schwester erkennen.

Sie setzte die Kapuze auf den Kopf, wickelte sich den Schal fest um den Hals, damit der feucht-kalte Wind nicht in ihre Jacke kriechen konnte.

Es dauerte fast zwanzig Minuten, bis Verena endlich kam. »Der Supermarkt war rammelvoll«, sagte sie. »Die kaufen wieder alle ein, als stünde der Dritte Weltkrieg bevor.«

Tess schnallte sich an. Sie hatte sich fest vorgenommen, keine Vorwürfe zu machen. *Keine Vorwürfe!* Doch allein der Umstand, dass Verena bereits sämtliche Lebensmittel für die Feiertage besorgt hatte, brachte einen Stein des Unmuts ins Rollen. Auf der Rückbank stand ein Eimer Kartoffelsalat. Schon vom Gedanken ans Essen wurde ihr schlecht. Sie konnte das Sodbrennen, das die Mayonnaise verursachen würde, bereits spüren. Aber sie durfte jetzt nichts sagen, zumal sie sich ebenfalls vorgenommen hatte, nicht auf ihre Schwester herabzublicken, mindestens für den Heiligabend. Das war das absolute Minimum zwischenmenschlicher Reparationszahlungen, die sie dafür zu leisten hatte, dass sie sich seit ihrem Streit vor dem Krankenhaus nicht mehr hatte blicken lassen.

Sie trugen die Einkäufe nach oben. Ihre Mutter lag im Wohnzimmer auf der Couch. Sie sah weniger blass und aufgedunsen aus als noch beim letzten Mal. In ihre Wangen war ein Teil der alten Festigkeit zurückgekehrt.

Tess nahm ihre Hand. »Hallo Mama.«

Der Mund ihrer Mutter verzog sich zu einem Lächeln; es wirkte noch immer schief. Trotzdem versöhnte es Tess ein wenig mit dem Ausblick auf die gefühlte Endlosigkeit, die sie nun hier zubringen würde.

»Brauchst du irgendetwas, Mama?«, fragte sie und drückte ihr sanft die Hand.

Ihre Mutter gab einen Laut von sich, den sie als Nein interpretierte. Auf dem Tisch stand kalter Tee in einer Schnabeltasse.

»Tess?«

Sie ging in die Küche.

»Ich hoffe, der geht auch?« Verena hielt einen Becher Naturjoghurt in die Höhe. »Den anderen hatten sie nicht.«

Moyra wäre jetzt bereits zur Tür hinaus gewesen. Auch sie hatte den Impuls, zu fragen, wie lange die anderen Supermärkte noch aufhatten. Denn wie, bitteschön, sollte sie ein Dessert zubereiten, das ›Mousse aus Griechischem Joghurt mit Honignüssen und Beeren‹ hieß, wenn sie keinen *Griechischen* Joghurt zur Hand hatte? Sie hatte sich extra etwas zum Nachtisch überlegt, das ihnen allen schmecken und zugleich ihrer Mutter, die noch immer unter Schluckbeschwerden litt, keine Probleme beim Essen bereiten würde, aber sie fürchtete, schon gleich den ersten Eklat zu provozieren, wenn sie jetzt verkündete, *unbedingt Griechischen Joghurt* zu benötigen!

»Wird schon gehen«, sagte sie.

Während sie eine Schüssel mit kaltem Wasser füllte, um die Gelatine einzuweichen, versuchte sie, sich locker zu geben, kein großes Problem aus einer kleinen Sache zu machen, denn genau das war es, was sie Moyra schon so oft vorgeworfen hatte. Sie ertappte sich trotzdem bei dem Gedanken, dass in Bielefeld sicherlich gerade niemand Zutaten zusammenrührte, die nicht präzise den Rezeptvorgaben entsprachen, und bisher hatte sie ja doch am Ende immer zugeben müssen, dass gewisse Kleinigkeiten einen großen Unterschied machen konnten. Das Essen bei Ludwigs schmeckte nun mal extrem lecker. Dort gab es nachher keinen Kartoffelsalat aus dem Eimer und keine Würstchen wie diejenigen, die jetzt traurig und steif in einem Glas neben dem Herd standen. Stattdessen würde irgendein Gericht serviert werden, von dem sie noch nie etwas gehört hatte: im Bananenblatt gebackener Knurrhahn mit Ananas-Chili-

Sambal oder Rotbarben an Basilikumspätzle in Safranbrühe. Die Vorbereitungen für die Zubereitung liefen vermutlich schon seit Wochen (es gab Gründe, weshalb Inga sie angerufen hatte) und erreichten in diesem Moment ihren Höhepunkt. Sie saß normalerweise daneben, sah zu, wie die drei wuschen und schnitten und würfelten und blanchierten (ein Ausdruck, der überhaupt erst durch Moyra in ihren Wortschatz gelangt war), und wenn sie fragte, ob sie nicht doch mit irgendetwas helfen könne, bekam sie nur zu hören, sie solle ganz in Ruhe ihr Glas Wein genießen.

Sie schlug Sahne steif, vermischte sie mit der aufgelösten Gelatine und dem Joghurt.

»Hat Mama Wein da?«

»Keine Ahnung. Brauchst du welchen für deinen Nachtisch?«

Sie schüttelte den Kopf. In Bielefeld war sie immer spätestens gegen sechzehn Uhr angenehm beschwipst. Wenn sie aufstand, glaubte sie, sie schwebe, und wenn sie die Küche verließ und von dem Gedanken gepackt wurde, dass Verena und ihre Mutter jetzt ohne sie in Halberstadt saßen, musste sie nur zurück Richtung Kochzeile gehen, wo es nach glasig angedünsteten Schalotten und gerösteten Pinienkernen duftete, und sich ein weiteres Glas Wein eingießen, um sich mit jedem Schluck zugleich die Vergewisserung einzuflößen, dass es okay war, in diesem Alter selbst zu entscheiden, wo sich der Ort befand, den man ›Zuhause‹ nannte.

Sie schaute in den Küchenschränken nach.

»Suchst du was?«

»Alkohol.«

»Was für welchen?«

»Irgendeinen.«

»Du weißt schon, dass du wegen Mama keinen da rein machen darfst?«

»Nicht fürs Dessert.« Sie kramte eine Flasche Eierlikör hervor.

»Die ist bestimmt noch von Ostern.«

»Dieses Jahr?«

»Keine Ahnung.«

»Trinkst du mit?«

»Von mir aus. Ich dachte immer, du magst keinen Eierlikör.«

»Tue ich ja auch nicht, aber es gibt nichts anderes.« Sie goss ihnen ein. »Frohe Ostern!« Sie leerte den Becher in einem Zug aus, trank noch zwei weitere, während sie Himbeeren passierte, Walnüsse kleinhackte, anröstete und anschließend mit Honig vermischte, bevor sie alles in Gläser schichtete.

»Schmeckt doch gut!«, sagte Verena, als sie beim Abendessen im Wohnzimmer saßen. »Auch ohne Griechischen Joghurt.« Im Fernsehen sang ein Kinderchor *Lasst uns froh und munter sein.*

Tess half ihrer Mutter, sich einen Löffel in den Mund zu schieben, ohne dabei die Hälfte auf dem Weg vom Glas zu den Lippen zu verlieren. Der Eierlikör hatte tatsächlich geholfen, die letzten Stunden schneller vergehen zu lassen.

»Ich habe noch etwas für euch.« Sie holte den Beutel mit den Geschenken, stellte ihrer Mutter den Weihnachtsstern auf den Tisch, gab ihrer Schwester ein Päckchen.

Verena löste die Schleife, faltete das Papier auseinander, nahm das Stoffbündel in die Hände. »Ein Kostüm?«

»Hm.«

»Von dir genäht?«

»Ja.«

Verena stand auf, hielt es vor sich, strich über die Pailletten an den Schultern. »Das ist aber nicht das, was du für diese Schauspielerin gemacht hattest, oder?«

Tess biss sich auf die Lippen.

»Wollte die das nicht?«

»Sie hatte es sich anders vorgestellt.« Während Verena es anzog, schaute Tess auf den Ärmel, an dem sie mit einem andersfarbigen Stoff in Form einer Raute die Blutflecken überdeckt hatte.

»Versteh ich nicht«, sagte Verena. »Was gibt's daran auszusetzen? Sieht doch super aus!« Sie lief einmal quer durchs Wohnzimmer, posierte, als stünde sie auf dem roten Teppich. »Mama, was sagst du? Steht's mir? Kann ich damit zum nächsten Gala-Empfang gehen?«

Ihre Mutter hatte die Augen geschlossen. Reste von Himbeersahne klebten in ihrem Mundwinkel.

Sie schoben ein Kissen unter ihren Kopf, deckten sie zu, räumten leise das Geschirr ab und machten das Licht aus. Nur die Lämpchen am Weihnachtsbaum ließen sie brennen.

Sie zogen sich Jacken und Mützen an, setzten sich auf die alten Klappstühle, die seit ihrer Jugend auf dem Balkon standen. Verena zündete sich eine Zigarette an. In den Fenstern der umliegenden Wohnblöcke leuchteten die Schwibbögen.

»Entschuldigung«, sagte Tess, nachdem sie einige Minuten geschwiegen hatten.

»Wofür?«

»Dass ich dich mit Mama so alleine lasse.«

»Mhm.« Verena zog an ihrer Zigarette. »Aber deswegen bist du ja nicht hier.«

»Wie meinst du?«

»Du warst die letzten Jahre nie da. Du bist doch jetzt nicht plötzlich gekommen, weil du Weihnachten lieber mit Mama und mir verbringen wolltest, oder? Was ist denn passiert?«

Es war sinnlos zu leugnen. Sie sahen sich zwar nur noch selten, aber ihre Schwester kannte sie zu gut, um ihr zu glauben, dass zwischen Moyra und ihr alles in Ordnung sei. Dabei hatte sie, als Moyra nach dem Streit bei ihr angerufen hatte, selbst noch gedacht, bis Weihnachten werde sich alles wieder einrenken und war aufgeregt, aber auch zuversichtlich gewesen, Moyras Vorschlag zu hören. Bruchteile von Sekunden waren vergangen. Sie hatten genügt, um alle möglichen Szenarien vor ihrem inneren Auge vorüberziehen zu lassen: eine Trennung auf Zeit, ein gemeinsames Wochenende im Spa, eine Paartherapie, eine längere Reise oder alles zusammen, irgendetwas jedenfalls, das diesen lähmenden Zustand aufhob, in dem sie sich seit drei Tagen befand.

»Wir fragen Herrn Langner, ob Heike und Rolf unsere Wohnung übernehmen können.«

Tess ließ sich auf den Boden sacken, den Rücken an der Wand. Sie konnte nichts sagen. Ihre Zunge war bewegungsunfähig. Selbst wenn sie bewegbar gewesen wäre: Ihr Gehirn war außer Stande, eine angemessene Reaktion auf diesen Vorschlag zu produzieren. Alles, was sie denken konnte, war: Was habe ich getan? Drei Tage lang hatte sie damit zugebracht, zu überlegen, wie sie sich am besten entschuldigen konnte, wie sie die Verletzungen, die sie Moyra zweifelsohne zugefügt hatte, so versorgen konnte, dass sie möglichst schnell verheilten. Aber nun gab es nicht einmal mehr die Gelegenheit.

»Das heißt, ihr habt euch getrennt?«, wollte Verena wissen.«

»Keine Ahnung.«

»Wie?«

»Ich weiß es nicht. Moyra ist zwar die ganze Zeit bei Nick, aber wir haben ja noch die Wohnung, und unser Vermieter hat sich bisher nicht zu dem Vorschlag geäußert.« Sie fing an zu weinen.

»Hey, Kleine.« Verena legte ihre Arme um sie. »Es ist schön, dass du da bist.« Sie drückte sie an sich.

Es tat gut, in Verenas Armen weinen zu dürfen. Sie hatte das schon ewig nicht mehr getan.

»Jetzt ist meine kleine Schwester ganz alleine?«

Sie sagte nichts.

Das Handy in ihrer Tasche vibrierte, nicht nur einmal, sondern gleich dreimal hintereinander.

Verena löste ihre Arme. »Irgendjemand will auf jeden Fall was von dir.«

Sie wischte sich die Wangen trocken, zog das Telefon jedoch erst aus der Tasche, nachdem Verena ins Bett gegangen war.

Und??

Was sagst du?

Oder hast du ihn noch immer nicht gefunden?

Sie lief ins Kinderzimmer zu ihrer Reisetasche, fand im Seitenfach den Umschlag, holte die Karte heraus, die darin steckte, und klappte sie auf.

Du bist verrückt!

Warum?

Du kannst mir doch nicht einfach einen Urlaub schenken!

Warum nicht? Hast du keinen Bock?

Doch! Doch, doch, doch!

Sie betrachtete das Foto vorne auf der Karte: Ein Strand, von Felsen umrahmt, der wie das sandgewordene Versprechen wirkte, alle Sorgen mit einem Mal loszuwerden.

*

Sie landeten am späten Abend. Es war bereits dunkel, aber der Wind, der sie vor den Türen des Terminals empfing, war mild, beinahe warm.

Tess zog ihre Winterjacke aus. Sie spürte die Luft an ihren Armen. Im Mietwagen öffnete sie das Fenster und lehnte sich zurück. Palmen winkten ihr vom Straßenrand zu.

Als sie am Morgen im Ferienhaus erwachte, fand sie die Bettseite neben sich leer. Licht schimmerte zwischen den Fensterläden. Sie stand auf, klappte sie beiseite. Dünne Wolkenschleier zierten den Himmel. Larissa kam zur Haustür herein.

»Du warst schon laufen?«

»Was heißt *schon*? Es ist nach zehn.« Sie legte eine Packung Milch, einen Beutel Orangen und eine Papiertüte auf den Tisch. »Schokocroissants, falls du magst.« Sie zog ihre Laufsachen aus und ging unter die Dusche.

Tess machte Kaffee, presste die Orangen aus, deckte den kleinen runden Metalltisch, der auf der Terrasse stand, setzte sich auf einen der Stühle und ließ sich die Sonne ins Gesicht scheinen.

Larissa strich ihr durchs Haar, als sie nach draußen trat. Sie trug eine von Tess genähte Leinenhose und ein kurzärmliges Oberteil. »Was wollen wir heute machen?«, fragte sie. Sie biss in ihr Croissant. »Sollen wir Richtung Küste fahren und zu diesem Strand von der Postkarte wandern?«

Tess nickte mit vollem Mund. Larissa beugte sich über die Karten-App auf ihrem Telefon. »Wir können sonst auch hier abhängen.«

»Nee.«

»Na, dann!«

Larissa saß schneller im Auto, als Tess sich fertigmachen konnte. Sie fuhren an ruhigen Ortschaften mit weiß getünchten Anwesen vorbei, bis sie die Schnellstraße Richtung Norden erreichten. Das Meer war nur hier und da als dünner blauer Streifen am Horizont zu sehen.

Sie parkten bei einem Leuchtturm mit roter Kuppel.

»Bist du bereit?« Larissa trug einen Rucksack auf dem Rücken, hatte eine Sonnenbrille und ein Basecap auf.

Tess war nach einem weiteren Kaffee zumute, aber die Stühle vor dem Imbiss am Rande des Parkplatzes hielten unter einer Plastikplane Winterschlaf.

Sie bogen auf einen Pfad ein. Weiter unten war das Meer zu sehen. Felsspitzen ragten wie steinerne Hüte aus dem Wasser.

Larissa kletterte auf einen Vorsprung. »Ist das nicht megaschön hier?«

Sie blickte in die Tiefe zu den Felstoren, unter denen die Wellen hindurchliefen, wand sich nicht aus der Umarmung, in die Larissa sie jetzt nahm, lächelte für ein gemeinsames Foto, im Hintergrund die sandfarbenen Felswände und das dunkelblaue Meer.

Sie wanderten los, stiegen auf schmalen Wegen abwärts, hielten sich an den Steinen fest, um nicht wegzurutschen, kletterten steile Trampelpfade auf und ab, fast zwei Stunden lang.

Sie waren die Einzigen, als sie an der sandigen Bucht ankamen. Die Sonne fiel auf die Felsen.

Tess setzte sich an den Strand, sah Larissa dabei zu, wie sie baden ging, hielt ihr das Handtuch hin, als sie nass und mit Gänsehaut aus dem Wasser stieg.

Larissa machte es sich zwischen ihren Beinen bequem, lehnte sich an ihre Brust, nahm Tess' Hände und legte sie auf ihren Bauch, der sich noch kühl und feucht anfühlte. Tess konnte ihre Härchen spüren.

»Ich bin sehr glücklich mit dir,« sagte Larissa.

Tess schaute aufs Meer. Der Wind hatte sämtliche Wolken vom Himmel vertrieben. »Voll schön hier.« Ihre Hände blieben still. »Fahren wir nachher zu diesem Seafood-Restaurant?«

»Wenn du magst.«

Sie blieben, bis der Schatten die Bucht übernommen hatte, wanderten zurück zum Parkplatz.

In den Ortschaften entlang der Straße erhellten Leuchtreklamen den dunkler werdenden Abendhimmel. Tess suchte im Radio nach Musik, die halbwegs erträglich war, sprang von einem Sender zum anderen, summte mit, nachdem sie endlich einen gefunden hatte.

Die Bremsung drückte sie in den Gurt. Der Parkstreifen, auf dem Larissa anhielt, war unbeleuchtet, nur Schotter und hüfthohe Büsche.

»Hier?«

»Natürlich nicht.« Larissa stellte den Motor ab.

»Was ist los?«

Larissa sah zu ihr. »Das wollte ich dich fragen.«

Sie starrte wieder aufs Radiodisplay.

»Weißt du, wie ich mir vorkomme, Tess? Wie eine Mutter, die ihre pubertierende Tochter gezwungen hat, mit nach Portugal zu kommen.«

»Tut mir leid.«

»Habe ich irgendetwas falsch gemacht? Passt dir das Ferienhaus nicht? Fandst du den Ausflug so blöd?«

»Nein! Ich hab doch gesagt, dass ich den Strand voll schön fand.«

»Okay – was dann?«

Die Büsche leuchteten kurz auf, wenn ein Auto vorbeifuhr. Sie wollte am liebsten aussteigen, aber es gab hier nichts, wo sie hätte hingehen können.

»Ich mag dich wirklich sehr, Tess, das habe ich dir schon im Herbst gesagt. Und nachdem du dich mit Moyra gestritten hattest, hast du mir das Gefühl gegeben, die Sache zwischen uns sei mehr als nur …«

»Es tut mir leid.«

»Das hast du eben schon gesagt. Du bist gerade dabei,

einen weiteren Menschen zu verletzen, ist dir das klar? Warum hast du nicht schon viel früher was gesagt?«

Die Frage war berechtigt. Wäre sie an Larissas Stelle gewesen, sie hätte sie genauso auch gestellt. Doch das änderte nichts daran, dass sie keine Antwort fand, die sie hätte geben können, ohne sich – und vor allem Larissa – einzugestehen, worauf die Beziehung zu ihr gegründet war: zu großen Teilen, wenn nicht gar ausschließlich auf der Angst vor dem Alleinsein. Sie hatte nicht für sich sein wollen, und Larissa war die offensichtlichste Adresse, an die sie sich hatte wenden können. Wenn sie überhaupt etwas zu ihrer Verteidigung anführen konnte, dann, dass sie durchaus nicht ausgeschlossen hatte, mit der Zeit die gleiche Art von Zuneigung entwickeln zu können, die Larissa für sie hegte. Sie hatte immer wieder in sich hineingehorcht, sich Mühe gegeben. Gab es das nicht? Dass bei manchen Dingen erst nach einer ganzen Weile klar wurde, wie sehr man sie eigentlich schätzte?

Sie sah zur Frontscheibe hinaus. Larissa schwieg.

Sie wusste nicht, was sie tun konnte, um die Situation erträglicher zu machen. Sie konnte jetzt nur noch ehrlich sein.

*

Die Wohnung war ausgekühlt, als sie zurückkehrte. Sie hatte gehofft, noch ein wenig Restwärme oder irgendein anderes Zeichen dafür vorzufinden, dass Moyra in der Zwischenzeit hier gewesen war. Doch im Kühlschrank sah es so aus wie vor ihrer Abreise und in Moyras Arbeitszimmer schien sich ebenfalls nichts verändert zu haben.

Sie packte ihre Reisetasche aus, sortierte die schmutzige Wäsche auf unterschiedliche Haufen, stellte ihre Zahnbürste zurück in den verwaisten Becher. Im Schlafzimmer lagen ihr Kissen und ihre Decke einsam auf der Matratze. Ihre Brust wurde enger bei dem Gedanken, heute Nacht hier schlafen zu müssen. In letzter Zeit hatte sie es überhaupt nur dann getan, wenn sie abends nach der Arbeit zu müde war, um noch zu Larissa zu fahren, oder wenn sie kurz für sich sein wollte, weil Larissas gute Laune sich wie der maximale Gegensatz zu ihrer eigenen Stimmung anfühlte. Sie hatte keine Ahnung, wie sie diese Leere würde füllen können. Das letzte Mal war ihr die Wohnung im Vorjahr, kurz vor ihrem Einzug, so vorgekommen. Aber damals waren ihr die leeren Räume als Verheißung erschienen und hatten sie euphorisch sein lassen mit all den Überlegungen, wohin sie welche Möbel stellen und wie sie die Zimmer nutzen würden. Für die Vorstellung, irgendwann allein hier zu stehen, war kein Platz gewesen.

Es klingelte an der Wohnungstür. Sie bewegte sich nicht, doch als es erneut klingelte, ging sie zur Tür und öffnete.

»Na, seid ihr zurück?«, fragte Heike.

»Ich, ja.«

»Moyra nicht?«

»Die ist noch in Berlin.«

»Ah.« Sie streckte ihr einen Brief entgegen. »Der ist letzte Woche gekommen, vom Langner.«

Sie sah erst jetzt, wie blass Heike war, faltete den Brief auseinander.

»Die Räumungsklage.«

»Oje. Willst du kurz reinkommen?«

Heike machte einen halben Schritt nach vorne, blieb aber

auf der Türschwelle stehen. »Jetzt sind wir also Beklagte«, sagte sie. »Nach über dreißig Jahren, in denen wir immer pünktlich unsere Miete gezahlt, keinen Lärm gemacht und den Garten mit gepflegt haben. Aber offenbar zählt das alles nicht mehr. Jetzt sollen wir verurteilt werden dafür, dass wir hier wohnen.«

Tess überflog das Schreiben. Es fehlte ihr die Konzentration, um auch nur einen der Sätze bis zu Ende zu lesen.

Heike lehnte sich an den Türrahmen. Sie wirkte erschöpft, hatte dunkle Ringe unter den Augen. »Ich hatte so gehofft, dass sich irgendeine Lösung finden würde.«

Tess schaute zu Boden, als ließe sich in den Ritzen zwischen den Holzdielen eine gute Reaktion erspähen. Es war nur ein Satz – ein Satz! –, den sie sagen musste.

»Wir überlegen mal, ob wir nicht noch etwas tun können, ja?«

Heike lächelte, beinah mitleidig. »Es müsste schon ein Wunder geschehen.«

Tess lief ins Wohnzimmer, nachdem sie die Wohnungstür geschlossen hatte, und griff nach ihrem Telefon.

Sie hatte nicht damit gerechnet, doch Moyra meldete sich sofort.

»Darf ich dich kurz stören?«

»Ja. Wollte mich eh bei dir melden.«

»Wieso?«

»Sag du erst.«

»Hast du endlich mal was von Herrn Langner gehört? Heike und Rolf haben die Räumungsklage bekommen.«

»Er hat abgelehnt.«

Sie war sich nicht sicher, richtig verstanden zu haben. »Das heißt …«

»… selbst wenn wir auszögen, würde er den beiden nicht unsere Wohnung geben.«

Tess beobachtete, wie Heike draußen am Auto auftauchte, den Kopf in den Nacken legte und nach oben zur Wohnung schaute. »Und jetzt?«, fragte sie.

Moyra sagte nichts.

Der bedeckte Himmel hatte ein milchiges Leuchten angenommen.

»Mo?«

Moyra atmete nur schwer.

Tess blickte weiterhin nach draußen, wartete darauf, dass Moyra etwas sagte, während es ganz sachte zunächst, dann immer stärker, in dichten, wattigen Flocken zu schneien anfing.

11

Heike war bereits vor Tagesanbruch wach. Sie glitt in ihre Schlappen, zog sich den Bademantel über, stand leise auf, um Rolf nicht zu wecken, kochte sich einen Tee und schlich mit der Tasse ins Wohnzimmer. Auf der Straße leuchteten noch die Laternen.

Sie zog die Gardinen zurecht, schüttelte die Sofakissen auf, rückte den Sessel und die Stühle am Esstisch gerade, wischte Staubflusen von Rolfs Büchern, bevor sie über weitere Handgriffe nachdachte. Es tat gut zu merken, dass es noch Dinge wie verstaubende Regale, verbeulte Kissen und verrutschte Stühle gab. Sie dienten als Beweise dafür, dass noch nicht alles in dieser Welt durcheinandergeraten war und Bereiche häuslicher Zuflucht existierten, in denen sich nichts änderte, sondern zuverlässig in den immer gleichen Intervallen wiederholte.

Seit dem Brand war sie noch dankbarer für jedes Ereignis, das nicht außerhalb der Reihe geschah. Das Leben konnte gar nicht gewöhnlich genug vonstatten gehen. Rolf hatte die Tür zur Speisekammer einen halben Tag lang geputzt, die Innenseite sogar gestrichen, doch unter der weißen Farbe waren noch immer Schlieren von Ruß zu sehen, die daran erinnerten, was passiert war. Sie war noch in der Nacht zurück nach Leipzig und direkt zu ihm ins Krankenhaus gefahren. Er schlief und war unverletzt, und am nächsten Morgen hatte er sofort genug Energie, um zu wettern, dass er keine Minute länger dableibe. Sie durften die Wohnung erst betreten, nachdem ein Sachverständiger sie für sicher und bewohnbar erklärt hatte. Es stank nach geschmolzenem Plastik, doch der Schaden in der Kammer fiel geringer aus, als erwartet. Rolf hatte den kleinen Brand schon gelöscht, noch bevor die Feuerwehr eintraf. Es war beruhigend, nicht besitzlos in einer Notunterkunft sitzen zu müssen, und trotzdem wachte sie nun (wenn sie überhaupt einschlief) jeden Morgen mit dem unguten Gefühl auf, irgendwo schwele etwas, das sie noch nicht bemerkt hatten und, wenn es sich einmal unbemerkt ausbreitete, nicht mehr unter Kontrolle bekamen. Es war, als lauere etwas Gefährliches in ihrer Wohnung, und die morgendliche Runde war die Routineuntersuchung, die sie nun täglich durchführen musste, um ganz sicherzugehen, dass alles in Ordnung war.

Im Fenster hingen wie jedes Jahr zur Adventszeit die kleinen Herrnhuter Sterne. Schon vor Wochen hatte Rolf Verlängerungskabel entlang der Fußleisten verlegt, sie sorgfältig einer Verteilersteckdose mit Zeitschaltuhr zugeführt und jeden Nachmittag, wenn es dunkelte, strahlte er kindliche Freude aus, sobald wie von unsichtbarer Hand sämtliche Lichterketten angingen. Heike belächelte ihn nicht. Es war einfach, seine Hingabe als Schrulligkeit abzutun. Doch solange er noch Dinge wie diese tat, konnte sie sicher sein, dass er sich und sie und ihre Welt, in der sie lebten, noch nicht aufgegeben hatte.

Sie hörte ihn im Schlafzimmer rascheln, lief in die Küche, um die Kaffeemaschine einzuschalten.

»Guten Morgen«, sagte er, steckte den Kopf zur Tür herein. »Frohe Weihnachten.«

»Frohe Weihnachten!«

Sie stellte ihm eine Tasse Kaffee hin, als er aus dem Bad kam. Vor dem Fenster brach der Tag an.

Am Vormittag schmückten sie den Baum, zum Mittag gab es Linsensuppe, am Nachmittag aßen sie selbstgebackenen Stollen. Das Schönste an Weihnachten war die offizielle Erlaubnis, wenn nicht gar die Pflicht, Sachen so zu machen, wie man sie schon immer gemacht hatte. Wie jedes Jahr seit Susannes Auszug ließen sie lediglich die Bescherung aus. Nach dem Essen setzte Rolf sich in den Sessel und schlug den Krimi auf, den er seit zwei Tagen las. Ein wenig beneidete sie ihn darum. Es gab noch eine Welt neben der, in der sie sich befand, und er hatte Zugang dazu. In ihrem Elternhaus hatte es kein einziges Buch gegeben (außer ein Rezeptbuch und vielleicht irgendwo noch eine verstaubte Bibel). Sie las, was sie der Schule wegen hatte lesen müssen, doch sie hatte es nie geschafft, so zu versinken, wie er es gerade tat.

Sie machte die Augen zu, hörte nur Rolfs Atem, das freundliche Knarzen des Papiers, wenn er umblätterte. Draußen war alles still. Kein Auto fuhr.

Sie hörte die Töne zunächst nur ganz leise, aus der Ferne, machte die Augen auf, beugte sich vor, schaute zu Rolf. »Sind sie das schon?«

Er legte das Buch beiseite.

Sie standen auf, traten ans Fenster. An der Ecke vor dem Haus gegenüber formierten sich die Jungen. Sie waren eingepackt in dicke Jacken, Köpfe und Hälse bedeckt von Schals und Mützen. Der Größte schlug eine Stimmgabel an, hielt sie an sein Ohr, stimmte *Es ist ein Ros entsprungen* an. Die Töne stiegen in die Höhe, zunächst noch ganz zart, dann immer kräftiger.

Fenster wurden geöffnet, Leute traten vor die Türen, umringten den kleinen Chor.

Rolf stupste sie an. »Na, komm.« Er lief in den Flur, zog

sich den Wintermantel über, setzte sich den Hut auf den Kopf. »Kommst du?« Er brachte ihr die Jacke.

Ihre Hand umklammerte das metallene Gitter der Heizung.

»Willst du etwa nicht?«

Oh, sie wollte! Natürlich! Sie gingen jedes Jahr nach unten, zum Kurrendesingen, sobald sie die feinen Stimmchen hörten – »… wohl zu der halben Nacht.«

»Heike?«

Sie konnte nichts tun, nichts sagen. Dabei liebte sie diesen Moment! Es war beinah der schönste Augenblick im Jahr. Aber jetzt war das Gefühl des Glücks erstickt. Es war dunkel um sie herum, trotz der Kerzen und der Lichter, und noch dunkler in ihrem Inneren.

*

Er hatte einen Korb auf dem Gepäckträger festgeschnallt.

»Fahren wir picknicken?«

»Vielleicht.«

Sie schwang sich auf den Sitz, hielt sich an ihm fest. Er bog auf den Ring, knatterte am Neuen Rathaus und am Dimitroff-Museum vorbei, immer geradeaus bis hinter die Pferderennbahn.

»Tanzen? Im Forsthaus Raschwitz?«

Seine Antwort wurde vom Fahrtwind verschluckt. Er schwenkte nach links, runter von der Straße, in den Wald hinein. Das Moped ruckelte. Der Weg war uneben und steil. Sie hatte Angst, umzukippen. Aber Rolf stieg nicht ab, arbeitete sich den Berg hinauf, und erst ganz oben stellte er den Motor aus.

Durch die Lücke zwischen den Bäumen sah sie den Uni-Riesen, dahinter das Messehochhaus. Er schob das Moped einen Pfad entlang bis zu einer Lichtung umgeben von wuchernden Brombeersträuchern.

Er nahm den Korb ab, holte eine Decke heraus, breitete sie auf dem Boden aus, stellte eine Campinglampe, Brot, Bier, Wasser und Wein, Aufschnitt und Spreewälder Gurken, Käse, Trauben und Pastete, Teller, Besteck und Gläser darauf.

Sie machte es sich bequem. Die letzte Wärme des Tages wehte sanft um sie herum.

Nach dem Essen rutschte er an sie heran. Seine Lippen schmeckten nach Wein. Seine Hände streichelten über ihren Rücken. Unter ihnen lagen die Lichter der Stadt.

»Ich habe heute einen Schlüssel bekommen.« Die kleine Lampe beleuchtete nur schwach sein Gesicht.

»Wofür?«

»Für die Räume unten im Haus. Die stehen schon seit Ewigkeiten leer. Ich mache da einen Getränkeladen auf.«

»Und deine Arbeit im Tapetenwerk? Die Radrennen?«

»Da weiß doch nirgendwo jemand, wie's weitergeht. Ich hab keine Lust zu warten. Und Getränke brauchen die Leute immer.«

»Hast du das Geld dafür?«

»Ich nehme einen Kredit bei der Bank auf. Wenn alles gut geht, hab ich den in ein paar Jahren abbezahlt, und wenn der Laden läuft, eröffne ich Filialen und kaufe das ganze Haus. Und die Kette, an die dein Schwager eure Bäckerei verscherbeln will, auch.«

Sie musste lachen. Aber auch wenn das meiste von dem, was er sagte, bloße Träumerei sein mochte – es war schön, dass er diese Träume hatte. Im Gemüseladen verkauften sie seit diesem Sommer allerhand bunte Früchte. Die meisten Menschen tatschten sie jedoch nur an und erklärten, sie hätten eh kein Geld dafür, seitdem sie nicht mehr arbeiten gingen, sondern nur noch zum Arbeitsamt. Es tat gut, dass er nicht in dieses Jammern einstimmte, dass er wagemutig nach vorne, statt wehmütig zurück blickte.

»Hast du schon was vom Anwalt gehört?«, fragte sie.

»Nein. Aber der wird sich bald melden«, sagte er.

Sie sagte das Gleiche zu ihrer Schwester, um sie zu vertrösten. Sie konnte verstehen, dass sie wissen wollte, wie es weiterging. Sie war ja selbst ungeduldig. Karen wohnte jetzt vorübergehend bei ihr. Aber wenn die Gerüchte stimmten, die sich die Nachbarn erzählten, würde das Haus bald verkauft und teuer saniert werden. Sie konnte zu Rolf ziehen, Karen konnte nicht zurück nach Machern.

Es wurde Winter, bevor sie etwas hörten. Auf den Dächern lag ein dünner Film aus Raureif. Sie trafen sich in der Lisztstraße, kochten Kaffee und setzten sich zu viert um den Tisch auf die Sessel und das Sofa, auf dem Heike schon an ihrem ersten Abend in dieser Wohnung gesessen hatte.

Der Anwalt strich sich über die Knie. »Ich habe eine gute und eine schlechte Nachricht«, sagte er. »Welche zuerst?«

»Die schlechte.«

»Der Verkauf der Bäckerei und des Hauses ist, wie es aussieht, rechtmäßig.«

Heike rückte näher an Karen heran.

»Die Summe, die der Käufer bietet, ist nicht allzu hoch, das ist aber verständlich: Die Räumlichkeiten sind marode, die Gerätschaften schlecht gewartet. Ein Großteil muss vermutlich erneuert werden. Das Geld wird jedoch reichen, um die Schulden zu begleichen.«

»Was für Schulden?« Sie schaute Karen an.

Karens Finger bildeten ein verkrampftes Geflecht in ihrem Schoß.

»Wusstest du das?«

Karen schwieg.

»Wollen Sie noch die gute Nachricht hören?«

Heike nickte.

»Ich kann Ihnen« – er schaute Karen an – »eine Wohnung draußen in Grünau vermitteln, und wenn alles klappt, können Sie die Miete vom Unterhalt bezahlen, auf den wir Ihren Mann verklagen.«

»Von welchem Geld?«

»Was meinen Sie?«

»Von welchem Geld soll er den Unterhalt bezahlen?«

»Er wird sich eine neue Arbeit suchen müssen.«

»Ha!« Karen stand auf. »Ich zieh aber sowieso nicht in die Platte nach Schlammhausen.«

»Die Wege dort sind inzwischen fertig, es wurden Bäume gepflanzt. Bald kommen noch neue Geschäfte dazu, zum See ist es nicht weit.«

»Hattet ihr das hier alles schon vorher so besprochen?« Karen lief um die Sessel herum, in denen Rolf und der Anwalt saßen. »Ich fasse es nicht!« Sie ging in den Flur hinaus zur Wohnungstür.

Heike lief ihr hinterher. »Wir haben nichts besprochen. Ich höre das auch alles zum ersten Mal.«

Karen stieg die Treppen hinunter. »Ihr steckt doch unter einer Decke! Rolf und der, die stecken unter einer Decke, und du und Rolf sowieso!«

»Rolf wollte helfen!«

»Pah! Der wollte dich flachlegen. Das wollte der!«

»Hör auf.«

»Am Ende kriegt der von dem Anwalt noch Provision für die Vermittlung als Startkapital für seinen Laden.«

»Bestimmt nicht!«

»Weißt du's?«

»Nein. Wie …«

»Na, also!«

Sie waren jetzt auf dem letzten Treppenabsatz angelangt. Heike konnte kaum mithalten mit dem Tempo, das Karen vorlegte.

»Die Schulden sind niemals so hoch, wie der Typ behauptet! Der will einfach noch genug für sich haben. Und ich Idiotin dachte, er sei dafür da, den Verkauf zu verhindern!« Sie eilte Richtung Tür. Die Hand auf der Klinke, drehte sie sich noch einmal um. »Kommste mit oder bleibste hier?«

»Mitkommen? Wohin?«

»Du musst dich schon entscheiden: ich oder er.«

Heike stellte ihren Fuß in die Tür. Karen stand bereits auf dem Gehweg.

»Also?«

*

Es war unklar, woher Rolf plötzlich seine Zuversicht nahm. Am Heiligabend hatte er sie beruhigt und erklärt, es sei doch noch gar nicht ausgemacht, dass sie die Kurrende der Thomaner nicht auch im nächsten Jahr wieder singen hörten. Und auch als die Räumungsklage eintraf und ihren

Befürchtungen neuen Auftrieb gab, verzweifelte er nicht, sondern verkündete, er werde sie vor Gericht vertreten.

»Wie willst du das machen?«, fragte sie.

»Wie denn nicht?«, entgegnete er. »Oder willst du noch mal einem Anwalt Geld in den Rachen werfen, der nicht auf unserer Seite steht? Das kriege ich allemal besser hin! Ich bin immerhin ganz klar für uns.«

Sie widersprach ihm nicht. Er hatte sich die Sache in den Kopf gesetzt, las statt Krimis jetzt im Internet über Mietrecht und Härtefallregelungen, und sie wusste keine Alternative.

Am Morgen der Verhandlung frühstückten sie noch schweigsamer als sonst. Heike schaffte nicht mal einen halben Toast. Sie fuhren mit dem Auto durch dreckigen Nieselregen zum Gericht. Im Sitzungssaal zog sie den Ordner mit der Klageschrift und Rolfs Notizen aus ihrer Tasche. Die Uhr über der Tür zeigte noch fünf Minuten bis zum Beginn.

Der Raum war nicht groß. Nur Herr Langner und sein Anwalt, die Richterin und eine Protokollantin saßen mit ihnen hier. Sie hatte Tess gesagt, dass die Verhandlung öffentlich sei. »Jeder darf kommen. Auch ihr.« Rolf glaubte nicht, dass irgendwer aus dem Haus erscheinen werde, und es stimmte ja, wenn er sagte, dass bei Tess und Moyra nicht alles in Ordnung war. Im Sommer hatte sie vom Küchenfenster aus belauscht, wie Moyra Livi von ihrer Bewerbung berichtete; später hatte auch Tess ihr davon erzählt. Doch seit dem Herbst hatte sie die beiden nicht mehr zusammen gesehen. Rolf behauptete sogar, sie seien nicht mal gemeinsam in den Urlaub gefahren. Trotzdem wollte sie noch nicht ganz glauben, dass sie, sie beide, ganz auf sich gestellt waren.

Der Zeiger zuckte, sprang auf den letzten Strich vor der Zwölf. Sie hörte Schritte auf dem Gang. Ihr Herz schlug heftiger. Jemand lief am Sitzungszimmer vorbei.

Die Protokollantin erhob sich und schloss die Tür. Die Richterin war kaum älter als Susanne. Sie sprach ruhig und freundlich, stellte die Anwesenheit fest, verlas die Klageschrift.

»Frau Ehlert, Herr Ehlert: Sie beantragen, die Klage abzuweisen, ist das richtig?«

Rolf schlug den Ordner auf, zog ein Blatt aus einer Klarsichtfolie. Sie sah, wie seine Hände zitterten.

»Frau Richterin, ich wohne seit einundvierzig Jahren in der Wohnung, fünfunddreißig davon gemeinsam mit meiner Frau. Wir haben uns in dieser Wohnung kennengelernt, ich habe ihr in dieser Wohnung einen Heiratsantrag gemacht, wir haben unsere Tochter dort großgezogen, mein Getränkeladen befand sich über dreißig Jahre im Erdgeschoss, wir kennen das Viertel und …«

»Herr Ehlert, es ist verständlich, dass Sie die Wohnung nicht verlassen möchten.«

Er nickte.

»Nur wissen Sie ja auch: Wir reden hier über das Eigentum des Klägers, das Sie gemietet haben, und er hat Sie zur Herausgabe aufgefordert.«

Rolf sah von seinem Blatt auf. »Mit welchem Recht?«

»Mit dem Eigentumsrecht«, schaltete Langners Anwalt sich ein. »Mein Mandant hat das Recht, Sie zur Herausgabe seines Eigentums aufzufordern. Und nur weil Sie das bisher nicht einsehen, sitzen wir überhaupt heute hier.«

»Wir prüfen«, sagte die Richterin ruhig. »Wir sind heute nur hier, um zu prüfen, ob die Bedingungen, die für die Forderung von Herrn Langner erfüllt sein müssen, auch wirklich erfüllt sind. Aber Herr Stenzel hat natürlich recht: Grundlage ist das Eigentumsrecht und das ist ein hohes Gut.«

»Im Kapitalismus!«

»Wie bitte?«

»Im Kapitalismus!«

Der Anwalt stöhnte.

»Wissen Sie, wem die Wohnung gehörte, als ich Mitte der Achtziger den Mietvertrag unterschrieben habe?« Rolf fixierte die Richterin. »Der VEB Gebäudewirtschaft. Wissen Sie, was das heißt? Oder sind Sie zu jung dafür? Kommen Sie aus dem Westen?«

»Es tut nichts zur Sache, wie alt ich bin und woher ich komme.«

»Volkseigener Betrieb!«, sagte er. »VEB heißt Volkseigener Betrieb. Die Wohnung gehörte dem Volk! Und wenn die Langners sie nicht geschenkt bekommen hätten, gehörte sie dem Volk noch immer!«

»Familie Langner ist nach dem Krieg enteignet worden«, fiel der Anwalt ihm ins Wort. »Und nach dem Mauerfall wurden einfach nur die ursprünglichen Besitzverhältnisse wiederhergestellt. Da ist überhaupt nichts Unrechtes dran.«

Rolf beugte sich über den Ordner, blätterte darin. »Wissen Sie, wie viele Leipziger Altbauwohnungen nicht in der Hand von Menschen aus Leipzig sind?«

»Nein, aber …«

»Vierundneunzig Prozent!«

»Herr Langner ist Leipziger.«

»Ich bin auch Leipziger! Trotzdem haben *meine* Eltern mir kein Haus vermacht, und das Elternhaus meiner Frau …«

»Herr Ehlert.«

Er schaute nicht von seinen Notizen auf. »Wissen Sie, wie viele Menschen in diesem Land keine Immobilien besitzen?«

»Sie können uns die Zahl jetzt gerne nennen, Herr Ehlert, aber das tut ebenfalls nichts zur Sache.«

»Warum?«, fragte er.

»Weil die Eigentumsverhältnisse so sind, wie sie sind.«

»Ja! Ungerecht sind die Eigentumsverhältnisse!«

»Das zu beurteilen, ist nicht meine Aufgabe. Dafür sind wir nicht hier.«

»Wofür dann? Was ist denn Ihre Aufgabe?«

»Meine Aufgabe ist es, dafür zu sorgen, dass das Eigentumsrecht nicht verletzt wird.«

»Eigentumsunrecht! Sagen Sie das doch mal so. Eigentums*un*recht! Ihr angebliches Recht kümmert sich nämlich kein bisschen darum, wer überhaupt in der Lage ist, Eigentum zu erwerben. Nennen Sie das Kind also ruhig beim Namen! Wenn Sie in diesem Rechtsstaat Recht sprechen, sprechen Sie Unrecht in einem Unrechtsstaat!«

»Herr Ehlert, ich muss Sie wirklich bitten …«

»… nicht noch mehr unbequeme Wahrheiten auszusprechen? Ich weiß schon: Sie halten uns für Querulanten. Für Menschen, die nicht einsehen wollen, was recht ist und was nicht. Aber ich frage Sie mal so: Ist es gerecht, dass zum Beispiel in den USA die Arbeiterreallöhne zwischen 1978 und 2016 um 11,7 Prozent gestiegen sind, die Gehälter der CEOs aber um – na, wie viel? – 937 Prozent!«

Der Anwalt stöhnte erneut. »Jetzt werfen Sie alles in einen Topf. Sie kennen ja nicht mal den Unterschied zwischen Recht und Gerechtigkeit!«

»Es ist unschön, für etwas angeklagt zu werden, das man nicht getan hat, nicht wahr?« Rolf hielt die Räumungsklage in die Höhe.

»Bitte …«

»Was bitte? Sie sind gerade im Begriff, zwei Menschen, die sich nie etwas haben zu Schulden kommen lassen, die nie gegen einen Punkt der Hausordnung verstoßen und immer pünktlich Miete gezahlt haben, auf die Straße zu setzen! Offenbar sind wir jetzt nicht mehr genehm, und Herr Langner will uns mit allen Mitteln rausekeln.«

»Niemand hat vor, Sie rauszuekeln und auf die Straße zu setzen.«

»Ach so? Was dann?«

»Wir sind hier, um Herrn Langners Eigentumsrecht als Hausbesitzer gegen Ihr Besitzrecht als Mietpartei abzuwägen. Und wenn wir am Ende zu dem Schluss kommen, dass die Forderung von Herrn Langner rechtmäßig ist, können Sie sich einfach eine neue Wohnung mieten.«

»Einfach! Klar! Das ist sicherlich einfach, wenn man so ein Staatsgehalt hat wie Sie! Oder solche Stundensätze wie der Herr Stenzel! Oder ein Erbe vom Herrn Papa wie der Herr Langner! Haben Sie mal nach Wohnungen gesucht in letzter Zeit?«

»Das ist nicht Gegenstand der Verhandlung.«

»Welche Verhandlung? Wer verhandelt denn hier? Sie verhandeln doch gar nicht!«

»Wir prüfen. Wir sind hier, um Ansprüche zu prüfen und …«

»Na, schön! Prüfen Sie auch, ob der Herr Langner tatsächlich in unsere Wohnung einziehen wird?«

»Es geht zunächst nur darum, zu prüfen, ob zum Zeitpunkt der Kündigung ein begründbarer Bedarf bestand. So ist die Rechtslage.«

»Unrechtslage!«

»Wir haben Sie verstanden, Herr Ehlert.«

Heike schaute zu Rolf. Er war rot im Gesicht, so wie damals bei ihrer ersten Begegnung nach dem Rennen. Aber jetzt kämpfte er für sie. Für *sie*!

»Wenn Sie mich wirklich verstanden haben«, sagte er, »werden Sie die Klage abweisen und zwar wegen Vorliegens einer Härte im Sinne von § 574 BGB.«

»Wir werden das prüfen.«

Er klappte den Ordner zu, lehnte sich zurück.

Sie drückte ihre Hand auf die Hände in seinem Schoß. Ein Rennen wurde erst an der Ziellinie entschieden. Und sie waren noch nicht an der Ziellinie.

*

Mitte des Monats kehrte der Winter zurück. Der Schnee bedeckte die Krokusse, die sich unter den noch kahlen Bäumen ausgebreitet hatten. Der feuchte Wind trieb Graupel über das Gras.

Heike setzte sich ins warme, flache Kinderbecken. Emilia schöpfte Wasser mit einem Förmchen, kippte es juchzend über sich aus. Sie beneidete ihre Enkelin um die Einfachheit, mit der sie Freude empfand. Wann war es bloß geschehen, dass die eigene Existenz sich in ein riesiges Bündel aus Verantwortung verwandelt hatte, in eine nicht enden wollende Reihe aus Entscheidungen? Wann hatte nicht nur der Körper, sondern das ganze Leben dieses Gewicht angenommen?

Susanne kam aus dem Saunabereich. »Alles gut bei euch beiden?«

Heike zeigte auf die planschende Emilia. »Emmi hat ihren Spaß.«

Susanne winkte ihrer Tochter zu.

»Möchtest du auch mal gehen, Mama? Dann bleibe ich hier.«

Sie schüttelte den Kopf. »Geh du wieder, wenn du magst.« Sie formte ihre Hand zu einer flachen Schale, holte Wasser herauf, ließ es über ihren Oberschenkel rinnen.

»Sicher? Du kannst ruhig auch mal entspannen.«

Wirkte sie so angespannt? Sie hatte sofort zugesagt, als Susanne vor wenigen Tagen gefragt hatte, ob sie spontan mit in den Harz kommen wolle. Trotzdem war es schwer, nicht ständig an zu Hause zu denken. Seit dem Gerichtstermin scrollte sie ständig durch Wohnungsannoncen, heimlich. Rolf sollte nicht das Gefühl bekommen, sie habe bereits aufgegeben. Anfang der Woche war sie sogar, ohne es ihm zu sagen, bei einer Besichtigung gewesen. Die Wohnung war trist und heruntergewohnt. Durchs Fenster blickte sie auf einen anderen Plattenbau. Der Beton verschmolz mit dem Himmel zu einer grauen Masse.

Sie war auf den Balkon getreten. Wie oft hatte sie in der Lisztstraße nicht schon gesagt, das Einzige, was der Wohnung fehle, sei ein Balkon? Hier würden sie einen haben. Doch was sie sah, war kein Balkon, sondern nur eine leblose Steinwanne, von deren Wänden die Farbe abplatzte wie in einem Schwimmbecken, das seit Jahren trocken lag. Sie blickte auf die Balkone des gegenüberliegenden Blocks. Verrostete Gartenmöbel lehnten in Ecken, an einigen Brüstungen waren Netze gespannt, damit die Katze nicht nach unten sprang. Der Lärm der Stadt war nur aus der Ferne zu hören. An Heiligabend würden hier keine Thomaner zum Singen vorbeikommen.

Sie war schnell wieder zurück ins Zentrum gefahren, wo die Straßen nicht nach fernen Planeten benannt waren. Und die Harzreise bot ein wenig Gelegenheit zur Ablenkung.

»Susanne?«

»Ja?« Ihre Tochter drehte sich nochmal um.

»Schon gut. Hat sich erledigt.«

»Okay.«

Sie wollte so gerne reden. Susanne – ihre eigene Tochter! – hatte nicht die geringste Ahnung, was in ihr vorging. Doch sie konnte es nicht. Sie konnte jetzt nicht ertragen, Vorwürfe zu hören oder mindestens vorwurfsvoll klingende Fragen gestellt zu bekommen. Sie konnte unmöglich erzählen, wie Rolf vor Gericht aufgetreten war und was sie in den letzten Monaten alles erlebt hatten. Es würde im schlimmsten Falle nur dazu führen, dass Susanne sich erneut entfernte. Aber dieses Mal würde sie ihr nicht nur sich selbst, sondern auch die Enkelkinder entziehen. Daher war es immer noch besser, sich in die Rolle der mitreisenden Oma zu fügen, und wenn es sein musste, saß sie eben mehrere Stunden im knietiefen Wasser und ließ von Zeit zu Zeit einen lauwarmen Schwall davon über die Schenkel rinnen.

Die Haut an ihren Zehen war ganz schrumpelig, als sie am späten Nachmittag das Bad verließen. Hannah und Ole lieferten sich ein Wettrennen zum Auto.

»Dürfen wir heute Abend in die Disco?«, fragte Ole, während Susanne Emilia im Kindersitz festschnallte.

»Welche Disco?«

»Im Hotel.«

»Die ist doch aber nicht für Kinder.«

»Doch! Für alle.«

»Also ich muss Emmi ins Bett bringen.«

Heike spürte die Blicke in ihrem Nacken. Sie konnte nicht sagen, wann sie das letzte Mal tanzen gewesen war. Es musste sehr lange her sein. Rolf war kein Tänzer, und ihr eigenes Verlangen zu tanzen, war, seit sie sich kannten, nicht groß genug gewesen, um ohne ihn zu gehen.

»Na gut«, sagte sie. Die beiden jubelten. »Aber nicht zu lange, ja? Höchstens ein Stündchen.«

Gleich nach dem Abendessen gingen sie zum Saal. Eine Handvoll Kinder hüpfte bereits in der Mitte herum. Die meisten Erwachsenen saßen auf den Stühlen, die an den Wänden standen, oder liefen mit einem Getränk herum. An der Decke drehte sich eine Discokugel und warf funkelnde Lichtflecken an die Wände.

Heike holte sich ein Glas Sekt. Hannah und Ole rannten mit anderen Kindern durch den Raum, drehten sich im Kreis, fassten sich an den Händen, sprangen auf und ab, wenn die Musik besonders laut und schnell wurde. Nach und nach betraten auch die Erwachsenen die Tanzfläche. Sie blieb trotzdem sitzen, hielt ihr Glas fest, nippte von Zeit zu Zeit daran, schaute zu den Kindern, wenn sie nach ihr riefen, um ihr einen Sprung oder eine Pirouette zu zeigen.

Ein älterer Mann setzte sich neben sie. Er trug einen dunklen Pullover und eine Brille. »Oma Heike?«, fragte er.

»Ja?«

»Opa Bernd.« Er hielt ihr sein Glas hin, stieß mit ihr an, schaute zu den Kindern. »Wie alt?«

»Ähm, zweiundsechzig.«

»Ich meinte die Enkel.«

»Ach so. Sechs und acht.«

»Meine sechs und neun.« Er zeigte auf zwei Mädchen.

Er stellte sein Glas aufs Fensterbrett, stand auf, hielt ihr seine Hand hin. »Nur wenn du willst.«

Sie zögerte. Die Tanzfläche wurde immer voller. Der Raum glitzerte lila, bald rot, gelb, grün.

Sie passte ihre Schritte dem Takt der Musik an. Um sie herum sprangen die Kinder. Sie wartete darauf, dass sich ihr Rücken melden würde, doch auch nach drei Songs gab es noch kein Signal. Sie drehte sich an seiner Hand.

Er kaufte ihr noch ein Glas Sekt während einer Pause am Rand. Dann tanzten sie wieder. Die Lichtpunkte an der Decke waren jetzt ein Sternenhimmel. Sie blickte nach oben, verlor sich darin. Ihre Füße und Beine bewegten sich wie von allein. Es gab nur sie, diesen Raum und die Musik, und alles war leicht und schön.

Es war bereits spät, als sie mit Hannah und Ole aufs Zimmer ging. Die beiden schliefen sofort ein. Auf ihrem Handy waren zwei entgangene Anrufe von Rolf. Sie schickte ihm nur eine Nachricht: Rufe dich morgen früh zurück.

Sie tat es nach dem Frühstück. Susanne und die Kinder zogen sich bereits für einen Ausflug an.

Er ging sofort ran. »Das Urteil ist da.«

Sie schaute auf den Parkplatz, der unterhalb ihres Zimmers lag. Die Kinder lärmten auf dem Gang, trommelten an die Tür, Susanne kam herein. »Bist du soweit?«

Sie nahm die Jacke vom Haken. Ihre Füße und Hände fühlten sich taub an.

Von der Bergstation des Lifts liefen sie den steinigen Pfad am Geländer entlang, bis sie beim Aussichtspunkt angelangt waren.

Links und rechts stürzten steile Felswände hinab. Es würde keine zwei Sekunden dauern –

Die Freiheit war ganz nah. Ganz nah!

Ihre Hände klammerten sich ans Geländer. Was musste man sein, um wiedergeboren zu werden? Buddhist, Hinduist? Vielleicht stimmte es ja, dass Menschen wiederkehrten wie die Jahreszeiten, wie die Knospen an den Sträuchern. Vielleicht war nichts für immer. Vielleicht war doch alles für immer, weil es einfach nur in anderer Gestalt zurückkam.

Sie ließ das Geländer los.

Die Luft surrte. Die Bäume rauschten.

»Oma!« Emilia stakste mit ihren kurzen Beinen über den felsigen Grund, wurde schneller, konnte sich nicht mehr halten.

Heike machte einen Schritt nach vorn.

Sie breitete ihre Arme aus.

Emilia flog in sie hinein.

Sie drückte sie an sich, presste ihr Gesicht in ihre Haare, grub sich hinein, sodass niemand sehen konnte, wie sie leise zu weinen begann.

12

Die Glocke läutete laut und grell und verkündete mit einer solchen Penetranz den Beginn des Tages, dass Moyra angesichts des Appells zur Wachheit, der von diesem Ton ausging, ihre eigene Müdigkeit wie einen 20-Kilo-Sack auf den Schultern spürte. Sie warf sich ein paar Hände kaltes Wasser ins Gesicht, zog sich eine bequeme Jogginghose und den weiten, ausgewaschenen Kapuzenpullover an, den Nick ihr überlassen hatte, und schleppte sich über den Gang zum Meditationsraum.

Es war noch dunkel, ihr Körper nur ein Schatten an der Wand. Wie alle anderen schlich sie in Wollsocken über den Teppich, ließ sich auf dem runden Kissen nieder, legte die Beine über Kreuz und faltete sie sofort wieder auseinander. Es war, besonders um diese Uhrzeit, schlicht unmöglich, eine halbwegs bequeme Position zu finden, in der es sich eine schmerzhaft lange Stunde aushalten ließ. Sie versuchte es noch einmal. Ihr Kissen raschelte. Die anderen waren bereits still. Ihr Knöchel knackste. Ihre Füße klemmten nur halb unter den Knien, doch es war zu spät, nachzujustieren. Der dunkle, warme Ton einer Klangschale breitete sich aus. Die Schwingungen gingen durch ihren Körper – für Bruchteile von Sekunden nicht mehr das träge Gebilde aus Knochen, Fleisch und Blut, das sie eben von der Matratze gehievt hatte, sondern der wunderbar leichte Korpus eines Cellos. Sie war Raum. Sie war Luft. Sie war Klang. Sie schloss die Augen, hielt den Atem an. Der Ton durfte auf keinen Fall entkommen.

Aber schon war er weg, entwichen durch irgendeine

Öffnung. Sie hörte jetzt wieder ihre Atmung, das Ächzen ihrer Muskulatur.

Vom linken Fuß ging ein Kribbeln aus. Vermutlich eine Fluse, die sich beim Anziehen zwischen den Zehen eingenistet und beschlossen hatte, sich genau jetzt bemerkbar zu machen. Es war nicht der Zeitpunkt, sich um eine Fluse zu kümmern. Die Zehen steckten in Strümpfen und waren unter die Knie geschoben, in einer Keilposition, die es absolut unmöglich machte, sie ohne größeres Aufheben herauszulösen. Doch das Kribbeln wurde immer stärker.

In einem unscheinbaren Regal neben dem Speiseraum lag ein zerfleddertes Büchlein. Unter dem Bild eines Mönchs, der halbnackt im Schnee saß, hieß es, die herkömmliche Auffassung, wonach der Körper Signale aussende und der Geist sie empfange, sei falsch. Es sei der Geist, der sich den Signalen zuwende, wie ein kleines Kind, das sich umdrehte, sobald irgendwo jemand rief. In dieser Hinsicht seien auch die meisten Erwachsenen noch Kinder, weil sie sich viel zu leicht verleiten ließen, überall hinzuhören, hinzuschauen, hinzufühlen. Sie musste wegfühlen! Jede Störung störte nur so viel, wie man sich von ihr stören ließ!

Sie versuchte es jetzt damit: *Es gibt das Kribbeln zwischen den Zehen nicht.* Es gab nur die Aufmerksamkeit für das Kribbeln beziehungsweise das Kribbeln, das Aufmerksamkeit haben wollte. Aber die würde sie ihm nicht geben! Nein, diesen Gefallen würde sie ihm nicht tun! Wenn es glaubte, sie aus der Ruhe bringen zu können, hatte es sich geschnitten. Es hatte gar keine Vorstellung davon, wie willensstark sie sein konnte, wie sehr sie dazu in der Lage war, sich von ihm abzuwenden, auch wenn noch unklar war, wohin sie sich stattdessen wenden sollte. Konnte nicht wieder wie vorgestern Morgen jemand aufstehen und gehen?

Es hatte mit einem tiefen Brummen begonnen, war mit einem Seufzen weitergegangen, dann in ein Stöhnen umgeschlagen, ein hohes, tierartiges Geräusch, aus dem Schmerz und Verzweiflung sprachen. In der hinteren rechten Ecke bewegte sich jemand, richtete sich auf, wimmernd und ächzend, und verließ den Raum.

Moyra hatte sich nicht getraut, die Meditationspose zu verlassen und den Kopf zu drehen. Sie musste bis nach der Sitzung warten, um zu sehen, wer fehlte: Es war Matt, ein sonnengebräunter Mittzwanziger, und das war nun doch einigermaßen erstaunlich, denn mit seinen vom Salzwasser geformten Locken und seinem breiten Grinsen sah er aus wie einer der zufriedensten Typen, die ihr je begegnet waren, doch offenbar schwelte und brodelte etwas in seinem Inneren, das sich jetzt Bahn brach. Beim Frühstück und den ganzen Vormittag über war er nicht mehr zu sehen, und als er am Nachmittag nach der morgendlichen Eruption kurz auf dem Gang auftauchte, war sein Gesicht noch so sehr vom Strom seiner Tränen gezeichnet, dass Moyra drauf und dran war, das im gesamten Gelände geltende Schweigegebot zu brechen, um zu fragen, ob er Hilfe benötige. Vielleicht war die Ursache seines Leidens ja eine klinische? Und wenn sie jetzt nicht nachfragte, machte sie sich der unterlassenen Hilfeleistung schuldig? Sie überlegte eine Minute zu lang, denn Matt verschwand, und für den Rest des Tages ergab sich keine Gelegenheit mehr, um ihn unbeobachtet anzusprechen. Immerhin konnte er sich bewegen, aufrecht stehen und gehen. Gut möglich also, dass sein Ausbruch nicht Symptom eines schlimmeren Leidens, sondernd eine dringend benötigte Reinigung, eine Art innerlicher Waschung gewesen war. Hätte er reden wollen, wäre er ziemlich sicher gar nicht erst in ein Schweigekloster gefahren. Falls er nun unerwartet doch das dringende Bedürfnis verspürte, würde er sich schon heimlich jemanden suchen. Zumal: Wer sagte denn, dass er sich ihr überhaupt öffnen und erklären wollte, was ihn bedrückte und weshalb er hier war? Sie hätte diese Frage umgekehrt ja auch nicht beantworten wollen. Das hatte, den Verlauf der letzten Monate betrachtend, jedoch auch damit zu tun, dass ihr nicht ganz klar war, ob sie sie überhaupt beantworten *konnte*, zumindest wenn sie nicht die abgenudeltste aller möglichen Antworten geben wollte, die da lautete, dass sie auf der Suche nach sich selbst war. Das eigentlich Schlimme an dieser Antwort war ja nicht, dass sie so abgenudelt war, sondern dass sie in *ihrem* Fall leider stimmte, sie jedoch auch nicht einfach sagen wollte, dass sie bei dem Freund, der sie wahnsinnig unkompliziert und warmherzig aufgenommen hatte, rausgeflogen war. Denn das hörte sich zum einen zu sehr nach völliger Ausweglosigkeit an, nach komplettem Verlorensein (und wenn sie eines nicht sein wollte, dann komplett verloren!). Zum anderen tat es besagtem Freund Unrecht, denn Nick hatte sie natürlich nicht rausgeschmissen. Sie war selbst gegangen.

*

An der Unrast, mit der er seit einer halben Stunde durch die Wohnung lief und um sie herumschlich, merkte sie bereits, dass irgendetwas los war.

»Was ist denn?«, fragte sie, als er sich neben sie stellte und das Dressing für den Salat zuzubereiten begann. »Du bist so aufgekratzt.«

Er zog sein Handy aus der Tasche und hielt es ihr hin, mitten in den Dampf, der aus dem Wok aufstieg, in den sie gerade eine ganze Dose Kokosmilch gekippt hatte. »Hat mir eine Kollegin heute gezeigt.«

»Aha?«

»Eine App, mit der man sein Erbgut analysieren lassen kann.«

»Um schon mit Anfang Dreißig zu erfahren, an welcher Art von Krebs man mal sterben wird?«

»Nein! Also, ja. Die schlüsseln dir auch deine Gesundheitsrisiken auf, wenn du magst, aber Svenja hat das eher so spaßeshalber ausprobiert, weil ihr Vater immer behauptet, sie hätten irgendwelche entfernten Verwandten in den USA und …«

»… lass mich raten! Sie haben wirklich welche!«

»Ja! Eine Großtante in Minnesota!«

»Na, herzlichen Glückwunsch! Immerhin nicht in Wisconsin oder Nebraska.«

»Was hast du gegen Wisconsin und Nebraska?«

Sie reichte ihm die Ölflasche, ohne auf seine Frage zu reagieren. »Und? Jetzt wirst du auch nach möglichen Verwandten in den USA suchen?«

»Ich?« Er stellte die Flasche aufs Regalbrett über dem Herd.

Sie rührte im blubbernden Wok herum, sah der Kokosmilch dabei zu, wie sie munter Blasen warf und sich vom Gemüse langsam dunkler färbte.

»Du musst einfach nur in ein Röhrchen spucken, es einschicken, die sequenzieren dein Genom und gleichen es ab mit Millionen DNA in ihrer Datenbank und dann …«

»Habe ich plötzlich auch eine Großtante in Minnesota!«

»Hä? Nein, keine Ahnung, wer weiß? Aber stell dir mal vor, du könntest auf diesem Weg deine leiblichen Eltern finden, oder Geschwister, Cousinen, Cousins, Großeltern.« Er sah sie an, während der Dampf sich in ihrem Gesicht niederschlug.

Sie biss in ein Brokkoliröschen, um zu prüfen, ob es gar war, und verbrannte sich die Zunge. »Die Sache hat bestimmt einen Haken. Die meisten Sachen haben einen Haken! Mindestens hängt es am Geld.«

»Es kostet neunundneunzig Dollar. Plus Versandkosten.«

»Okay – das …«

»… geht, oder?«

Sie nickte, während sie Reis in ihre Schalen füllte und anschließend eine ordentliche Kelle Gemüsecurry darüber kippte. Es roch auffordernd appetitlich. Doch anstatt zu den Stäbchen griff sie zum Telefon. »Wie heißt die App?«

»Genius.«

»Sehr kreativ.« Sie tippte den Namen in die Suchmaschine. »Hier! Da haben wir's doch schon! ›Hacker erbeuten DNA-Daten von 6,9 Millionen Menschen.‹ Und so einen Negativpreis haben sie auch bekommen. Weil sie die Daten mal eben für dreihundert Millionen an einen Pharmakonzern verkauft haben.«

»Moyra, du musst das nicht machen! Svenja hat einfach davon erzählt, und ich habe gedacht, das wäre doch krass, wenn du damit wirklich jemanden aus deiner biologischen Familie finden könntest.«

Sie legte das Telefon beiseite, rührte die Stäbchen aber immer noch nicht an. Wenn sie ehrlich war, wusste sie nicht, was sie wollte. Auf der einen Seite fühlte es sich ziemlich verlockend an, den großen Unbekannten in ihrem Leben einen Namen und ein Gesicht zu geben. Auf der anderen Seite verspürte sie Angst bei dem Gedanken, ihre Eltern oder irgendwen sonst aus ihrer Familie kennenzulernen und feststellen zu müssen, dass es sich um Menschen handelte, mit denen sie unter anderen Umständen niemals etwas zu tun gehabt hätte und auch jetzt nichts zu tun haben wollte. Es nervte, dass sie sich überhaupt mit dieser Entscheidung herumschlagen musste.

»Tut mir leid, dass ich damit angefangen habe«, sagte Nick. »Das war unsensibel von mir.«

Sie nahm ein Stäbchen und stocherte damit in der Schüssel herum. »Ist schon okay.«

Sie wechselten das Thema, kamen auch nach dem Essen nicht mehr darauf zurück. Aber Moyra konnte den ganzen Abend über an nichts anderes mehr denken als daran, wie es sein würde, eine Nachricht zu bekommen, in der stand, dass eine Person namens X zu soundsoviel Prozent mit ihr verwandt ist. Sie sah sich in ein Flugzeug nach Ghana oder Gambia steigen, wo Menschen auf sie warteten, von denen sie keinen einzigen kannte, die aber laut DNA-Sequenzierung ihre *Familie* waren.

»Weißt du was?«, sagte sie am nächsten Morgen, als sie Nick vor dem Badezimmer begegnete. »Ich mach's.«

»Was?«

»Die Genanalyse. Ich glaube, wenn ich es nicht mache, werde ich mich permanent fragen, wie es wäre, es zu machen. Also kann ich es auch einfach tun, oder?«

Zwei Tage später lag das Päckchen mit dem Test-Kit auf dem Küchentisch. Sie las die Anleitung durch, wartete, obwohl sie hundertprozentig sicher war, in der letzten halben Stunde nicht gegessen, getrunken, geraucht oder die Zähne geputzt zu haben, noch eine weitere halbe Stunde ab, bevor sie den Verschluss des Plastikröhrchens öffnete, hineinspuckte, es fünf Sekunden lang schüttelte und dabei, ohne es zu wollen, genauso gespielt lachte, wie die beiden Frauen in dem Erklärvideo es taten, das sie sich schon zigmal angesehen hatte.

»So«, sagte sie, während sie das Röhrchen in den Umschlag steckte und ihn verschloss. »Bringen wir's gleich zur Post?«

Nick zog sich den Mantel mit der fellbesetzten Kapuze wieder an, den er gerade erst abgelegt hatte. Sie wählten den extraschnellen Versand mit Tracking.

»Champagner?«, fragte er, nachdem sie die Postfiliale verlassen hatten.

»Gibt's was zu feiern?«

»Na, immerhin hast du …«

»In ein Röhrchen gespuckt, Nick! Sicher, dass wir darauf anstoßen wollen, dass ich meinen Speichel verschickt habe?«

»Alles klar. Wir warten, bis das Ergebnis da ist.«

In der ersten Woche nach dem Versenden verfolgte sie jeden Tag den Fortschritt, den die App anzeigte (*Du hast deine Probe dem Versanddienstleister übergeben – Deine Probe ist bei uns angekommen – Deine Probe wird für die Laboranalyse vorbereitet*). Aber als in der zweiten Woche jeden Tag aufs Neue nur die Meldung *Deine Probe wird von uns analysiert* erschien, verlor sie die Lust daran, alle paar Stunden nachzusehen, ob die sechs Millionen Basenpaare, die in ihrer

Spucke herumschwammen, bereits ermittelt worden waren. Lieber versuchte sie, sich mit dem Gedanken einzurichten, dass die Analyse, jedenfalls mit Blick auf mögliche Verwandte, schlichtweg nichts ergeben würde. Wie wahrscheinlich war es, dass tatsächlich irgendwo auf dieser Welt, in fünf oder fünftausend Kilometern Entfernung, jemand das Gleiche wie sie getan hatte und dann auch noch mit ihr verwandt war? Es war *sehr* unwahrscheinlich und kam ihr immer unwahrscheinlicher vor, je länger sie darüber nachdachte. Trotzdem stoppte sie abrupt, als ihre Kopfhörer an einem diesigen Vormittag, während sie gerade an der Spree entlangjoggte, das Eintreffen einer Push-Benachrichtigung meldeten.

Sie zog ihr Telefon aus der Hülle, die sie am Oberarm trug. *Genial! Wir haben dein Erbgut entschlüsselt. Tippe hier, um zu erfahren, wer du bist.*

Sie schob die Nachricht beiseite und wählte Nicks Nummer.

»Mo?«

Ihr Atem ging heftig. »Hast du innerhalb der nächsten halben Stunde einen wichtigen Termin?«

»Nein. Wieso?«

»Die Ergebnisse sind da.«

»Und?«

»Weiß nicht. Ich traue mich nicht, sie anzusehen.«

»Okay, komm her.«

Keine zwanzig Minuten später stand sie schwitzend vor der Kanzlei. Ihr Kopf glühte unter der Mütze, die sie gegen die feuchte Februarkälte trug.

»Kannst du zuerst schauen?«, fragte sie.

»Hier? Mitten auf der Straße?«

»Wo sonst?«

»Wollen wir uns nicht lieber reinsetzen? Bei uns ins Foyer oder in ein Café?«

»So, wie ich aussehe?« Sie konnte den Saum feiner Schweißperlen auf ihrer Oberlippe spüren.

»Na gut, dann …«

»Mach schon!« Sie drückte ihm ihr Smartphone in die Hand.

Auf der Straße herrschte das übliche vormittägliche Rauschen, eine Mischung aus Bussen, Taxis und Lieferwagen, die ihre Inhalte auf die Gehwege entluden. Menschen liefen an ihnen vorbei, die Ohren mit Kopfhörern verschlossen, die Augen auf die Bildschirme ihrer Telefone gerichtet, manche hielten Kaffeebecher in den Händen.

Wie warm war es jetzt in Ghana? Und konnte man einfach so zum Flughafen fahren und mit einem Last-Minute-Ticket in eine Maschine steigen? Die Vorstellung, bald irgendwo zu stehen und wildfremde Menschen in die Arme zu nehmen, fühlte sich noch genauso verrückt an wie vor wenigen Wochen, aber jetzt veränderte sich plötzlich die Dimension, weil es sein mochte, dass sie *genau das* bereits in Kürze tat! Die Antwort war nur ein paar Fingertipps auf ihrem Telefon entfernt.

»Also, die Ergebnisse sind da, aber …«

Sie riss ihm das Telefon aus der Hand, fand sich nicht sofort zurecht, drückte zweimal auf den falschen Button, bis sie endlich zur Liste möglicher Verwandter gelangte.

Er nahm sie in den Arm. »Tut mir leid. Ich hätte wirklich nicht damit anfangen sollen. Bist du sehr enttäuscht?«

Sie spürte, wie der Schweiß durch ihre Laufsachen nach außen trat und wie ein feuchter Film ihren ganzen Körper überzog.

»Du hattest ja schon gesagt, dass es wirklich sehr unwahrscheinlich sein würde, wenn …«

»Yepp.« Sie löste sich aus seiner Umarmung, versuchte, all jene Gründe wieder auf die Bühne ihres Gedächtnisses zu holen, die gegen diesen Test gesprochen hatten, doch es gelang ihr nicht. Sie bereute jetzt nicht nur, ihn gemacht, sondern auch all die Geschichten von glücklichen Getesteten durchgelesen zu haben, die nach zehn, zwanzig, dreißig Jahren zum allerersten Mal in ihrem Leben plötzlich eine Person treffen konnten, mit der sie einen größeren Teil ihrer Gene teilten als mit allen anderen Menschen. Auf den Selfies waren nur glückliche Gesichter zu sehen, niemand schaute auch nur im Geringsten enttäuscht aus, manche Wangen waren allenfalls von Tränen der Rührung gezeichnet.

»Vielleicht tut sich ja in nächster Zeit noch was.« Nick lächelte aufmunternd. »Deine DNA ist jetzt in der Datenbank, wird immer wieder abgeglichen, sobald sich jemand neu registriert, und wer weiß?«

»Mhm.« Der Luftzug vorbeifahrender LKWs strich eisig um ihre Beine. »Ich laufe mal nach Hause«, sagte sie.

Er nickte, streichelte ihr über die Schulter und ging wieder hinein.

In seiner Wohnung stellte sie sich unter die Dusche, ließ lange und ausgiebig warmes Wasser über ihren Körper laufen. Es sorgte für genau das richtige Maß an Geborgenheit. Nach dem Abtrocknen lief sie unschlüssig herum, überlegte, Inga anzurufen und ihr zu erzählen, was geschehen war, doch sie konnte, egal wie sehr sie sich auch anstrengte, nicht den nötigen Mut dafür aufbringen. Was sollte Inga auch sagen, wenn sie ihr berichtete, nach ihren *richtigen*

Eltern gesucht und sie nicht gefunden zu haben? Wenn sie ihr erzählte, welche Leere sie empfand, weil sie ihre leibliche Mutter und ihren leiblichen Vater nicht hatte ermitteln können? Natürlich würde Inga Verständnis zeigen. Sie konnte schon allein von Berufs wegen für alle möglichen Fälle Verständnis abrufen und jeder Gesprächssituation damit eine therapeutische Note verleihen. Doch wenn es schlecht lief – und das war nicht völlig ausgeschlossen –, würden sie und Jens die Nachricht als Urteil über das Ungenügen ihrer Elternschaft missverstehen, und dieses Missverständnis galt es unter allen Umständen zu vermeiden.

Sie kochte sich einen Tee und setzte sich aufs Sofa. Als Nick am Abend nach Hause kam, hatte sie ihre Position kaum verändert.

»Wie geht's?«

»Scheiße«, antwortete sie.

Er setzte sich zu ihr. »Ich kann mich nur wiederholen: Es tut mir wirklich leid! Ich hätte nicht damit ankommen sollen. Ich hätte sowieso von Anfang an bei allem gleich viel vorsichtiger sein sollen.«

»Von Anfang an? Bei allem? Wovon redest du?«

»Von Heike und Rolf und so. Damit ging's doch los. Ich hatte gleich ein komisches Gefühl.«

»Hättest du mir ruhig mal sagen können.«

»Wollte ich ja! Aber dann dachte ich mir: Ich tu's für dich und du tust es für Tess und … ach, keine Ahnung. Bist du jetzt wütend?«

»Auf dich?«

»Auf wen sonst?«

»Das ist doch die Frage! Auf wen darf ich eigentlich wütend sein? Auf dich? Auf mich? Auf Tess? Auf Heike und Rolf? Auf Inga und Jens? Auf meine leiblichen Eltern? Das ist ja gerade mein Problem, Nick! Ich bin wütend, und zugleich will ich es nicht sein, weil es bei allen, auf die ich wütend bin, gute Gründe gibt, keine Wut zu empfinden, da sie nichts dafür können oder selbst nur das Beste für sich und für mich wollten oder – ach. Fuck it!«

Er zog sein Jackett aus, löste den Knoten seiner Krawatte. »Vielleicht«, sagte er, »denkst du einfach zu viel nach.«

»Was?«

»Naja, versteh mich bitte nicht falsch, aber du bist jetzt seit – drei, vier? – Monaten hier, und ich mache mir einfach nur Sorgen, weil du in letzter Zeit so viel grübelst und ...«

»Ist das der Kern der Sache? Hast du mir deshalb die App gezeigt? Damit ich mal auf andere Gedanken komme?« Sie rutschte nach vorne. »Okay, Nick: Falls du Angst hast, eine depressive Freundin bei dir aufgenommen zu haben, deren Zustand sich verschlechtert und die du nicht wieder los wirst, kann ich dich beruhigen. Du hast ja gerade gehört: Ich bin wütend, auch wenn ich nicht so richtig weiß, auf wen ich berechtigt wütend sein darf, aber egal. Wer Wut empfinden kann, ist in der Regel jedenfalls nicht klinisch depressiv.«

»Das habe ich auch nicht behauptet!«

»Du hast gesagt, dass ich zu viel nachdenke.«

»Schon! Aber ich meinte das nicht in diesem Sinn.«

»Sondern?« Die wenigen Sekunden, die er benötigte, um in seinem Kopf nach einer geeigneten Antwort zu kramen, reichten aus, um in ihrem eigenen Kopf ein ganzes Feuerwerk möglicher Antworten explodieren zu lassen. Diejenige, die davon am grellsten leuchtete, war die, die besagte, dass sie sich jetzt endlich mal eine Arbeit suchen, ihre Beziehungs- und Wohnsituation mit Tess klären, sich für oder gegen ein Kind entscheiden – kurz: IHR LEBEN AUF DIE REIHE KRIEGEN – solle, wie es die meisten Menschen taten, weil niemand mehr in ihrer Umgebung dieses ewige Hadern und Zaudern und Nachdenken und diese Unentschlossenheit aushalten konnte. Wenn sie schon nicht herausgefunden hatte, woher sie kam, konnte sie dann nicht wenigstens beantworten, wohin sie wollte? War das so unmöglich? War das so schwer?

Nick sagte nichts dergleichen, musste er auch nicht. In ihrem Kopf knallte und leuchtete es nun so sehr, dass sie sich sicher war, er könne hören und sehen, wie ihr Hirn eine Antwort nach der anderen abfeuerte. Bis gerade eben noch hatte sie geglaubt, er sei einer der Wenigen, aktuell womöglich sogar der Einzige, der sie noch verstand, sie nicht verurteilte, sondern einfach nur da war. Doch dieser Glaube verglühte jetzt, und was übrig blieb, war der stinkende Qualm der Gewissheit, dass auch er letzten Endes davon ausgegangen war, sie würde sich früher oder später schon berappeln. Wofür, bitteschön, hatte sie jahrelang studiert (auf Staatskosten!), wenn sie jetzt nur herumhing (teils auf Staats-, teils auf seine Kosten) und der Allgemeinheit, die in sie investiert hatte (und immer noch investierte), jetzt nichts zurückgab? Er hatte es vielleicht ein bisschen länger als andere geschafft, mit seinen Erwartungen hinter dem Berg zu halten, aber irgendwie hätte sie sich auch denken können, dass er nicht bis in alle Ewigkeit dazu in der Lage sein würde, und nun war offenbar der Moment gekommen, an dem seine Zurückhaltung endete.

»Ab morgen bin ich weg.« Sie stellte die Tasse mit kaltem Tee auf dem Wohnzimmertisch ab.

»Wo willst du denn hin?«

Sie zuckte die Schultern. Sie hatte keine Ahnung, absolut keine Ahnung. Aber es war klar, dass es so nicht weitergehen konnte und sie irgendwo anders hin musste. »Dorthin, wo ich lerne, nicht mehr so viel nachzudenken.«

»Bitte, Moyra, nicht polemisch werden!«

»Ich bin nicht polemisch!« Sie konnte sich ein leichtes Grinsen nicht verkneifen. Woher kam jetzt plötzlich diese Heiterkeit? Sie hatte seit achtundvierzig Stunden nichts getrunken, nicht gekifft. Sie hatte sowieso schon sehr lange keine Drogen mehr konsumiert, die täglichen zwei bis drei Zigaretten, auf die sie sich inzwischen beschränkte und die sie jedes Mal, wenn sie laufen ging, bereute, nicht mitgerechnet. Vielleicht wussten ihr Herz oder ihr Hirn oder welche Instanz auch immer für Heiterkeit zuständig war, auch mehr als sie. Sie musste jedenfalls erneut grinsen, während sie auf ihr Smartphone schaute und nach kurzer Suche erfuhr, dass es tatsächlich einen Ort gab, an dem sie sich, wenn sie bereit war, täglich einige Stunden im Garten und in der Küche zu arbeiten, aufhalten konnte, ohne Geld auszugeben, und an dem sie gleichzeitig lernte, weniger nachzudenken.

*

Das Gelände, eine Ansammlung flacher Gebäude, die eine Wiese umschlossen und an einen Acker grenzten, war bei ihrer Ankunft noch winterlich kahl. Der wärmste Ort war die Küche. Wenn die Yogaübungen ihren nach den Meditationssitzungen steifen Körper noch nicht ausreichend durchblutet hatten, holte sie sich hier die nötige Wärme ab. In den ersten Tagen war es ungewohnt, nicht zu reden. Der Drang, etwas zu sagen, das über notwendige Absprachen hinausging, war größer als erwartet. Es war schwer, sich zurückzuhalten, wenn Alain, der nicht viel mehr von sich preisgab, als dass er aus der Nähe von Reims kam, eine viel zu große Menge Kreuzkümmel in den Topf mit dem veganen Gulasch gab, oder wenn nur eine Handvoll Petersilie zum Schneiden bereitlag, die in der für dreißig Personen geplanten Suppe nur noch als Spurenelement erkennbar sein würde. In einer anderen Umgebung hätte sie an diesen Stellen sofort ihren Mund aufgemacht. Aber hier hinterließ jedes gesprochene Wort sofort einen auffälligen Abdruck im dünnen Teppich der Klänge von Messern, die sich auf Brettern bewegten, und von Holzlöffeln, die in Töpfen rührten, und nach wenigen Tagen tat es auf fast schon erschreckende Weise gut, sich einfach einzufügen, nur ein Teilchen in einem größeren Organismus zu sein, das einen winzigen, wenngleich nicht unwichtigen Beitrag zum Funktionieren des Ganzen leistete. Es war erfüllend, das Ergebnis der eigenen Arbeit zu sehen, und wenn es nur in den sauberen Steinplatten des Gehwegs bestand, die sie gefegt hatte.

Ihr Handy lag wie alle anderen Telefone im Safe des kleinen Büros im Empfangsgebäude. Und irgendwie lag dort auch ihr Gefühl für Zeit. Nirgendwo hing eine Uhr. Stunden ließen sich nur noch in Dingen bemessen, die getan worden waren: Schlafen, Essen, Kochen, Putzen, Reparieren, Meditieren.

Der Klöppel stieß gegen die Klangschale. Sie drehte sich mit den anderen auf ihrem Kissen um. Es war in den letzten dreieinhalb Wochen (Tage zählten sich leichter als

Stunden) noch kein einziges Mal vorgekommen, dass sich eine Stunde Meditieren wie fünf Minuten angefühlt hatte. Was war mit dem Kribbeln im Zeh? Hatte sie tatsächlich geschafft, es zu ignorieren? War sie eingeschlafen, ohne es zu merken, und gerade erst wieder aufgewacht?

Es war jedenfalls fantastisch. Sie war angekommen! Sie wollte am liebsten mit jemandem darüber sprechen, doch das ging nicht. Daher trug sie die Freude wie ein kostbares Geschenk mit sich herum. Draußen sahen die Wege nun zum ersten Mal seit ihrer Ankunft nicht mehr so winterlich matt aus. Der Einfluss eines Hochdruckgebiets machte sich als grünes Leuchten in den Bäumen und Sträuchern bemerkbar. Die Luft war auffallend mild.

Sie ließ den Reißverschluss ihrer Jacke auf, als sie sich am Nachmittag auf einen der Stühle setzte, die vereinzelt auf dem Rasen standen. Die Sonne wärmte ihr Gesicht.

»Moyra?« Tatjana kam vom Hauptgebäude über die Wiese gelaufen. Bei ihrer Anreise hatte sie sie gefragt, wie lange sie bleiben wolle. Sie hatte keine Antwort geben können (Wie lange blieb man hier? Eine Woche? Einen Monat?), aber jetzt fühlte es sich zum ersten Mal so an, als könnte sie entschlossen antworten, dass sie gerne bis auf Weiteres bleiben würde. Sie drehte sich vollständig zu Tatjana um.

»Telefon für dich.«

Sie ruckte mit dem Oberkörper nach vorne. Beim Einchecken hatte sie eine Liste mit Notfallkontakten hinterlegen müssen, und nur den Personen auf dieser Liste wiederum hatte sie auch die Telefonnummer des Meditationszentrums gegeben.

Sie folgte Tatjana ins Empfangsgebäude, ging mit ihr in das kleine Büro, setzte sich an den Tisch, auf dem das Telefon stand, nahm den Hörer in die Hand und sagte, während Tatjana nach draußen ging und leise die Tür schloss, in den schweigenden Hörer hinein: »Hier ist Moyra.«

Tess' Stimme klang so nah, als säße sie direkt neben ihr. Aber um sie herum lagen nur verbogene Büroklammern und Stapel mit Papier. »Ich hoffe, es ist okay, dass ich anrufe?«

Diese Stimme. Sie hatte diese Stimme schon so lange nicht mehr gehört. »Ist was passiert?«, fragte sie.

Tess machte ein Geräusch, das sich nicht sofort einordnen ließ. Es klang wie ein Seufzen.

»Ist deine Mutter?«

»Nein.«

»Meine Eltern?«

»Nein, nein.« Tess machte erneut das Geräusch.

Sie schaute sich um. »Was dann?«

»Nur ich.«

»Bist du krank?«

»Ich weiß nicht, ob ich das so nennen würde. Es ist … Ich wollte dich einfach fragen: Wie lange bleibst du noch?«

Sie sah erst jetzt die Uhr über der Bürotür.

»Keine Ahnung. Du musst wahrscheinlich langsam wissen, was jetzt mit der Miete wird und wie wir das mit der Wohnung machen, oder?«

Tess schluchzte nur. »Auch, ja«, brachte sie schließlich hervor.

Moyra wartete.

»Ich kann nicht länger ohne dich sein.«

Sie sagte nichts.

»Und es gibt noch was.« Tess' Stimme hörte sich noch immer ganz zerbrechlich an.

»Ja?«

»Heike und Rolf müssen bis Anfang April aus der Wohnung raus. Sie haben auch eine neue gefunden, draußen im Plattenbau. Sie wollen da nicht hin, aber es bleibt ihnen nichts anderes übrig, wenn sie nicht auf der Straße landen wollen. Allerdings verlangt die Hausverwaltung jetzt plötzlich eine Bürgschaft; angeblich war etwas mit der Schufa-Auskunft von Rolf nicht in Ordnung. Ich hatte mich bereiterklärt, das zu übernehmen, wurde aber wegen meiner Selbstständigkeit von der Verwaltung abgelehnt.«

»Warum bitten sie nicht ihre Tochter?«

»Sie trauen sich nicht, weil diese Schufa-Sache was mit Rolfs altem Laden zu tun hat und …«

»Was soll ich jetzt machen?«

»Darf ich Inga und Jens fragen?«

Sie neigte sich nach hinten, drückte ihren Rücken gegen die Stuhllehne. Vom Gang her waren die ersten Schläge der Glocke zu hören.

»Wenn du nicht möchtest, dass ich sie frage, Moyra, tue ich es nicht. Aber dann …«

Es klopfte. Die Tür ging auf, Tatjana schaute herein.

»Ich muss jetzt erstmal los, Tess. Kann ich darüber nachdenken?«

Tess' Antwort wurde von einem Schluchzer verschluckt. Sie überlegte kurz, noch nicht aufzulegen, doch Tatjana ließ die Tür wie eine Mahnung offenstehen, und die anderen, die auf dem Gang vorbeigingen, schauten jetzt ebenfalls auffordernd herein.

Sie war die Letzte, die den Raum betrat. Sie merkte erst, als sie sich setzte, dass sie noch immer Jacke und Mütze trug. Sie wollte sie ablegen, aber die Klangschale wurde bereits angestoßen.

Ihr war warm. Sie versuchte es mit der Übung vom Morgen, um die Aufmerksamkeit auf etwas ganz anderes zu lenken, doch ihr Kopf wurde nur noch wärmer. Er glomm jetzt wie eine heiße, fiebrige Kugel.

Warum war sie hier? Hatte sie ernsthaft geglaubt, dass dies der Ort war, an den sie gehörte, der sie beschützte vor all den Erwartungen der Welt da draußen? Hatte sie wirklich gedacht, sie könne, indem sie ihren Atem kontrollierte, Kontrolle über ihr Leben gewinnen? Machte es die Welt besser, wenn sie sich hier vergrub? Machte es *sie* besser?

Sie atmete aus. Wann war sie das letzte Mal so richtig glücklich gewesen? Am Morgen des Einzugs, bevor Tess in die Lisztstraße eingebogen und in das Schlagloch gefahren war. Was war passiert mit der Vorfreude, den Wünschen, den Hoffnungen? Sie konnten doch nicht völlig verschwunden sein.

Sie spürte etwas Warmes auf ihrer Wange, etwas Feuchtes, das langsam nach unten lief. Ihre Brust zuckte. Aus ihrem Inneren brach etwas heraus, das sie nicht steuern konnte.

Sie konnte gerade noch ihre Beine lösen und gehen.

*

Über der Stadt strahlte die Sonne. Es war immer wärmer geworden in den letzten Tagen. Auf der Fahrt hatte sie zum ersten Mal seit über einem Monat ihr Handy wieder in die Hand genommen. In den Nachrichten hieß es, offenbar werde der Frühling dieses Jahr übersprungen und nach dem Winter gleich mit dem Sommer angefangen. Die ersten Freibäder öffneten früher als geplant.

Sie trug nur noch ein T-Shirt, während sie auf das Haus zuging. Ganz oben waren die Fenster bereits leer. In ihrer Wohnung roch es frisch geputzt, die Dielen knarzten vertraut. Sie drehte eine Runde von der Küche bis ins Arbeitszimmer.

Neben ihrem Schreibtisch stand der Stuhl. Sie berührte die Sitzfläche, ruckelte leicht daran. Sie war ganz fest. Sie setzte sich, las den Zettel, den Tess ihr geschrieben hatte: Sie solle ruhig nachkommen, aber nur wenn sie wolle; sie habe für später auch noch eine Überraschung.

Sie fuhr nicht direkt, sondern mit Halt beim Pflanzenmarkt raus nach Grünau. Die dünnen Fächer der jungen Konifere wippten, als sie sie zwischen den Plattenbauten entlang trug.

Sie fand den Eingang dank des Umzugswagens, der vor dem Haus stand. Im Flur stapelten sich Kisten.

Sie wartete einen Moment, bevor sie den frisch beschrifteten Klingelknopf drückte, drehte sich zum Transporter um.

Hinter der Windschutzscheibe lagen Tess' rote Jacke, ihre Handtücher und die Badesachen.